파인다이닝의 첫걸음

개정판

THE GUIDE TO FINE DINING

파인다이닝의 첫걸음

개정판

초보 미식가를 위한 레스토랑 사용법

지은이 콜린 러시
옮긴이 김은조, 이인선

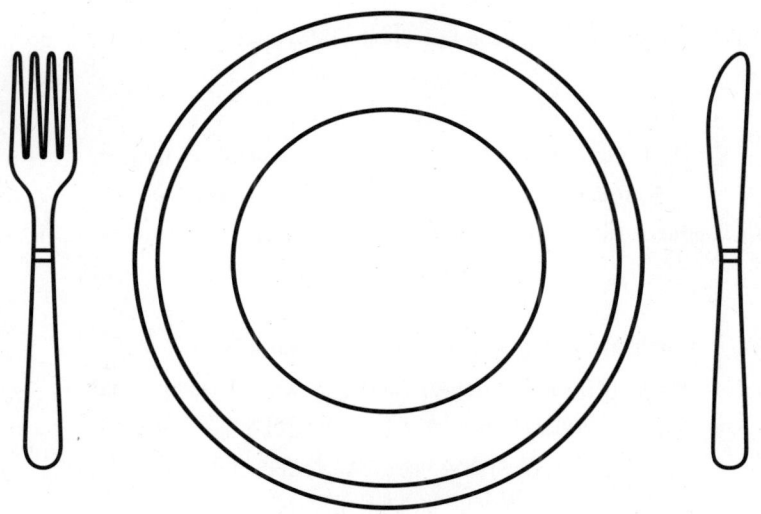

BR미디어

The Mere Mortal's Guide to Fine Dining
Copyright ⓒ 2006 by Colleen Rush
This translation published by arrangement with Broadway Books,
An imprint of The Crown Publishing Group, a division of Random House, Inc.
All right reserved

Korean translation copyright ⓒ 2009 by BR Midea Inc.
Korean translation rights arranged with Broadway Books,
An imprint of The Crown Publishing Group, a division of Random House, Inc.
through EYA(Eric Yang Agency)

이 책의 한국어판 저작권은 EYA(Eric Yang Agency)를 통한
Broadway Books, an imprint of The Crown Publishing Group
사와의 독점 계약으로 한국어 판권을 '(주)비알미디어'가 소유합니다.
저작권법에 의하여 한국 내에서 보호를 받는 저작물이므로
무단전재와 복제를 금합니다.

"크리스에게"

장 조르주와 선데이 타코스,
스시, 타파스, 오이스터,

그리고 앞으로 경험하게 될
수많은 요리 모험의 세계를 위하여

목차

지은이 머리말 _____ 14
옮긴이 머리말_개정판 _____ 17
옮긴이 머리말_초판 _____ 19

CHAPTER 1 레스토랑 스태프 대하기 _____ 22
HELP IS ON THE WAY

1. 레스토랑 스태프 분류 _____ 23
   홀 스태프 _____ 23
   주방 스태프 _____ 27
2. 팁과 뇌물 _____ 29
   팁을 건네는 방법 _____ 29
   팁을 위한 팁(얼마나, 누구에게 팁을 줄 것인가?) _____ 30
3. 일반 손님에서 VIP 고객 되기: 단골이 되는 법 _____ 32

CHAPTER 2 테이블 매너 _____ 33
WHEREFORK ART THOU?

1. 기본적인 자리 세팅 _____ 33
2. 기본 테이블 매너 _____ 37

3. 현대의 테이블 매너 … 39
   사회적 체면 … 41
   휴대폰 예절 … 43
4. 외교적 행동 … 44

CHAPTER 3 주문하기 … 45
FOLLOWING ORDERS

1. 레스토랑 메뉴 전략 이해하기:
셰프 특선 테이스팅 코스와 스몰 플레이트 메뉴 … 45
   메뉴 전략 … 46
   풀 코스 메뉴 … 47
   테이스팅 코스와 셰프 특선 메뉴 … 48
   스몰 플레이트, 수많은 메뉴 … 49
2. 고급 요리 언어 이해하기 … 50
   가격 정책 … 50
   조리 방법 … 50
3. 주문하기 … 52
   장면 1: 아페리티프 … 52
   장면 2: 스페셜 메뉴 … 53
   장면 3: 메인 이벤트 … 54
   까다로운 그대에게 전하는 말 … 54
   아뮈즈 부슈 … 55
4. 디저트 … 56
   파티시에 예찬 … 56
   기본 디저트 메뉴 … 57

술 이야기
BOOZE CLUES　　　　　　　　　　　　　58

1. 아페리티프: 미각을 돋우는 고전적인 칵테일 _____ 60
   칵테일 용어: 애주가를 위한 단어들 _____ 61
   요리 장르별로 보는 고전적인 아페리티프 _____ 62
   와인에 대해 더 공부하기 _____ 63
2. 디제스티프: 식후주에 대한 달콤한 정보 _____ 64
3. 무알코올 음료 _____ 68

와인 상식
WINE : UNCORKED　　　　　　　　　　　69

1. 와인 초보자: 전문가를 부를 것 _____ 70
2. 와인 타입의 이해 _____ 72
3. 와인 기초 지식 _____ 74
4. 와인 이름 붙이는 법 _____ 74
5. 와인 특징 이해하기: 와인에 대해 잘 아는 것처럼 보이는 방법 _____ 75
   바디 _____ 75
   산도 _____ 76
   타닌 _____ 76
   당도(스위트 vs. 드라이) _____ 77
   아로마와 풍미 _____ 77
   와인과 나무 _____ 78
6. 와인 페어링의 두 가지 원칙 _____ 79

보완 페어링 _____ 79

　　대비 페어링 _____ 80

　　전천후 와인 페어링 _____ 81

7. 와인 플라이트와 테이스팅 _____ 83

8. 와인 테이스팅의 여섯 가지 S:

보고(See), 돌리고(Swirl), 향을 맡고(Smell),

맛을 보고(Swill), 공기를 흡입하고(Slurp), 뱉는다(Spit) _____ 83

9. 오염된 와인을 돌려보내는 방법 _____ 85

　　와인이 오염된 경우 _____ 86

　　와인을 돌려 보내는 방법 _____ 86

10. 디캔팅 _____ 87

11. 라벨, 지역, 포도 품종에 대한 이해 _____ 88

　　와인 라벨에 대한 이해: 구세계 와인과 신세계 와인 _____ 88

　　버라이어탈 와인과 블렌드 와인의 구별 _____ 96

　　포도 품종 _____ 96

12. 빈티지 _____ 99

13. 라벨 언어 _____ 100

14. 샴페인과 스파클링 와인 _____ 101

　　샴페인 라벨 용어 _____ 103

CHAPTER 6　**목장에서 접시 위로** _____ 104
　　　　　　　　PASTURE TO PLATE

1. 육식주의자를 위한 가이드: 소고기, 돼지고기, 양고기, 송아지 고기 ___ 105

　　부위 정보 _____ 105

　　고기의 등급 _____ 105

환경 친화 라벨 106
소고기 108
돼지고기 113
양고기 115
송아지 고기 116
머리부터 꼬리까지 먹기 118
고기 굽기 정도 120
2. 가금류에 대한 실전 정보: 수탉과 뇌조와 타조까지 121
3. 럭셔리 간: 푸아그라 이야기 123
　푸아그라 논쟁 123
4. 해산물 이야기 124
　어두육미 125
　자연산 VS. 양식 125
　캐비아 초보 강좌 126
　굴: 바다의 시인 128

CHAPTER 7 계절 메뉴 131
SEASON'S EATING

1. 제철 메뉴 고르는 법 133
　농장에서 메뉴까지 134
2. 제철 채소 135
3. 레스토랑이 사랑하는 특수 채소들 138
　푸른 채소 139
　제철 과일 140
4. 허브와 아로마 141

전통적인 모듬 허브 _____ 141

CHAPTER 8 · 치즈 코스 _____ 143
SAY FROMAGE

1. 치즈를 만드는 우유 _____ 144
    치즈: 살아있는 치즈, 죽은 치즈 _____ 145
2. 치즈가 만들어지는 과정 _____ 146
3. 치즈 분류법 _____ 147
4. 식사에 치즈를 추가하는 방법 _____ 149
    믹스 앤 매치 치즈 보드 _____ 150
    치즈 서비스 _____ 151
    치즈 외피는 먹어야 할까 _____ 151
5. 와인과 치즈를 곁들이는 세 가지 방법 _____ 152

CHAPTER 9 · 원어로 알아두어야 하는 용어 _____ 155
LOST IN TRANSLATION

1. 전통적인 프랑스 요리에 사용되는 기본 용어 _____ 158
    프랑스의 조리 스타일 분류 _____ 157
    프랑스어로 된 조리 용어 _____ 158
    고전적인 프렌치 소스 _____ 161
2. 일식 파인 다이닝의 신 조류 _____ 162
    전통 일본 요리 _____ 162
    스시 마니아 되기 _____ 163

젓가락과 받침대 예절: 일본식 에티켓 _____ 166

셰프에게 찬사를 _____ 167

일본 요리의 향연 _____ 167

3. 사케에 대해 알아야 하는 모든 것 _____ 168

따뜻하게 마실 것인가, 차갑게 마실 것인가 _____ 169

4. 퓨전 요리 _____ 170

5. 분자 요리 _____ 172

요리 실험실 _____ 172

소수 마니아를 위한 음식 _____ 173

CHAPTER 10 미각 훈련하기 _____ 175
PALATE PREP

1. 맛과 풍미의 차이 _____ 176

풍미 느끼기 _____ 176

2. 미식 향연의 즐거움 _____ 177

3. 머리와 입의 연관성 _____ 180

CHAPTER 11 식도락 마니아를 위한 정보 _____ 181
WHAT THE FOOD SNOBS KNOW

1. 음식 역사 동향 _____ 182

2. 셰프, 그들은 누구인가? _____ 183

파인 다이닝의 선조 _____ 186

미국 출신 인물 _____ 188

3. 요리 학교와 기관들 _____ 189
4. 고급 레스토랑 가이드 _____ 190

CHAPTER 12 — 이티켓 _____ 192
EATIQUETTE

레스토랑에서 식사할 때 궁금한 것들 FAQ _____ 192

인덱스 _____ 203

감사의 글 _____ 216
지은이에 대하여 _____ 217
옮긴이에 대하여 _____ 218

지은이 머리말

때는 2002년 크리스마스 이브 미국, 뉴욕의 한복판입니다. 저는 저에게 아주 의미 있는 사람과 센트럴파크 서쪽 60번가 모퉁이에 서 있습니다. 우리는 이제 막 장 조르주 레스토랑에 들어가려고 하고 있습니다. 맨해튼에서 가장 호화롭고 비싼 레스토랑 중의 하나지요. 이렇게 사치스럽고 비싼 음식을 먹는 것을 정당화할 기회를 기다려 오던 중, 곧 뉴욕을 떠나야 할 처지가 된 우리들은 완벽한 구실을 갖게 되었습니다. 즉, 이것이 뉴욕 거주자로서의 마지막 파티인 셈입니다.

눈이 내리면서 세상의 모든 결점들을 하얀 가루로 덮어버리고 있습니다. 모든 것이 초현실적으로 완벽합니다. 이 순간만을 그려왔던 바로 그대로의 모습이었습니다. 그랬는데…. 갑자기 이렇게 현란한 레스토랑에서 식사를 한다는 사실에 신경이 곤두서기 시작합니다. 지나치게 세련되고 공손한 종업원들이 우리를 안에 들이기를 거부할 것 같은 생각이 듭니다. 매니저는 우리를 힐끗 보고서는 한쪽 눈썹을 찡그리고 콧방귀를 뀌면서 쫓아낼지도 모릅니다. 아니면 아주 구석진 테이블로 인도되어 앉게 될 것이고 웨이터들은 우리를 싫어할 것입니다.

우리는 푸아 그라도 잘 발음하지 못 할뿐더러 와인 리스트에 있는 가장 싼 와인도 주문할 능력이 없기 때문입니다. 게다가 빵에 버터를 바르는 방법이 틀리거나 포크를 잘못 사용한다면 진짜 시골뜨기처럼 보일 것입니다. 웨이터들이 우리를 뚫어져라 쳐다볼 것 같습니다. 우리는 그 레스토랑에 갈 만한 자격이 없습니다.

당시의 나는 말하자면 '고급 레스토랑 공포증'이라는 것에 걸려 있었던 것입니다. 물론 지금은 사람들이 일반적으로 파인 다이닝에 대해 갖고 있는 증세라는 것을 알게 되었습니다. 평범한 사람들은 파인 다이닝이라 하게 되면, 나이프를 제대로 사용하고 있는지, 테이블을 떠날 때 냅킨은 어디에 두어야 하는지 등에 대한 불필요한 걱정거리를 떠올리게 됩니다.

장 조르주 레스토랑의 무거운 유리문을 지나 걸어 들어가면서 음식에 대한 흥분된 기대는 구체적인 것에 생각이 미치게 되자 걱정으로 신경과민이 되는 바람에 시들해졌습니다. 바에서 테이블로 와인 잔을 가져다 준 웨이터에게 팁을 줘야 하는 것인지? 전화번호부 만한 와인 리스트에서 어떻게 와인 한 병을 고를 수 있을 것인지? 데이트 상대가 먹고 있는 삶은 쇠고기 볼 살 한 조각과 연어 한 조각을 바꾸어 먹으면 사람들이 우리를 쳐다볼까? 저 스푼은 대체 언제 어떻게 사용해야 하는 것이지? 그 날의 요리는 엄청나게 훌륭했습니다. 그러나 그 요리들을 먹을 때는 정말 신경이 곤두서고 말았습니다. 그 경험을 충분히 즐길 수 있을 만큼 모든 도구를 적절하게 사용하지 못했기 때문입니다.

메트로폴리탄 뮤지엄이나 구겐하임 미술관을 걸어 들어갈 때 느끼는 것처럼, 호사스러운 다이닝 룸을 거닐게 되면 우리들 대부분은 자신이 그 자리에 어울리지 않게 소박하다는 느낌을 갖게 됩니다. 보르도 와인의 빈티지를 계산하고 있든, 모나리자의 미소를 분석하든지 간에 자신이 교양 없는 촌뜨기 같아진 느낌 때문에 스릴 있는 경험을 맛보는 것이 방해가 됩니다. 아마도 약간은 과도하게 머리를 끄덕이거나 웃음을 짓고 있을 것이며, 냅킨을 무릎에 너무 일찍감치 펼쳐놓은 것은 아닌지 걱정스러울 것입니다. 와인 리스트를 읽고 있는 척 하겠지만 실제로는 가격 리스트만 훑고 있을 뿐일 것입니다.

프랑스 요리를 주문할 때는 고통스러울 것입니다. 발음이 엉망일 것이기 때문입니다. 그리고 웨이터가 당신의 무지에 눈알을 굴리거나 피식 웃을까 두렵기도 할 것입니다. 순식간에 그런 사실들에만 완전히 몰두하게 될 것입니다.

그러나 너무 걱정하지 마십시오. 경험이 없어 보일까 걱정한다거나 그렇지 않은 척 한다거나 가증스러운 에티켓 실수를 범할까 걱정하느라고 먹는 시간의 대부분을 소비하게 되면 식사에서 가장 중요한 것을 놓쳐버리게 될 것입니다. 여러분은 여러 개의 코스로 나오는 작품을 먹고 있다는 사실을 잊지 마십시오.

이 책은 간단한 에티켓 가이드 이상입니다. 이 책은 저 자신의 만만찮은 방대한 경험에서 나온 파인 다이닝 지름길을 제시하고 있습니다. 혼란과 의심 속에서 바가지 가격의 와인을 주문한 적도 있었고, 송아지흉선(sweetbread) 요리 같은 알쏭달쏭한 요리(그것은 스위트하지도 않았고, 빵도 아니었습니다.)도 맛보았습니다. 냉소적이거나 남을 얕잡아보는 웨이터들을 불필요하게 신경쓰기도 하였습니다. 그리고 이제는 저만 그런 것이 아니라는 것을 알고 있습니다.

여러분이 그 동안 많은 격식 있는 비즈니스나 사교적인 디너를 하면서 헤매고 있었는지, 아니면 단지 고급스러운 요리의 세계를 탐험하고 싶을 뿐인지에 관계없이 파인 다이닝의 왕국에서 편하게 식사하거나 아는 척 하는 데 필요한 모든 것들이 여기 있습니다. 포트하우스와 티본 스테이크의 차이, 빵 접시는 어디에 위치해 있는지, 그리고 문제가 있는 와인 병은 어떻게 돌려보내야 하는지 등의 핵심적이고 구체적인 사항들입니다. 테이블 매너의 역사와 알쏭달쏭한 자리 세팅, 사람들이 당신이 실제 알고 있는 것보다 훨씬 더 많이 알고 있다고 여기게 할 만한 와인 주문에 대한 실용적인 지식, 레스토랑 직원들과 의사 소통 잘하기와 메뉴를 읽는 법 등이 있습니다.

이 책은 결코 매너에 관해 까다로운 주문을 하는 핸드북이 아닙니다. 어떠한 고급 레스토랑에서도 아뮤즈 부슈부터 디저트까지 맛있게 즐기고 만족하고 완전히 빠져들 수 있게 하는 실용적인 가이드입니다.

그럼 여러분, 보나페티!

콜린 러시

옮긴이 머리말 (개정판)

〈파인 다이닝의 첫걸음〉 개정판을 구입해주셔서 감사합니다.

이 번역서의 초판이 〈파인 다이닝의 모든 것〉이라는 타이틀로 나왔던 2009년만 해도 파인 다이닝이라는 말이 생소했을 때입니다. 그때에 비하면 지금은 웬만큼 미식에 관심 있는 사람들 사이에서는 일반적인 단어가 되었습니다. 특히 외국 여행이 늘면서 국내보다 외국에서 정통 파인 다이닝을 경험하는 분이 늘고 있습니다.

파인 다이닝의 문법을 몰라 고급 레스토랑에 가기를 두려워하는 분들에게 초판 〈파인 다이닝의 모든 것〉은 큰 관심을 받았습니다. 2017년이 되어 개정판을 다시 내는 이유는 파인 다이닝이 생활화된 지금 이 책이 더욱 필요해졌기 때문입니다.

파인 다이닝은 미식의 최고 정점입니다. 파인 다이닝의 수준은 그 나라의 미식 문화 척도를 반영하는 만큼 꾸준한 관심과 투자, 개선이 이루어져야 합니다.

지난 10년간의 발전 속도로 보아 우리나라의 파인 다이닝도 조만간 세계적인 수준이 될 것이라 믿습니다. 이미 일부 셰프의 요리는 세계적인 수준에 도달했습니다.

다만 서비스 부문이 아직 미흡합니다. 특히 전문화된 서비스 조직이나 체계가 없습니다. 여기에 대한 교육과 투자가 더 이뤄져야 할 것입니다. 또한 서빙하는 사람에 대한 존중이 서비스 산업 발전에 큰 도움이 될 것입니다.

파인 다이닝은 요리를 만드는 사람, 서빙하는 사람, 즐기는 사람 모두가 함께 만들어내는 문화입니다. 이 책은 파인 다이닝을 좀 더 쉽고 올바르게 즐기기 위한 지침서입니다.

번역서인만큼 국내 실정과는 안 맞는 부분도 있지만, 이 책은 외국 미식 여행에도 좋은 참고서가 될 것입니다.

개정판에서는 초판에서 시도했던 원서 편집 방식이 너무 혼란스러워 보여 다시 깔끔하게 정리하였으며 내용과 용어 표기도 좀 더 정확성을 더했습니다. 개정판에서 크게 달라진 점은 초판에서 설명이 친절해 보이도록 높임말로 번역했던 것입니다. 어려운 내용을 딱딱한 설명문으로 읽으면 더 어렵게 느껴질 수 있을 것 같아 선생님이 설명하듯 높임말을 사용하여 부드러운 문체로 만들었습니다. 반면 개정판에서는 예삿말을 사용하여 문장이 짧고 군더더기 없이 정보가 전달되도록 하였습니다.

초판에서 발견된 오탈자나 용어 표기법, 그리고 2017년 현재의 상황을 반영하였지만, 혹시라도 잘못된 부분을 발견하게 되면 질책의 말씀을 보내주시기 바랍니다. 감사히 받아들이겠습니다.

독자 여러분, 이 책과 함께 즐거운 미식 여행을 떠나십시오!

2017년 4월

옮긴이 김은조, 이인선

옮긴이 머리말 (초판)

이 책을 보고 "파인 다이닝이 대체 무엇이지?"라고 생각하면서 책을 집어드신 분이 있을 것입니다. 반면, "이 책을 보면 파인 다이닝을 더 잘 즐길 수 있겠지."라고 생각하신 분들도 있을 것입니다.

'파인 다이닝' 이라는 말은 어느 사이엔가 우리의 미식 문화, 그리고 외식 문화에서 하나의 주요한 키 워드가 되고 있습니다.

우리 나라의 외식 문화의 역사는 길어야 백 년, 짧게는 50여 년으로 볼 수 있습니다. 그 동안 우리들은, 특히 한식의 경우 밥을 먹는다는 행위에 특별한 격식을 따지지는 않았습니다. 물론 나름대로의 식사 예절이 없었던 것은 아니지만 식사하는 방법과 과정에 있어서 그다지 까다롭게 굴지 않은 편이었습니다.

그러던 중 서양 요리, 특히 프랑스 풍의 요리가 '양식' 이라는 이름으로 들어 왔을 때, 많은 사람들이 당황했던 것은 사실입니다. 포크와 나이프 같은 생소한 도구로, 익숙하지 않은 형태의 요리를 어떻게 먹어야 하는지 도무지 알 수가 없었겠지요. 그러한 사람들을 위하여 양식의 에티켓을 배우고 실천하기 위한 책들이 많이 나오기도 했습니다. 그러한 책들이 도움이 되는 면들도 있었지만 한편으로는 음식을 즐기려는 목적에서 벗어난, 형식적인 예절들을 나열하는 데 지나지 않는 경우도 많았습니다. 어떤 면에서는 오히려 식사의 즐거움을 방해하기도 하는 거북스러운 이론서처럼 느껴지기도 하였습니다.

그러나 최근 양식 외에도 중식, 일식 등의 다양한 식문화가 발전하고 레스토랑 문화도 한 층 업그레이드 되면서 소위 미식가라는 커뮤니티도 만들어지고 파인 다이닝이라는 개념이 새롭게 유행하고 있습니다. 이 책은 파인 다이닝을 즐기기 위한 가이드입니다. 식사하면서 여러 가지 예절들을 신경 쓰느라 먹는 즐거움을 빼앗으려는 책은 아닙니다.

그럼, 파인 다이닝이란 과연 무엇일까요?

파인 다이닝이란 최고의 요리를, 최상의 서비스를 통해 즐기는 과정을 말합니다.

최고의 셰프가, 최고의 재료를 사용하여 자신의 실력을 최대한으로 발휘한 요리를 손님에게 제공하고, 손님들은 그 요리를 즐기면서 셰프와 교감을 하는 것입니다. 이것은 레스토랑의 스태프와 손님이 일체가 되어 자신의 역할을 충실히 해냄으로써 완성되는 퍼포먼스에도 비유할 수 있습니다.

레스토랑의 분위기, 음식을 담는 그릇, 서빙하는 사람들의 완벽한 태도들이 이러한 과정에서 필요하며 요리와 가장 잘 어울리는 와인이나 다른 술들이 준비되는 경우도 있을 것입니다. 그리고 이 모든 것들과 함께 손님들도 어느 정도 준비가 되어 있어야 합니다.

때로는 어렵게 느껴질 수 있는 파인 다이닝의 언어와 재료, 그리고 기타 레스토랑에서의 적절한 행동들을 알게 되면 고급 레스토랑의 문을 밀고 들어가면서 얼마간 느끼게 되는 공포감은 많이 누그러질 것입니다.

일상 생활에서 자주 즐길 수는 없겠지만, 특별한 날에 의미 있는 사람과 함께 한 파인 다이닝은 인생에 있어서 잊을 수 없는 순간이 될 것입니다.
이 책은 주로 프랑스 음식의 파인 다이닝에 관한 것을 서술하고 있습니다. (미국인들에게도 프랑스 음식은 경원의 대상인 듯 합니다.) 그리고 오늘날 세계인의 동경의 대상이 되고 있는 일본 음식을 위한 장도 있습니다. 하지만 파인 다이닝에 임하는 자세는 세계 어디에서도 공통일 것입니다.

국내뿐 아니라 해외 여행 시 외국의 저명한 셰프의 요리를 맛보고 싶을 때 큰 도움이 될 것이라 생각하여 이 책을 번역하게 되었습니다. 이 책을 읽으시다가 번역 상의 오류를 발견하시게 된다면 그것은 전적으로 역자의 책임이니 언제든지 질책의 말씀을 보내 주시면 감사하게 받아 들이겠습니다.

독자 여러분, 이 책과 함께 두려움 없는 미식 여행을 떠나시기 바랍니다.

2009년

옮긴이 김은조, 이인선

레스토랑 스태프 대하기

HELP IS ON THE WAY

자존심을 버리자. 이것이 파인 다이닝을 정복하기 위해 가장 먼저 해야 할 일이다. 쓸데없는 자존심은 멋진 식사를 방해할 뿐이다. 호화로운 내부와 세련된 분위기에 주눅들 수도 있지만, 숨거나 피하려고만 한다면 자리가 더욱 불편해질 것이다. 아는 것과 모르는 것에 대해 솔직하게 털어 놓을수록 더 많이 알게 되며 그러면 더 많이 즐기고 편안해질 수 있다.

이를 위해서는 우선 레스토랑 스태프가 어떤 사람들이고, 그들을 어떻게 대해야 하는지 알아 둘 필요가 있다. 레스토랑 스태프야말로 당신이 편안하게 식사를 즐길 수 있도록 도와주는 사람들이기 때문이다. 콧대 높은 스태프들이 깔보지 않을까 걱정하지 말자. 고급 레스토랑의 스태프일수록 위대한 예술가나 장인들처럼 자신의 일과 지식에 대해 아주 큰 자부심을 가지고 있으며 더 친절하기 마련이다.

그러나 레스토랑 스태프와 손님은 일방적인 관계가 아니다. 당신이 그들을 무시하거나 깔본다면 스태프들도 똑같이 당신을 대할 것이다. 질문하고 의견을 묻고 그들의 노력에 대해 칭찬하는 등 진심 어린 감사와 관심을 표현해보라. 호기심 많고 예의 바른 손님을 만족시키기 위해서라면 그들은 틀림없이 최선의 노력을 다할 것이다.

메트르 도텔에서부터 소믈리에, 가르드 망제 등 다이닝 룸이나 주방에서 레스토랑에서 일하고 있는 주역들을 알아두는 것은 별로 어렵지 않으며, 앞으로 도움이 될 것이다. 스태프들이 대부분 발음하기 어려운 프랑스어로 된 직함을 가지고 있다는 것은 인정한다. 그러나 그들은 당신을 만족시키고 당신이 돈 쓰는 일을 돕는 것을 직업으로 하고 있는 사람일 뿐이다. 그들이 누구이고, 무슨 일을 하고, 어려운 직함을 어떻게 발음해야 하는가에 대해서만 알면 된다. 물론, 평범한 사람이 어떻게 하면 단골 고객처럼 대접 받을 수 있는지에 대해서도 알아두면 좋을 것이다.

(역주: 레스토랑 스태프 분류는 한국에서는 일부 레스토랑을 제외하고는 딱 맞게 적용되지 않을 수 있다. 그러나 유럽이나 미국의 파인 다이닝 레스토랑에서는 공통적으로 통할 것이다.)

1. 레스토랑 스태프 분류

■ 홀 스태프

예약관리자 예약을 받을 뿐만 아니라, 좋은 테이블을 마련해 준다든지 주방에 미리 특별 요청을 넣어주는 것 같은 여러 가지 자잘한 일을 해줄 수 있다. 당신의 전화를 받는 그들에게는 생각보다 더 큰 권한이 있다. 이름도 얼굴도 없는 자동 응답기가 아닌 이상, 예약을 할 때에는 침착하고 친절하게 이야기하라.

□ 예약 관리자에게 잘 보이기

1단계 : 예약 관리자의 이름이나 직함을 알아 두자.
예약 관리자의 이름이나 직함을 알아낸 후 인사를 하거나 감사의 표시를 전할 때는 이름이나 직함을 부르자. 이는 예의 있는 행동일 뿐만 아니라, 좋은 인상을 남길 수 있다. 가장 좋은 테이블을 예약하고 싶거나 예약이 완료된 레스토랑에서 어떻게든 자리를 얻어 보려고 한다면, 예약 관리자의 이름을 정확히 불러주는 것이 도움이 된다. 예약 관리자가 당신을 좀 더 익숙하고 편한 상대로 여기게 만들고, 심지어는 "당신은 나를 알고 있을 뿐만 아니라 나에게 호감을 갖고 있군요."라고 느끼게 해 준다.

2단계 : 칭찬을 하라.

가장 좋아하는 웨이터 이름이나 얼마나 이 레스토랑을 사랑하는지에 대해 주저 말고 이야기하라. 특별한 날을 기념하기 위해 이 레스토랑을 선택했다고 해도 좋다. 다만 주의할 것이 있다. 예약 관리자는 온갖 아부란 아부는 다 들어 보았기 때문에 진실성이 없는 아첨은 아무 효과가 없다.

○ 이렇게 말하자.

"이곳의 [레스토랑의 대표 요리]를 정말 좋아한답니다."
"제 친구가 이곳의 와인 리스트를 극찬하더라고요."
"랄프 씨가 금요일에 근무하나요? 랄프 씨가 서빙 하는 테이블에 앉고 싶은데요."
"오늘이 저희 부부 결혼 10주년인데, 저희가 가장 오고 싶었던 레스토랑이 바로 여기랍니다."

✕ 이렇게 말하지 말자.

"총지배인의 친구예요."
"푸드네트워크(TV 음식채널)에 나오는 이 셰프의 프로그램 너무 좋아해요!"
"거기에 한 번도 가 본 적이 없는데요. 어떻게 예약 한번 가능할까요?"
"예약이 세 달이나 밀려 있다고요? 음식이 꽤 맛있나 보죠?"
"거기 가려면 장기를 팔아야 한다더군요. 맛없으면 가만두지 않겠어요."

3단계 : 미리 정보를 주자.

흡연석이나 떠들썩한 바에서 멀리 떨어져 앉고 싶다거나 풍수지리설에 의거해 북쪽으로 향하는 테이블에 앉아야 한다거나 엄격한 채식주의자와 식사해야 한다면 레스토랑에 도착하고 나서야 사정을 얘기하지 말고 예약 시 미리 정보를 주도록 하자. 레스토랑은 특별 요청 사항을 미리 상세히 얘기해 주는 것을 반길 것이다. 당신이 도착한 후에 허둥지둥하는 일 없이 미리 테이블을 배정하고 준비할 수 있기 때문이다.

"사람들은 예약 관리자에게 특별 요청을 하면 너무 까다로운 사람으로 보이리라 생각합니다. 기념일을 축하한다거나, 특별 식이 요법이 있다거나, 아니면 심지어 햇빛 드는 곳이 싫다는 주문을 하더라도 우리는 그런 정보를 미리 알았으면 합니다.
당신이 더 많은 정보를 줄수록, 우리는 당신을 만족시키는 일이 더욱 수월해집니다."
– 트레이시 스필레이지, 총지배인, 스패고(Spago, Los Angeles)

<u>호스트</u> 입구에서 당신을 맞아주고 테이블로 안내해 주는 사람으로, 예약 관리자 역할을 함께 하기도 한다. 또한 들어오고 나가는 손님 현황을 보면서 좌석 배치를 관리한다. 이 호스트를 대하는 태도에 따라 전망 좋은 창가 테이블로 안내될 수도, 화장실 바로 앞의 흔들거리는 테이블로 안내될 수도 있다.

제너럴 매니저 General Manager**(GM, 총지배인)** 레스토랑의 총책임자다. 직원을 모두 감독하고 당면한 문제를 해결하며 손님의 불만을 처리할 뿐 아니라, 재료

> **보너스 1+1**
> 예약이 모두 완료되었다고 하더라도, 레스토랑에 따라 예약 없이 오는 손님을 위해 한두 개의 테이블을 남겨두곤 하지만 그 사실을 잘 밝히지는 않는다. 그러니 전화 받는 분위기가 괜찮다면, 예약 관리자에게 혹시 여분의 테이블을 남겨두는지 예의 바르게 물어 보자. 언제 가면 가장 좋을지에 대해 물어 보는 것도 좋다.

가 부족한 상황 없이 최상의 음식이 제공되는지, 즉 전반적으로 레스토랑이 원활히 운영되는지 책임 감독한다. 대부분의 일을 손님이 보이지 않는 곳에서 처리하지만 바쁜 저녁 시간에는 종종 홀에 나와 돌아다니는 것을 볼 수 있다. 레스토랑의 음식이나 스태프에 대해 칭찬하고 싶다면 제너럴 매니저에게 자신을 소개하고 찬사의 말을 건네자. 당신이 단골손님이거나 또는 단골손님이 되고 싶을 때 자신을 제너럴 매니저에게 각인시킬 수 있는 방법이다.

메트르 도텔maître d'otel **또는 메트르 디**maître d' 일반적으로 프랑스 레스토랑의 지배인을 부르는 말이다. 레스토랑에서는 파티의 주최자(호스트)나 컨시어지와 같은 역할을 한다. 설령 레스토랑에 불이 나는 일이 있어도 그것이 하나의 이벤트라고 생각되게끔 만들어야 하는 사람이다. 예약을 받거나 좌석을 배치하고 손님을 맞이하며 주방 스태프와 웨이터 사이를 매끄럽게 해 주는 등의 일을 하며 손님과의 관계를 돈독히 하고 단골 고객을 지속적으로 만족시키는 역할을 담당한다. 또한, 홀의 테이블 세팅이나 다른 세세한 미적인 부

분이 빈틈없이 관리되고 있는지도 감독한다.

제너럴 매니저처럼 메트르 도텔은 문제가 생겼을 때 이를 처리하고, 서비스로 애피타이저나 와인 한 잔, 디저트를 제공하기도 한다. 이들이 당신의 이름을 알아주는 것만으로도 A급 손님으로 등극한 듯한 느낌을 받을 수 있다. 따라서 이들이 누구인지 알아야 하고, 더 중요한 것은 그들이 당신을 기억하도록 하는 것이다.

소믈리에Sommelier 와인 리스트와 와인 셀러를 관리하고 손님의 와인 선택을 돕는 와인 전문가다. 소믈리에를 와인 투어 가이드라고 생각하고 무엇이든 물어 보자. 와인의 산지, 포도 품종, 토양, 날씨, 수확연도, 향과 맛에 대한 짧막한 강의를 들을 수 있다. 혹은 그런 설명 없이 식사와 어울리는 와인을 바로 추천해 달라고 할 수도 있다. 그러기 위해서는 먼저 "소믈리에에게 와인 추천을 좀 받고 싶은데요."라고 말하고 와인에 대해 잘 모른다고 털어 놓아야 한다. "저는 샤도네이를 좋아합니다."라든지 "저는 메를로가 익숙해서 보통 그것을 마셔 왔어요." 또는 "10만원 안팎의 와인을 고르고 싶습니다."라고 말하는 것도 좋다. 레드 또는 화이트, 브랜드 이름, 포도 품종 등 당신이 좋아하는 와인 스타일에 대해 더 구체적으로 설명하는 것도 좋다.

> "고급 레스토랑일수록 손님들이 와인에 대해 물어보는 것을 꺼리는 것 같습니다. 그러나 제가 가장 좋아하는 손님은 '어떤 와인을 골라야 할지 도무지 모르겠어요' 라고 솔직하게 털어놓는 손님입니다. 그런 손님들은 기꺼이 새로운 것을 시도하고자 하며, 제가 추천하는 와인에 대해 이모저모를 알고 싶어하거든요."
> -패트리샤 보가트, 소믈리에, 커맨더스 팰리스(Commander's Palace, New Orleans)

바텐더 레스토랑의 정보원이다. 레스토랑의 각종 소식에 능통해 있기 때문에 그들에게 잘만 보인다면 대단히 유용한 레스토랑 내부 정보를 제공해 주기도 한다. 예약 시간 20분 전쯤 도착하여 바에서 음료를 한 잔 한 후 바로 계산하면서 팁을 넉넉하게 줘 보자. 바가 크게 붐비지 않는다면 음료를 하면서 바텐더에게 가볍게 말도 건네 보라. 최고의 웨이터라든지, 주방장 특선 요리, 인기 메뉴 등 레스토랑과 음식에 대해 자세히 알아낼 수 있다.

웨이터 고급 레스토랑의 웨이터는 대부분 자신의 일을 사랑하고 잘 해내는, 경력이 풍부한 프로다. 파인 다이닝 레스토랑에서 형편없는 웨이터를 만나게 될 확률은 별로 없지만, 자신의 태도에 따라 받는 서비스가 달라질 수 있다는 점을 기억해 두자. 당신의 테이블이라기보다는 웨이터의 테이블이라고 생각하면 된다. 웨이터들이 당신에게 푹 빠지게 할 필요까지는 없지만, 호감이 가게 만든다면 아마 더 나은 대접을 기대할 수 있을 것이다.

> **보너스 1+1**
>
> 바텐더와 친해지고 싶을 때 테이블에 앉기 전에 바에서 음료를 마셨다면 음료를 테이블 계산서에 합산하는 대신, 바에서 바로 계산하고 바텐더에게 팁을 주자. 바 계산서를 테이블 계산서와 합산한 경우에도 바텐더에게 현금으로 팁을 따로 주자. 바텐더에게 따로 팁을 준 경우에는, 웨이터에게 주는 팁은 음료 가격을 제외하고 계산해야 한다는 점을 기억해야 한다.

그렇다고 해서 웨이터에게 무조건 잘 보여야만 한다는 것은 아니다. 당신도 웨이터로부터 서비스를 받을 권리가 있다. 당신이 지불하는 금액에는 음식 값뿐만 아니라 그들이 제공하는 서비스에 대한 값도 포함되어 있으니까. 웨이터에게 마음껏 질문을 하고 제안을 받아 보자. 웨이터는 주방에 들어가고 나오는 모든 것을 항상 보고 있기 때문에 주방장 특선 요리, 메뉴의 양과 재료, 음식에 대한 손님들의 칭찬과 불만 사항에 대해 잘 알고 있다. 웨이터를 존중해 주고 그들의 지식을 최대한 활용하라. 그리고 서비스가 만족스럽다면 충분한 팁을 주자.

> "웨이터라면 가능한 최고의 서비스를 제공하여 손님을 만족시키고 그에 따르는 보상을 받기 원할 것입니다. 손님이 기대하는 것을 파악하세요. 뛰어난 웨이터는 경찰이 범인의 마음을 읽듯 손님의 마음을 읽어냅니다. 그리고 나서 다양한 전략과 기술을 충분히 활용하여 그 기대를 뛰어넘는 서비스를 제공하세요."
>
> – 앤드류 모리스, 에디터(*Waiterblog*.com)

■ 주방 스태프

주방 스태프는 당신의 음식에 손을 대는 사람들이다. 그들은 심술이 난 듯 퉁명스럽고 가까이 하기 어려워 보이는 경우도 있지만, (당신이라도 몸이 구워질 정도로 뜨거운 주방에서 열두 시간을 보내게 된다면 그렇게 될지도 모른다.) 찬사를 건넬 기회가 생긴다면 기회를 놓치지 말자. 주방 스태프들은 나름대로 독특한 매력을 지니고 있다.

이그제큐티브 셰프(주방장)executive chef 주방의 우두머리다. 직원을 감독하고 음식을 준비하고 메뉴를 기획할 뿐만 아니라, 스태프 교육, 예산, 봉급 등과 같은 세부적인 주방 경영을 관리한다. 스타 셰프 레스토랑의 경우 스타 셰프가 이그제큐티브 셰프로 직접 일하기도 하고, 호텔이나 레스토랑 그룹의 여러 주방을 관리하는 역할을 하기도 한다.

수셰프(부주방장)sous-chef 말 그대로 '셰프 아래' 라는 뜻으로, 주방에서 두 번째 지위를 가지고 있다. 이들은 조리를 하고 식자재와 주방 용품을 주문하며 주방 스태프를 관리하는 등 하루 하루의 주방 운영을 책임진다.

투르낭 셰프tournant chef 전천후 셰프다. 이들은 주방에서 일손이 필요한 곳이라면 어디든지 직책을 넘나들며 일한다.

스테이션 셰프station chef 손님에게 나가는 요리는 각 부분별로 각기 다른 셰프가 특정 스테이션(조리대)을 담당하여 준비한다.

    셰프 드 파르티chef de partie 각 스테이션의 리더.

    가르드 망제garde-manger 샐러드, 드레싱, 애피타이저, 때로는 디저트에 이르기까지, 찬 음식을 다룬다.

    로티쇠르rotisseur 그릴 또는 브로일러 셰프로 불리기도 한다. 오븐구이, 그릴, 고기나 생선, 채소 튀김을 담당한다.

    소시에saucier 수프와 소스 담당 셰프로, 육수, 소스, 수프, 수프의 고명 등을 만든다.

    앙트르미티에entremetier 채소 담당 셰프로, 과일, 채소, 곡물, 콩 등의 재료를 준비하고 조리한다.

    푸아소니에poissonier 생선 담당 셰프로, 생선을 다듬고 조리한다.

    파티시에pâtissier 패스트리 셰프라고도 불리며, 디저트 메뉴를 기획하고 모든 디저트 류와 빵, 과자류를 만든다.

2. 팁과 뇌물

팁이나 뇌물에 대해 당신이 어떻게 생각하든, 혜택에는 대가가 따른다는 점을 기억하자. 좋은 좌석을 원하거나 대기 없이 붐비는 레스토랑에 들어가기를 원한다면 살짝 돈을 건네는 것이 필요할지도 모른다. 중요한 식사가 순조롭게 진행될 수 있도록 특별히 신경 써주기를 바랄 때에도 웨이터의 손에 돈을 쥐어 주는 것이 십중팔구 도움이 될 것이다. 공식적으로는 뇌물이 더 나은 서비스나 특별 대우로 이어지지는 않는다고 할 테지만, 비공식적으로는 아무래도 뇌물을 준 고객에게 더 관심을 주기 마련이다. VIP 대우는 보통 돈과 명성을 가진 락 스타나 유명인, 돈을 많이 쓰는 단골 고객에게만 제공되는 것이 사실이다. 그러나 조금 더 관심 받는 것을 원한다면 약간의 돈과 세련된 전략만으로도 충분히 달라진 대우를 기대해 볼 수 있다.

그렇다면 얼마가 필요할까? 금액은 기본적으로 레스토랑에 따라, 당신이 요구하는 것에 따라, 당신이 얼마만큼 원하는지에 따라 달라진다. 20달러 정도면 보통 대부분의 상황에 적당하지만, 기본적으로는 인색해 보이지 않으면서 당신의 요구 사항을 들어 줄 만한 금액이면 된다. 식사에 5백 달러 정도를 쓰리라 예상하는 상황이라면, 대기자를 제치고 안내를 받는다거나, 최고의 테이블을 잡기 위해 40달러 정도는 충분히 쓸 수 있을 것이다.

> **기억하세요!**
>
> TIP이란 단어는 "To Insure Promptness" (신속함을 보장하기 위해서)의 줄임말이다.

(역주: 한국에서는 법적으로 봉사료가 음식값에 포함되어 있기 때문에 따로 팁을 줄 필요는 없지만, 일행의 인원이 많다거나 특별 서비스가 필요했던 경우에는 감사의 표시를 하기도 한다.)

■ 팁을 건네는 방법

✕ 피해야 할 방법
- 돈을 펼쳐서 그대로 건네주는 것은 피하라.
- 제너럴 매니저에게는 현금을 건네지 말라.
- 호스트가 서 있는 자리나 웨이터의 주머니 속에 돈을 보란 듯이 '탁' 하고 내려 놓지

말라.
- 긴 요구 목록을 읊으면서 돈을 건네지 말라.
- 손님이 꽉 차 있는 회원제 레스토랑에서는 뇌물을 시도하지 말라. 오히려 퇴짜 맞기가 쉽다.

◯ 팁을 건네는 방법

- "부탁합니다." 또는 "고맙습니다."라고 말하라. 돈을 많이 준다고 해서 예의 없게 행동해도 되는 것은 아니다.
- 부탁을 하면서, "혹시 가능하다면", "실례가 되지 않는다면" 또는 "바쁘신 것은 알겠지만" 같은 정중한 문장을 덧붙여라.
- 돈을 손에 건넬 때에는 조심스럽게 하라. 지폐를 적어도 두 번 이상 접어서 악수 시에 자연스럽게 건네거나, 손 밑에 슬쩍 쥐어 주면 된다.

■ 팁을 위한 팁 (누구에게, 얼마나 팁을 줄 것인가?)

레스토랑의 기본 임금은 한 시간에 고작 3달러 정도다. 여덟 시간 동안 음식을 나르면서 동동거리고 겨우 24달러를 받는다고 생각해 보라. 웨이터와 레스토랑 스태프에게 있어 팁이란 생존의 문제라는 것이 이해될 것이다. 기본적으로 팁의 범위는 식사 금액의 10~20퍼센트 정도이지만, 파인 다이닝 레스토랑에서는 20퍼센트 선이 일반적이다.

> **향연의 역사**
>
> 1900년대 초반에 미국의 워싱턴, 미시시피, 알칸사스, 테네시, 사우스 캐롤라이나, 아이오와 여섯 개 주에서 팁을 주는 것이 금지된 적이 있었다. 팁을 요청하거나 받았을 경우 10달러에서 많게는 1백 달러의 벌금, 혹은 30일 이하의 징역형이 처해졌다.

팁은 세전 금액을 기준으로 계산하는 것이 원칙이지만, 서비스가 훌륭하였다면 세후 금액을 기준으로 계산하여 팁을 몇 달러 더 주는 것도 나쁘지 않을 것이다. 그것이 대부분의 웨이터가 기대하는 바이기도 하다. 여럿이서 식사를 했다면 18퍼센트 정도의 팁이 자동적으로 계산되어 계산서에 포함되는 경우가 많다. 서비스가 매우 좋았다면 그 금액에 더 얹어 주도록 하자.

- 웨이터: 15~20%
- 바텐더: 15~20% 또는 음료 한 잔에 최소 1달러씩
- 소믈리에: 와인 한 병 가격의 10~15%
- 코트 보관: 무료 서비스라면 코트 한 벌에 1달러, 유료라면 팁을 주지 않는다.
- 주차 대행 서비스: 차 한 대당 2달러
- 화장실 도우미: 1달러

팁을 꼭 돈으로만 해결해야 하는 것은 아니다. 돈이 없다거나 또는 단지 너무 검소해서 10퍼센트 이상 팁을 주지 않는 사람이라면, 제너럴 매니저에게 웨이터에 대한 격찬을 전하는 것으로서 인색한 팁을 보충할 수 있다.

> **기억하세요!**
>
> 미국 코넬 대학교 호텔 경영학과 호텔 리서치 센터의 연구에 따르면, 캐주얼한 레스토랑에서는 웨이터가 테이블 옆에 앉아서 자신을 소개할 경우 팁이 평균 3퍼센트 증가했다고 한다. (웨이터가 쪼그려 앉는 곳은 고급 레스토랑은 아니다.)

와인 서비스

소믈리에와 웨이터가 팁을 나누어 가지는 레스토랑에서 소믈리에게 따로 팁을 주는 것은 지나치다고 생각할지 모른다. 그러나 소믈리에가 당신을 위해 적당한 가격의 훌륭한 와인을 권해주었다면 팁을 따로 주는 것이 좋다. 1백 달러 이하의 와인이라면 와인 가격의 10~15퍼센트를 주고, 그보다 비싼 와인이었다면 일률적으로 20달러를 주는 것이 일반적이다.

현금이 왕

웨이터나 바텐더에게 점수를 따려면 식사는 카드로 결제하더라도 팁은 현금으로 남기는 것이 좋다. 현금이 부족하다면 가능한 만큼만 현금으로 내고 모자라는 부분은 신용 카드로 결제하면 된다. 국세청에서는 이를 반기지 않겠지만, 레스토랑 스태프들은 뜻밖의 보너스를 환영하며 당신을 기억해 줄 것이다.

3. 일반 손님에서 VIP 고객 되기
단골이 되는 법

레스토랑과 손님 관계에서 변치 않는 사실은, 바로 단골손님이 혜택을 받는다는 것이다. 레스토랑에 익숙한 인물이 된다면 여러 가지 혜택을 기대할 수 있다. 붐비는 토요일 밤 예약을 바로 직전에 성사시키거나, 별로 상태가 좋지 않은 그날의 생선에 대해 귀띔을 받는다거나, 주방에서 새로 시도한 맛있는 요리를 제공 받을 수도 있다. 단골이 되기 위해서는 반드시 돈을 많이 쓰거나 자주 방문해야만 하는 것은 아니다.

□ 단골손님이 되기 위한 10가지 지침
- 팁은 현금으로 남기고, 때로는 팁을 더욱 후하게 주기도 한다.
- 바텐더나 마음에 드는 웨이터, 메트르 디, 제너럴 매니저의 이름을 알아두고, 자신을 그들에게 소개한다.
- 주로 손님이 없는 화요일과 수요일, 일요일 밤에 식사한다.
- 친구, 가족, 고객, 동료가 메트르 디 또는 호스트에게 당신의 추천으로 레스토랑에 오게 되었다고 전하도록 한다.
- 풋내기와 여행자들이 가득 차고, 스태프는 일하기 싫어하는 크리스마스나 새해 같은 주요 공휴일, 또는 밸런타인데이, 어버이날 같은 특정일이 아니라 개인적인 기념일에 식사를 한다.
- 예약 시간보다 조금 일찍 도착하여 식사 전 바에서 음료를 (무알코올 음료라고 할지라도) 한 잔 한다.
- 메트르 디나 제너럴 매니저에게 스태프와 음식에 대해 구체적인 찬사를 한다.
- 재정적으로 가능하다면 자주 식사를 한다. 점심 식사를 하거나, 혼자 방문해서 식사를 하거나, 술을 마시는 것도 괜찮다.
- 법인 카드 쓸 일이 있는 비즈니스 동료를 자주 데려간다.
- 단골 지위나 특별 대우를 기대하지는 말되 그런 대우가 주어지면 감사하게 받는다.

테이블 매너

WHEREFORK ART THOU?

와인 잔을 잘못 집거나 옆 사람의 빵을 무심코 집었다고 해서 레스토랑에서 쫓겨나지는 않는다. 그러나 비즈니스 자리나 상견례 자리에서, 열일곱 가지나 되는 고급 테이블 웨어에 둘러싸여 우아하게 행동하려고 하는데 자신의 무릎에만 냅킨이 없다는 것을 알아차리거나 자신이 옆 사람의 빵 접시를 사용했다는 것을 알고 당황하는 일은 피하고 싶을 것이다. 테이블에서의 자신의 영역을 알아 두고, 반짝반짝 빛나는 포크의 사용법 같은 기초적인 테이블 에티켓을 알아 두자. 이런 기본에만 충실해도 고급 레스토랑에서도 자신감이 생기고 편안해진다.

1. 기본적인 자리 세팅

접시, 잔, 도구의 다양한 모양과 크기는 외우지 않아도 된다. 간단한 원칙 한 가지만 기억해 두자. 접시에서 가장 멀리 떨어진 바깥 쪽의 식기부터 사용하고, 새로운 코스가 나오면 그 다음 안쪽에 놓여진 식기를 순서대로 사용하라. 가장 오른쪽에 스푼이 있고 가장 왼쪽에 포크가 있는 상황에서 수프 코스라면 스푼만 사용하면 된다. 전형적인 테이블 세팅을 익혀 놓으면 식기 사용에 있어 당황하는 일은 전혀 없을 것이다. 조금 변형된 테이블 세팅

을 접하게 되어도 '바깥쪽에서 안쪽으로' 라는 원칙만 기억한다면 예의에 어긋나지 않는다. 더군다나 고급 레스토랑에서는 보통 웨이터가 제공되는 요리에 맞추어서 식기를 놓아주고, 치워주고, 바꿔주기 때문에 잘 몰라서 짐작으로 해야 하는 일은 더욱 없다.

> "파인 다이닝에서 명심해야 할 점은 너무 심각해 하지 말고 긴장을 풀어야 한다는 점입니다. 어떤 포크를 써야 할지, 메뉴를 어떻게 발음 해야 할지 모르겠다면 그냥 웃으며 털어 놓으세요. 제가 보장하는데 대부분의 경우 웨이터도 같이 웃으면서 '동감이에요. 사실 저도 잘 모른답니다.' 라고 얘기할 겁니다."
>
> – 릭 베일리스, 셰프&오너, 토폴로밤포*(Topolobampo, Chicago)*

냅킨 주로 접시 가운데나, 물 유리잔 안쪽, 또는 포크 왼편에 놓여져 있을 것이다. 모든 일행이 자리에 앉으면, 바로 냅킨을 펴서 무릎에 올려 놓자. (웨이터가 해 주기도 한다.) 식사 중간이나 식사를 마친 후 테이블을 나설 때에는 의자에 내려 놓지 말고 냅킨을 살짝 모아서 접시 왼편에 놓는다.

차저^{charger} 디너 접시나 냅킨 밑에 있는 큰 접시인 차저, 즉 서비스 접시는 테이블 보에 음식물이 떨어지는 것을 막기 위한, 오로지 심미적인 용도만을 가지고 있다. 커다란 빵 접시가 아니니 음식을 올려 놓고 먹지 말자. 전통적인 파인 다이닝에서는 첫 번째 코스가 나올 때 차저를 가져 간다. 그러나 차저 위에 각 코스의 그릇을 올려 놓는 경우도 있으며, 이런 경우에는 식사를 다 마친 후 디저트 직전에 차저를 치운다.

빵 접시 차저로부터 10시 방향에 있는 작은 접시로, 작은 버터 전용 나이프가 올려져 있기도 한다. 버터 나이프가 세팅 되어 있지 않다면 버터와 함께 제공된 '마스터' 나이프를 사용하거나 깨끗한 디너 나이프를 사용하면 된다.

> **향연의 역사**
>
> 서기 1세기 로마에서는 손님이 직접 '마파(mappa)'라고 불리는 냅킨을 가지고 와서 남은 음식을 집에 싸가지고 갔다. 르네상스 시대에는 냅킨을 왼쪽 어깨에 걸쳐 두었다가 식사 내내 식기나 컵을 닦는 데에 사용했다. 한편, 유럽에는 냅킨을 의자에 내려 놓으면 다시는 그 테이블에서 먹지 못하게 된다는 오랜 미신이 있다. (이것은 실제로 좋은 관습이다. 냅킨을 의자에 내려 놓으면 냅킨에 묻어 있던 음식물이 바지 뒷주머니에 묻을 수 있다.)

빵을 먹을 때 많은 사람들이 저지르는 기본적인 실수는 빵을 통째로 들고 입으로 베어 먹는 것이다. 빵 바구니에서 빵을 원하는 만큼 집어 개인 빵 접시에 올려 놓은 다음, 한 입 크기로 손으로 떼어낸 후 버터를 발라 먹는다. 올리브 오일이 병째로 제공되었을 경우에는 너무 많이 덜지 말고 한 스푼 정도만 개인 접시에 덜어서 먹으면 된다. 아주 격식을 차린 자리에는 개인 빵 접시가 나오지 않는 경우가 있다. 그런 경우에는 디너 접시 가장자리에 빵을 놓으면 된다.

> **향연의 역사**
>
> 빵을 먹을 때 손으로 떼어 먹는 관습의 유래는 중세 시대로 거슬러 올라간다. 그 시절에는 남은 음식이 하층 계급의 손님에게 돌아갔다. 입을 대고 직접 베어 먹는 것보다는 손으로 떼어 먹는 편이 음식을 물려 주기에 좀 더 위생적인 방법이었다.

프랑스에서는 빵 접시가 세팅되지 않은 경우가 있는데, 이때는 보통 빵 접시가 놓이는 위치에 직접 올려 놓기도 한다. 그런 습관 때문인지 프랑스에서는 '라마스 미에트^{ramasse-miettes}'라고 불리는 '부스러기 수집기', 즉 웨이터가 음식 부스러기를 긁어 모을 때 사용하는 금속 스크래퍼가 개발되었다.

샐러드 포크 디너 포크보다 작은데, 왼쪽 포크 날이 약간 두툼하기도 하다. 보통 가장 왼쪽에 놓이지만, 샐러드가 메인 요리 후에 제공되는 프랑스 레스토랑에서는 접시 가장 가까이 놓인다.

디너 포크 보통 접시에서 가장 가까이 놓인다. 디너 포크를 잡는 방법에는 두 가지가 있는데, 오른손잡이를 기준으로 미국 스타일은 오른손에 포크 날이 위를 향하게 올려 놓고 엄지와 중지로 잡는 방법이다. 반면, 유럽 스타일은 왼손 검지를 포크 뒷면에 대고 포크 날이 아래를 향하도록 잡는 방법이다. 포크나 칼을 사용하지 않을 때에는 포크 날이 위를 향하도록, 칼날은 안쪽을 향하도록 접시 위에 한 쪽으로 수직으로 놓는다. 한 번 사용한 후에는 손잡이가 다시 테이블 위에 닿지 않도록 한다.

생선 포크 보통 생선 코스 직전에 제공되는데 크기는 디너 포크보다 작다. 1920년대에 스테인리스 스틸이 도입되기 전에는 대부분의 식기가 철로 만들어졌는데, 생선 포크만은 생선과 함께 주로 제공되는 레몬 소스 등의 산성 소스에 화학 반응을 일으키지 않도록 전통적으로 은으로 만들어졌다.

샐러드 나이프 가장 바깥에 놓인 나이프다.

디너 나이프 접시 바로 오른쪽에 놓여 있으며, 별도의 나이프가 제공되지 않는다면 샐러드나 생선을 먹을 때 사용하기도 한다. 미국에서는 포크를 왼손에 쥐고 음식을 고정시킨 후 오른손에 나이프를 쥐고 음식을 자른다. 그 다음 나이프를 접시 상단에 잠시 내려 놓은 후 오른손으로 포크를 바꿔 쥐고 자른 조각을 찍어 먹는다. 유럽에서는 오른손으로 나이프를 쥐고 음식을 자른 후 왼손으로 자른 조각을 찍어 먹는다. 나이프를 사용한 후에는 칼날을 안쪽으로 향하게 하여 접시 오른쪽 상단에 올려 둔다.

> **보너스 1+1**
> 테이블 매너에 확신이 없을 때에는, 주위를 살짝 둘러 보아 호스트를 따라 하거나 가장 품위 있어 보이는 행동을 따라 하자.

스테이크 나이프 보통 고기 코스와 함께 나온다.

티 스푼 커피를 마실 때 나오거나, 나이프와 수프 스푼 사이에 놓여 있다.

수프 스푼 오른쪽 끝에 놓인다. 집에서야 캔 수프를 뜯어 바로 훌훌 마셔도 상관 없지만 레스토랑에서는 수프 스푼의 볼록한 부분이 입에 닿지 않도록 해야 한다. 안쪽에서 바깥쪽으로 스푼의 3/4 정도 담기도록 떠서 입에 스푼 끝이 닿도록 가져간 후 스푼을 살짝 기울여 먹는다.

디저트 식기 보통 접시 상단에 스푼은 왼쪽을 향하도록, 포크는 오른쪽을 향하도록 놓인다. 또는 디저트 코스가 나올 때에 제공되기도 한다.

음료 잔은 언제나 접시 오른편에 있다. 그것만 기억하면 다른 사람의 잔을 실수로 집게 될 일은 별로 없다. 또한, 보통 주문한 음료에 맞추어 웨이터가 잔을 가져오거나 치우고, 음료를 따라 주므로 잔의 용도를 추측해야 하는 일도 거의 없다.

하지만 잔의 용도를 꼭 알아야 하는 상황이라면 다음을 기억해 두자.

유리 물 잔은 디너 나이프 위 한 시 방향에 놓이는데, 잔 중에서는 가장 왼쪽이다. 전통적인 코스 세팅에서는 **셰리 잔**이나 **아페리티프 잔**이 물 잔의 상단 오른편에 놓인다. 보통 가장 볼록한 잔인 **레드 와인 잔**은 물 잔 오른편에 있고, 비교적 날씬한 **화이트 와인 잔**은 물 잔의 하단 오른편에 있다. **샴페인 잔**의 경우, 레드와 화이트 와인 잔 사이, 약간 위편에 놓인다.

> **향연의 역사**
>
> 러시아 스타일 서빙(à la russe)을 하는 레스토랑은 각 코스마다 매번 테이블 세팅을 새로 한다. 반면, 프랑스 스타일 서빙(à la francaise)을 하는 경우, 한꺼번에 모든 식기를 한 번에 세팅하게 된다. 러시아 스타일의 테이블 세팅 방식은 러시아 대사관이 1810년에 파리에 소개했지만, 사실 대중화가 된 것은 런던 사보이 호텔과 칼튼 호텔에서 그러한 방식을 적용하였던 고급 프렌치 다이닝의 대부로 불리는 오귀스트 에스코피에의 공이 크다.

2. 기본 테이블 매너

기본적인 테이블 매너는 어린 시절에 배우기는 하지만 인스턴트 식품으로 대부분의 식사를 해결하다 보면 고상한 식사 예절은 잊어버리기 십상이다. 다음의 테이블 매너는 이미 알고 있는 내용일지는 모르지만 다시 한 번 상기해 볼 필요가 있다.

- 자신이 직접 돈을 내는 것이 아니라면, 가장 비싼 와인이나 요리를 주문하는 것은 삼가하자.
- 당신의 음식이 먼저 나왔다고 하더라도 다른 일행의 음식이 모두 나올 때까지 기다릴 것. 호스트나 중요한 일행이 먼저 먹으라고 부추기는 상황이 아니라면 차분히 기다리자.

- 소금과 후추는 항상 함께 전달하라. 일행이 소금과 후추 중 한 가지만 찾더라도 함께 전달해야 나중에 없어진 짝을 찾아 헤매지 않는다.
- 요리의 맛을 보기 전에 소금, 후추를 뿌리거나 다른 간을 하지 말 것.
- 음식을 식히려고 입으로 불지 말 것. 음식이 너무 뜨겁다면? 그럴 때는 식을 때까지 잠깐 기다려라.
- 여성이 테이블을 떠나거나 돌아와 앉을 때는 모든 남성이 일어나는 것이 예의다.
- 팔꿈치는 테이블에서 내려 둘 것. 자동차 키, 립 밤, 선글라스, 지갑, MP3, 휴대폰 등도 모두 마찬가지다. 그러한 물건들은 레스토랑 세팅과 미적으로도 어울리지 않을 뿐더러 웨이터가 서비스하는 데 장애물밖에 되지 않는다.
- 아무리 맛있어도 식기를 핥아 먹는 것은 예의에 어긋난다. 프랑스식으로 빵 조각으로 그릇에 남은 소스나 수프를 닦아내듯이 찍어 먹는 것은 허용되지만 이 역시 안 좋은 인상을 남길 수 있으므로 중요한 사람 앞에서는 삼가는 것이 좋다. 그러나 일행에게 잘 보이는 것보다 맛있는 음식을 끝까지 즐기는 것이 더 중요하다면 빵으로 음식을 깔끔하게 찍어 먹어도 좋다.
- 완두콩이나 쿠스쿠스 같이 포크로 찍어 먹거나 얹어 먹기 힘든 음식일 경우 나이프나 빵 조각을 이용해 포크에 얹어 먹는다.
- 레스토랑에서 가볍게 달각거리는 소리가 나는 것은 정상이다. 그래도 철제 식기가 접시에 부딪히고 긁히는 소리는 최소화 하도록 노력하자. (손톱으로 칠판을 긁는 소리를 생각해 보라.) 커피를 저을 때에도 컵 안에서 스푼이 부딪치거나 컵 테두리를 치지 않도록 조심하자. 또한 나이프로 자르되 톱질 하듯이 하지 말고 수프도 스푼으로 뜨되 휘젓지 말 것.
- 소금, 후추통이든, 빵 바구니든, 버터 그릇이든 무엇이든 전달을 해야 할 때에는 손에 직접 건네지 말고 테이블 위에 올려 놓을 것.
- 전달 중인 것을 중간에 가로채지 말 것. 다른 사람에게 전달 중인 빵 바구니에서 빵을 낚아채거나 전달 중인 소금통을 잡아 중간에 소금을 뿌리는 것은 절대 안 된다.
- 한 입에 적은 양으로 먹을 것. 손가락만한 크기의 고기를 한 입에 먹게 되면 적시에 우아하게 대화에 참여하기가 어려워진다. 마찬가지로 음식을 씹고 있는 일행에게 질문을

하는 것도 피하자.
- 본인이 떨어뜨렸다고 해도 바닥에서 음식을 줍지 말 것. 흘린 음식이나 실수로 쏟은 음식은 스태프가 잘 처리해 줄 것이다. 혹시 스태프가 발견하지 못하고 있다면 웨이터를 불러서 알려 주면 된다.
- 나이프는 언제나 날카로운 면이 자신을 향하도록 놓는다.
- 식사를 끝낸 후 그릇을 밀어 놓거나 웨이터를 돕기 위해 쌓아 두거나 하지 말고 그냥 있는 그대로 놓아 둘 것.
- 테이블에서 몸치장을 하지 말 것. 이를 쑤시거나 립스틱을 덧바르거나 파우더를 바르거나 코를 풀거나 넥타이에 묻은 얼룩을 지우려고 하거나 콘택트 렌즈를 만지는 일은 모두 다른 일행이 보지 않는 화장실에 가서 하라.
- 사용한 식기를 다시 테이블에 내려 놓지 말 것. 사용한 포크, 나이프, 스푼은 접시 위 한쪽 옆, 또는 볼 안에 두도록 한다.

> **향연의 역사**
>
> 나이프의 날카로운 면을 안쪽을 향하게 놓는 것은 다른 손님을 해칠 의도가 없다는 것을 뜻한다. 고대 향연장에서의 풍족한 음식과 술, 정치 논쟁은 종종 비극적인 유혈 사태로 이어지기도 했다. 나이프가 너무 가까이 있었던 것일까?

3. 현대의 테이블 매너

오늘날은 남은 빵을 하층 계급에게 주거나 옆 손님이 나이프로 찌를까봐 걱정해야 하는 시대는 아니지만, 빵을 입으로 직접 베어 먹지 말아야 한다거나 나이프 칼날은 언제나 안쪽을 향해야 한다는 시대에 걸맞지 않는 테이블 매너가 여전히 유지되고 있다. 이런 구시대의 테이블 매너만으로는 현대의 새로운 상황에 직면하였을 때 난감해질 수 있다. 다음과 같은 현대 레스토랑 매너를 기억해 둔다면 걱정 없다.

예약 취소와 노 쇼 no-shows
예약하였던 레스토랑에 못 가게 된다면 반드시 취소 전화를 하라. 레스토랑에 따라서는 예약을 받을 때 신용 카드 번호를 받는 곳도 있다. 예약 취소는 24시간 전에 해야 하며 취소 전화 없이 레스토랑에 오지 않으면 일정 금액을 부과하기도 한다. 이것은 벌금을 내는 것 이상의 의미가 있다. 장애인 우선 주차 구간에 주차를 한다든지 소량 계산대에서 27개의 제품을 계산하는 것처럼, 취소 없이 나타나지 않는 것은 매우 안 좋은 매너다.

소리지르는 아기와 뛰어다니는 어린이

아이들의 부모들에게 직접 이야기하지는 말라. 레스토랑 스태프가 잘 해결할 것이다. 웨이터에게 불편한 점을 예의 바르게 말하고 "혹시 저희가 다른 테이블로 옮기는 것이 가능할까요?" 또는 "혹시 아이들 부모님에게 이야기해 주지 않으시겠어요?"라고 물어 보자.

유명인을 보았을 때

레스토랑에서 유명인과 마주쳤을 때에는 아무리 그 유명인의 열렬한 팬이라고 하더라도 가까이 다가가거나 사진을 찍거나 사인을 해 달라고 부탁하지 말라. 레스토랑은 사적인 장소이기 때문에 그 유명인은 불쾌하고 곤혹스러울 수 있다.

레스토랑의 부당 대우

레스토랑 호스트가 다른 손님에게만 자리를 안내해 주고 당신은 계속 기다리게 한다거나, 물을 계속 따라주지 않는다거나, 웨이터가 짜증스럽게 응대한다거나, 음식이 나오지 않아 끝도 없이 기다리게 하면서 사과도 하지 않는 등 서비스가 매우 안 좋은 경우에는 할 수 있는 두 가지 방법이 있다. (1) 바로 레스토랑을 박차고 나오면서 다시는 가지 않겠다고 맹세한다. (2) 일이 잘 해결되어 매니저가 공짜 요리나 음료를 주기를 기대해 본다. 어느 방법을 택하든 가만히 묵인하지는 말자. 부당한 대우에 대해 레스토랑에 알려야 한다.

과도한 수다

간단히 주문을 받거나 질문을 주고 받는 데에서 그쳐야 할 웨이터와 손님간의 대화가 쓸데없이 긴 수다로 이어지는 것은 웨이터와 손님 모두에게 잘못이 있다.

웨이터가 개인적인 문제나 날씨, 오늘의 아스파라거스에 대한 쓸데없는 정보를 늘어놓아 일행과의 대화를 끊임없이 방해한다면 이렇게 이야기하라. "신경 써 주셔서 감사합니다. 훌륭해요. 저희 주문 다 마친 것 같은데, 그렇지 않나요?"

반대의 상황도 마찬가지다. 처음 달팽이를 먹었던 순간이나 내퍼 밸리에 와인 시식 여행을 했던 이야기를 늘어놓느라고 웨이터의 시간을 빼앗지 말자. "오늘 저녁 바쁘시죠?"라고 건네고 웨이터의 반응에 따라 대화를 나누자. 사실 웨이터가 아주 바쁜 상황이더라도 이야기를 모두 들어줄 테지만, 쓸데없이 수다를 떨거나 무엇을 주문할지 우왕좌왕 하는 일은 최소로 하라.

안 좋은 서비스에 대처하는 법

레스토랑 호스트나 웨이터에게 부당한 대우를 받았다면 그들에게 이야기하면서 그들의 행동이나 말투를 따라 하라. 친절했다면 친절하게, 냉담하게 무시한다면 똑같이 상대할 것. 대놓고 얕보는 사람이라도 자신들의 행동을 똑같이 따라 하면 심리적인 변화가 생긴다. 눈을 마주치면서 그들의 몸짓과 목소리를 따라 하고, 그들에게 받았던 대우를 설명하고 원하는 바를 이야기하라. 그들과 비슷한 수준에 맞추어 이야기하면 당신의 요구를 들어줄 확률이 높아진다.

소란스러운 일행

혹시 가는 귀가 먹어 시끄럽거나, 경망스럽거나, 술버릇이 안 좋거나, 유리 잔이 깨질 정도로 크게 웃는 사람과 식사를 함께 하게 된다면, 먼저 레스토랑에 털어 놓고 양해를 구해서 독립된 방이나 소리가 안 울리는 구석 자리로 예약하도록 하라. 식사의 주최자로서 일행을 관리하는 것은 당신의 책임이지만, 레스토랑에 먼저 이야기해 놓는다면 당신의 일행이나 다른 손님, VIP에게 모두 도움이 될 것이다.

■ 사회적 체면

테이블 매너에서 실수가 용납되는 가족끼리의 식사라면 괜찮지만 비즈니스 상대나 데이트 상대자에게 좋은 인상을 남겨야 하는 상황이라면 다음을 참고하라.

깔끔하게 먹을 수 있는 메뉴를 주문할 것

바닷가재 한 마리, 화이트 와인 소스의 홍합, 엔젤 헤어 파스타, 끈적끈적한 갈비, 아스파라거스 구이, 채소가 통째로 나오는 샐러드는 주문할 생각조차 하지 말 것. 앞치마나 물수건을 사용해야 하거나, 손으로 직접 먹어야 하거나, 불편한 도구를 사용해야 하거나, 자르거나 손질해야하거나 먹기 어려운 메뉴는 피하자. 포크와 나이프 만으로 쉽게 먹을 수 있는 스테이크나 치킨, 뼈와 껍질이 제거된 생선을 주문하는 것이 좋다.

남은 음식을 포장하지 말 것

마지막 인상도 첫인상만큼 중요하다. 음식을 싸간다면 호일로 싼 남은 음식을 큰 쇼핑백에 넣어 가는 모습이 당신의 마지막 인상으로 남을 것이다. 새벽 네 시에 냉장고 앞에서 내복을 입은 채 차가운 남은 음식을 용기째로 먹는 모습이 상상된다면 그다지 좋지 않을 것이다.

롱아일랜드 아이스티는 절대 주문하지 말 것

화이트러시안, 씨브리즈, 스크류드라이버 등 대학가 술집에서 흔하게 마시는 음료도 마찬가지로 피하라. 와인이나 고전적인 칵테일을 주문하자.

까다로운 식습관을 보이지 말 것

"소스 없이 주세요." "무지방으로 주세요." 등의 주문은 최소한으로 줄이고 본 메뉴의 조리법, 사이드 메뉴, 소스 등을 바꾸지 말자. 알레르기나 건강상 피해야 되는 것에 대해서는 이야기하되, 장황하게 하지 말아야 한다. 당신의 최신 다이어트 방법이나 싫어하는 특정 음식에 대해 이야기하는 것도 금물이다. 까다로운 완벽주의자로 보이고 싶지 않다면 참고하자.

■ 휴대폰 예절

현대의 테이블 매너에서 따로 꼭 설명이 필요한 부분이 바로 휴대폰 예절이다. 품위 있게 행동하고 싶다면 다음의 간단한 규칙을 따르라.

휴대폰은 끄거나 진동으로 해 놓을 것
휴대폰 벨 소리가 베토벤의 운명 교향곡이든 최신 유행가든 레스토랑이 원하는 소리는 아니다.

'절대' 테이블에 앉아 전화를 걸거나 받지 말 것
아무리 조심스럽게 작은 목소리로 이야기한다고 하더라도 같이 식사하는 일행에 대한 예의가 아니다. 근처 다른 손님들도 역시 당신이 식사 후 무엇을 할 것인지 회사에서 무슨 일이 있었는지에 대해 듣고 싶어하지 않는다.

꼭 전화를 하거나 받아야 하는 상황이라면 양해를 구한 후 테이블에서 빠져 나올 것
그렇지만 꼭 그럴듯한 핑계를 대도록 하자. 화장실에 잠깐 간다고 하거나 아주 중요하고 진지한 이유를 댈 것. "병원에서 방금 전화가 왔는데 드디어 나한테 맞는 신장을 찾은 것 같아요." 정도는 돼야 한다.

우박이 내리거나 영하의 온도라도 전화는 밖에 나와서 하라
화장실, 바, 대기 장소 같은 레스토랑의 공공 영역은 당신의 개인 전화 박스가 아니다. 당신의 전화로 인해 불편해야 할 사람은 당신이지 다른 사람들이 아니기 때문이다.

전화는 빨리 끝내라
대화는 5분 이내로 하고 테이블로 돌아간 후에는 다른 사람들에게 다시 한 번 양해를 구하라.

4. 외교적 행동

이물질이 나왔을 때

때때로 이상한 물질을 씹을 때가 있다. 그것이 뼈든, 씨앗이든, 조개 껍질이든, 다른 이물질이든 가능하다면 먹을 때와 동일한 방식으로 뱉는 것이 원칙이다. 뼈나 올리브 씨를 포크로 먹게 되었다면 조심스럽게 포크 뒷부분에 뱉어서 접시 한 쪽 부분에 올려 놓는다. (빵 조각 밑에 숨겨두면 좋다.) 올리브를 손으로 먹었다면 입에 손가락을 대고 빼내도 괜찮다. 만약 포크에 이물질을 뱉는 것이 너무 어려울 것 같다면 엄지와 검지로 재빠르게 빼내자.

한편, 맛없는 것을 먹었을 때에는 '웃으면서 삼키기'가 원칙이다. 그러나 연골, 생선 눈알 등 이상하게 깔깔하고 아작아작하거나 물렁물렁한, 차마 삼키기 어려운 것을 씹었을 때에는 고개는 그대로 앞을 향한 채 냅킨을 얼굴로 가져와 조심스럽게 입을 닦아내는 것처럼 한 쪽에 뱉은 후 냅킨을 말아 접는다. 그런 다음 웨이터에게 새 냅킨을 가져다 달라고 부탁하자.

식사를 마쳤을 때

코스가 끝날 때마다 사용한 테이블 웨어는 깔끔하게 정리되고 필요한 다른 테이블 웨어로 바꾸어 주게 된다. 이때 테이블 웨어 치우는 것을 돕거나 해서는 안된다. 또는 "다음 코스 좀 갖다 주세요!"라는 표시로 접시나 그릇을 쌓아 놓음으로써 웨이터에게 알리지 말라. 먹은 것을 치우게 하기 위해서는 (그리고 남은 음식이 나중에 먹으려고 일부러 남겨둔 것인지 혼동되지 않도록 하기 위해서는) 포크 날은 위쪽으로, 칼날은 안쪽으로, 그리고 손잡이 쪽은 5시 방향을, 위쪽은 10시 방향을 향하도록 접시에 올려 놓는다. 먹는 도중 잠시 쉬는 것이라면 포크와 나이프를 접시 양 옆에 수직으로 놓아 두자. 음식을 자르는 중간 중간에는 나이프를 접시 상단에 가로로 올려 놓는다.

주문하기

스페셜 메뉴에서 스몰 플레이트 메뉴까지

FOLLOWING ORDERS

테이블에 무사히 도착하였다면 이제 당신에게 주어진 다음 과제는 알 라 카르트^{à la carte}, 즉 프랑스어로는 '메뉴' 라는 뜻의, 이제 곧 건네받을 맛있는 백과사전을 이해하는 일이다. 파인 다이닝 레스토랑의 두툼한 양장 메뉴는 한 권의 시집과도 같다. 온갖 값비싼 재료나 특별 조리법이 기대감과 감탄을 불러일으키기 때문이다. 또 한편 메뉴에 대한 이해가 있으면 파인 다이닝에 대한 불안감, 즉 자신이 잘 알지 못하는 무언가에 많은 돈을 지불해야 한다는 걱정을 잠재울 수도 있다. 테이블 매너와 레스토랑 에티켓도 중요하지만, 파인 다이닝을 정말 편히 느끼고 파인 다이닝에 대한 지식을 심화하려면 앞으로 접할 수많은 메뉴를 어떻게 읽고 주문해야 하는지 알아야 한다.

1. 레스토랑 메뉴 전략 이해하기
셰프 특선 테이스팅 코스와 스몰 플레이트 메뉴

두툼한 메뉴판이 주어지고 눈 앞에 수없이 많은 메뉴가 끝도 없이 펼쳐질 때 그냥 포기해 버리고 싶은 심정은 이해할 수 있다. 모험심 강한 식도락가가 아니라면, 그런 수많은 메뉴는 미지의 음식에 대한 두려움을 가중시킬 것이다. 설령 식도락가라고 하더라도 완벽한 식사를 주문하기 위해서 이해해야 할 정보량이 엄청나기 때문에 주문도 하기 전에 주눅이 들지도 모른다. 스몰 플레이트 요리를 몇 개 주문해야 하나 고민하고, 테이스팅 메뉴에 포함되어 있는 요리들을 하나하나 살펴 보는 것은 힘들고 지치는 과정이다. 그러다가 결국에는 훌륭하고 맛있는 미지의 요리가 아닌, 치킨이나 스테이크 같이 항상 먹어오던 익숙한 메뉴를 주문하게 된다. 미리 준비하자. 이제 곧 어렵게만 느껴지던 메뉴가 쉬워질 것이다.

■ 메뉴 전략

모든 레스토랑이 다 그런 것은 아니지만, 레스토랑은 종종 이윤이 많이 남는 메뉴로 유도하는 전략을 쓰곤 한다. 특히 패밀리 레스토랑은 그런 점에 있어 뻔뻔한 편이다. 메뉴 곳곳에 별표를 치고 현란하게 만들어서 비싼 프라임 립을 주문하도록 유도한다. 반면 고급 레스토랑은 좀 더 교묘한 수법을 사용한다. 인기 메뉴나 이윤이 높은 메뉴를 주로 첫 번째 줄이나 마지막 줄에 넣는 방법이다. 손님들은 그 위치에 있는 메뉴를 더 자세히 보고 더 많이 주문하기 때문이다. 또한 눈은 오른쪽 상단 부분으로 이동하는 경향이 있으며, 세 페이지로 펼쳐진 메뉴라면 가운데 페이지에 눈이 머물기 때문에, 그 부분에 시그니처 메뉴나 이윤이 높은 메뉴를 넣는다. 또한 메뉴 가격은 메뉴 설명 중 가장 밑 부분에 위치시켜 놓고 종종 달러 표시를 생략하기도 한다. "이런 품위 있는 자리에서 저속한 돈 얘기는 하지 말자."라는 듯이 말이다.

레스토랑 유지를 위해서 이윤이 필요한 것은 당연하다. 레스토랑이 바가지를 씌우려 한다고까지 생각할 필요는 없겠지만, 메뉴를 볼 때는 충분한 시간을 들여서 보고 질문하는 것이 중요하다. 레스토랑마다 메뉴는 다르지만, 메뉴를 더 많이 접하고 더 많이 알수록 맛있는 메뉴와 그렇지 않은 메뉴가 무엇이고 가격 대비 가치가 높은 메뉴가 무엇인지 선별하는 능력이 생긴다. 최고의 레스토랑도 다른 레스토랑처럼 돈을 버는 것을 중요하게 여기지만, 동시에 당신이 식사 후 돈만 버렸다고 느끼는 것을 바라지 않는다.

이쯤에서 팁 한 가지가 있다. '원가 비중이 가장 큰' 메뉴를 찾아 보라. 보통 그런 메뉴는 검은 송로버섯이나 고베 소고기 같이 값비싸고 흔하지 않은 재료를 사용한 메뉴일 가능성이 높다. 손님에게 좋은 인상을 남기기 위해 그런 비싼 재료를 쓰지만, 메뉴 가격보다 원가가 더 높은 경우가 종종 있다. 그렇지만 단지 레스토랑이 손해를 보리라는 이유 하나만으로 그런 메뉴를 찾아내어 주문하는 것은 그다지 바람직하지 않다.

■ 풀 코스 메뉴

클래식 프렌치 풀 코스는 샤르퀴테리charcuterie(훈제고기), 에스카르고escargot(버터 소스의 달팽이), 갈레트galette(속을 채운 패스트리 타르트), 파테pâté(고기나 생선 파이)처럼 뜨겁거나 차가운 오르 되브르hors d'oeuvres(작은 사이즈의 전채 요리)로 시작한다. 프랑스에서의 앙트레enterée는 미국의 앙트레와는 다른 의미로, 맑은 콩소메나 크리미한 포타주 수프처럼 첫 코스에 나오는 수프 요리를 뜻한다. 때로는 키시(달걀로 만든 파이의 일종)나 달지 않은 세이보리 수플레처럼 계란을 주재료로 한 요리가 나오기도 한다.

요즘에는 그리 흔치 않지만, 예전의 매우 격식 높은 자리에서는 푸아송poisson(생선 요리)이 라 플라la plat(메인 고기 요리) 전에 따로 제공되었다. 그러나 요즘에는 보통 생선이나 고기 요리 중 한 가지를 고르는 것이 대세다. 전형적인 고기 요리로는 코코뱅coq au vin(와인에 졸인 닭 요리), 뵈프 부르기뇽boeuf bourguinonne(양파와 레드 와인으로 양념한 소고기 찜), 카슐레cassoulet(고기와 강낭콩을 넣은 스튜) 등이 있고, 생선 요리로는 솔 뫼니에르sole meunière(가자미에 밀가루를 묻혀 버터를 넣고 구운 요리), 소몽 앙 파피요트saumon en papillote(기름종이에 싸서 조리한 연어 요리) 등이 있다. 프랑스에서는 (그리고 대부분의 프랑스 레스토랑에서는) 샐러드가 메인 요리 다음에 제공된다.

마지막으로 르 프로마주le fromage(치즈) 코스가 제공되고 레 정트르메les entremets(디저트)가 제공된다. 종종 디저트가 생략되고 치즈 코스로 마무리되기도 한다.

클래식 이탈리안 풀 코스는 프로슈토 디 파르마prosciutto di Parma(생햄)와 멜론, 생 모차렐라 치즈와 토마토, 바질로 만드는 카프레제 샐러드, 브루스케타bruschetta, 치즈와 토마토, 해산물이나 고기를 올린 마늘 토스토인 크로스티니crostini, 칼라마리calamari 튀김, 그릴드 믹스드 베지터블 같은 안티파스티antipasti('식사 전'이라는 의미)로 시작한다.

프리미primi는 첫 번째 코스로, 전통적으로 수프, 리조토, 폴렌타polenta, 파스타 같이 볼에 담긴 요리가 나온다. 고기나 생선 메인 요리에 채소 요리인 콘토르니contorni가 곁들여진 세콘디^{secondi}(메인 코스)는 보통 첫 번째 코스를 다 먹은 후에 주문하는 것이 일반적이다. 따라서 배가 부른 정도에 따라 주문하는 것이 가능하다. 전형적인 세콘디 메뉴로는 오소부코$^{osso\ buco}$(송아지 정강이 요리), 빌 피카타$^{veal\ piccata}$(버터 레몬 소스에 구운 송아지 요리), 살팀보카^{saltimbocca}(프로슈토와 세이지를 넣고 와인에 소테한 송아지 요리) 등이 있다.

포르마지^{formaggi}라고 하는 치즈 코스는 인기를 더해가고 있지만 아직 흔하지는 않다. 보통 둘치^{dulci}라고 하는 디저트 코스로 식사가 마무리된다.

■ 테이스팅 코스와 셰프 특선 메뉴

셰프의 솜씨를 마음껏 모조리 경험하고 싶다면 테이스팅 코스 또는 므뉘 데귀스타시옹$^{menu\ dégustation}$을 주문하자. 테이스팅 코스는 일반 메뉴에는 없는, 셰프가 특별히 엄선하여 준비한 다양한 요리로 구성되어 있다. 코스의 개수는 정해져 있는데, 대부분 스몰, 미디엄, 라지 (예를 들어 5가지, 10가지, 15가지 코스) 중에서 고를 수 있다. 테이스팅 메뉴를 주문하면서 웨이터에게 특별 요청 사항을 전하면 나머지는 셰프가 알아서 준비해 준다.

테이스팅 메뉴는 단조롭게 긴 코스가 이어지거나 어느 한 요리만 튀는 일이 없도록 맛과 향, 질감과 온도의 균형이 잘 맞도록 구성되어 있다. 제철 재료나 고장 특산 재료를 돋보이게 잘 살리는 것도 특징. 조리가 까다로운 요리나 흔치 않은 고급 재료를 사용한 요리도 적은 양이나마 접할 수 있다. 테이스팅 코스는 최고급 레스토랑에서 셰프의 특선 요리를 두루두루 맛보고, 실패에 대한 큰 위험 부담 없이 평소에 잘 접하지 않는 요리를 맛볼 수 있는 좋은 기회다.

○ 테이스팅 코스를 주문하기 좋은 때
- 주중 저녁이나 토요일 오후 등 3~4시간의 여유가 있을 때
- 셰프의 진정한 실력을 경험하고 싶을 때
- 메뉴에 대해 잘 모르지만 새로운 음식을 시도해 보고 싶을 때
- 단골 손님이라 셰프가 특별 메뉴를 제공해 주리라 확신할 때
- 레스토랑 방문 목적이 비즈니스가 아닌 요리 그 자체일 때

✕ 이럴 때는 테이스팅 코스를 주문하지 말자
- 바쁠 때. 테이스팅 코스는 시간을 가지고 느긋하게 제공된다. 또한 풀 코스를 먹은 후에 급히 몸을 움직이고 싶은 마음이 들지도 않을 것이다.
- 일행이 네 명인데 하나만 주문하는 것. 식사 속도를 맞추기 위해서는 일행 모두 테이스팅 메뉴를 주문해야 한다.
- 비즈니스 중일 때. 일행이 테이스팅 코스를 고집하는 경우가 아니라면 테이스팅 코스를 주문하지 말자. 끊임없이 이어지는 코스는 주의를 산만하게 한다.
- 일요일. 오래 되거나 남은 음식을 받게 될 수 있다.

■ 스몰 플레이트, 수많은 메뉴

스몰 플레이트 메뉴 사이에서 헤매고 있으면 웨이터가 다가와 "어떻게 주문해야 하는지 메뉴를 설명 해 드리겠습니다."라고 말을 건넬 것이다. 스페인의 타파스 요리가 유행하면서 많은 사람들이 스몰 플레이트 요리에 빠져들었고, 이 기회를 틈 타 많은 레스토랑들이 작은 요리를 수없이 선보이고 있다.

스몰 플레이트 요리의 장점은 자신만의 테이스팅 코스를 스스로 구성할 수 있다는 것에 있다. 또한 메뉴가 다양하기 때문에, 수프, 샐러드, 메인 요리로 이루어진 항상 비슷한 코스에 신선한 변화를 줄 수 있다는 점도 장점이다. 그러나 여덟 페이지에 이르는 자잘한 메뉴를 하나하나 읽어 내려가는 것은 즐겁지만은 않을 것이다. 다음을 참고한다면 좀 더 쉽게 메뉴를 고를 수 있다.

- 금액 한도를 정하라. 작은 요리라도 모이다 보면 금세 큰 금액이 된다. 마음 속으로 주문 개수를 세고, 비슷한 다른 식사에 쓰는 금액 정도만 쓰도록 하자.
- 양을 가늠해 보라. 웨이터에게 이 요리에는 "구운 정어리가 몇 개 나오나요?" "버섯 퍼프 패스트리 크기가 어느 정도 되나요?"라고 물어 보면 좋다.
- 균형을 생각하라. 맛과 질감이 서로 보완이 되고, 또 대비가 되는 여러 가지 다른 식품군(채소, 고기, 탄수화물, 유제품) 중에서 골고루 주문하자.
- 주눅들지 말라. 웨이터가 대부분의 다른 사람들이 어떤 메뉴를 주문하는지에 대해

설명해주더라도 꼭 그런 추천을 따를 필요는 없다.
- 처음부터 많이 주문하지 말라. 1인당 두세 가지 메뉴 정도로 시작할 것. 언제나 추가 주문이 가능하다.

2. 고급 요리 언어 이해하기

■ 가격 정책

한 가지 가격만으로 승부를 보는 뷔페와는 달리, 고급 레스토랑의 가격 체계는 좀 더 정교하다. 그러나 어려운 말에 당황하지는 말라.

알 라 카르트^{à la carte} 메뉴에는 요리마다 각각 가격이 매겨져 있다. 전형적인 스테이크 하우스에서 세트 요리 대신 스테이크 알 라 카르트를 주문하면 스테이크에 곁들이는 구운 감자나 크림 소스 시금치 요리 같은 사이드 디시에 대해서는 따로 돈을 지불해야 한다.

A.Q. "as quoted by waiter"를 줄인 말로 시가를 뜻한다. 보통 **M.P.**^{market price}라고도 한다. 이 가격 정책은 계절이나 수급 상황에 따라 재료 값이 변동하는 스페셜 메뉴나 테이스팅 코스에 사용된다.

프리 픽스^{prix fixe 또는 fixed price} 메뉴를 선택하면 미리 정해진 가격에 코스 요리가 제공된다. 레스토랑에 따라 각 코스의 메뉴를 선택할 수도, 아닐 수도 있다.

타블 도트^{table d'hote} 여러 코스로 이루어진 식사를 의미하지만, 프리 픽스와 다른 점은 주요리를 무엇을 선택하느냐에 따라 가격이 달라진다는 것이다.

■ 조리 방법

웨이터가 오늘의 스페셜 메뉴에 대해 설명하면서 "이건 팬 시어링했고 저건 브레이징했습니다."라고 조리 방법을 읊을 때, 미소를 짓고 고개를 끄덕이며 이해하는 척 하지는 않았는지 생각해보자. 다음의 조리 테크닉을 기억한다면 다음부터는 자신감 있게 고개를 끄덕일 수 있다.

그릴grill 뜨거운 숯불 등의 고열에 그릴 판을 대고 그 위에 재료를 올려 조리하는 법

로스트roast 아무 것도 덮지 않고 오븐에 넣어 조리하는 방법

리듀스reduce 육수나 와인과 같은 액체류를 진하게 졸이는 조리법

바비큐barbecue 숯이나 나무를 태우는 그릴이나 뚜껑을 덮은 바비큐 통에서 고기를 천천히 굽는 조리법

버터플라이butterfly 재료 중앙을 세로로 길게 자르되 완전히 절단하지 않고 끝부분이 붙은 채로 양쪽을 벌려 펼치는 방법

베이크bake 오븐에서 건열dry heat로 조리하는 것

브레이즈braise 뜨거운 불에서 고기가 갈색을 띠도록 구운 후 물이나 와인 등의 액체를 약간 넣고 뚜껑을 닫아 약한 열에서 조리하는 방법. 채소도 역시 닭 육수 등과 같이 뜨거운 액체로 브레이즈할 수 있다.

브로일broil 숯불이나 가스불꽃 같은 강한 열에 재료의 윗부분이나 아래 부분이 직접 닿도록 하여 조리하는 방법

브린brine 피클을 만들거나 보관을 오래 하기 위해 재료를 소금물이나 설탕물에 재우는 방법. 고기나 생선, 해산물에 브린 조리법을 사용하면 더욱 육즙이 풍부해지고 탱탱해진다.

블랜치blanch 주로 채소류를 끓는 물에 넣어 몇 초에서 몇 분 간 익힌 후 차가운 물에 즉시 담가 조리를 완료하는 것

소테sauté 불 위에 직접 올린 팬에 버터나 오일을 약간만 두르고 조리하는 방법

스튜stew 약한 불에서 뚜껑을 덮고 긴 시간 동안 서서히 끓여서 조리하는 것

스팁steep 뜨거운 액체에 담그는 조리법

시머simmer 약한 불에서 서서히 조려 조리하는 방법

시어sear 매우 뜨거운 팬이나 브로일러, 오븐에서 고기가 갈색을 띠도록 재빠르게 구워 육즙이 빠져나가는

향연의 역사

향연은 힘이 정점에 오른 로마 제국에서 완성되었다. 향연은 올리브, 계란, 빵, 꿀, 소시지, 굴 등으로 만들어진 애피타이저인 구스타티오(gustatio)와, 와인에 꿀을 섞은 물숨(mulsum)으로 시작되어 메인 고기 요리인 세나(cena, 그릴하고 속을 채워 넣고, 갈고, 로스팅 한 고기 요리)로 이어졌다. 몇 시간에 걸쳐 먹고 마시고 쉬고 노래하고 춤추고 트림하고 방귀를 뀐 후, 세쿤다에 멘사에(secundae mensae)라는 케이크, 건포도, 견과류, 무화과, 모과 등의 달콤한 디저트를 먹거나 또는 버섯이나 송로버섯, 아스파라거스 등의 진귀한 음식으로 마무리 되었다.

것을 막는 방법. 두꺼운 부위라면 약한 열에서 좀 더 조리하기도 한다.
인퓨즈infuse 허브, 향신료, 과일, 야채를 뜨거운 액체나 소스에 담가 향과 맛을 추출하는 방법. 차 우리는 것이 인퓨즈에 해당된다.
팬 브로일pan-broil 기름을 두르지 않은 뜨거운 팬에 고기나 생선을 굽는 조리법
포치poach 끓기 직전의 육수나 소금물, 와인 등의 액체에 넣어 서서히 익히는 방법
플랭크plank 훈제 향을 더하기 위해 참나무, 호두나무, 떡갈나무 등으로 만든 나무 판자 위에 고기나 생선을 올려 놓고 베이크, 브로일, 그릴하는 방법

3. 주문하기

테이블에 앉았다. 무릎에는 냅킨이, 손에는 메뉴가 있고, 옆에는 웨이터가 대기하고 있다. 그 다음 순서는 무엇일까? 주문할 때의 말과 행동에 대해 살펴 보자.

■ 장면 1 : 아페리티프

"음료는 어떻게 하시겠습니까?"라고 묻는 웨이터의 간단한 질문에, "음, 와인 리스트를 아직 다 못 봤는데요. 어떤 걸 곁들여야 할지 잘 모르겠네요."라고 자칫 서투르게 대답해버리기 쉽다. '내가 지금 무슨 말을 하고 있는 거지?' 하고 당황해 하지 말라. 어떤 음료를 주문해야 할지 마음이 정해지지 않았다면 급하게 아무 와인이나 주문하지 않아도 된다. "메뉴와 와인 리스트를 좀 더 보았으면 합니다."라고 하고, 웨이터에게 다음과 같이 말하자.

- "일단 물을 부탁 드립니다."
- "탄산수 부탁합니다."
- "ㅇㅇㅇ(당신이 좋아하는 식전주 이름)을 일단 주세요."
- "소믈리에와 먼저 이야기해 보고 싶습니다."

■ 장면 2 : 스페셜 메뉴

웨이터가 낭송하는 긴 스페셜 메뉴는 머리 속에서 뒤죽박죽 뒤섞여 버리기 일쑤다. 스페셜 메뉴에 대한 세부 사항을 모두 이해하려 하지 말고, 주재료만 집중적으로 파악해 보자. 주재료만 기억하더라도 관심이 가는 메뉴와 전혀 관심이 가지 않는 메뉴를 가려낼 수 있다. '혀', '안심 스테이크', '바닷가재'만 기억나더라도, 전체 스페셜 메뉴에 대해 처음부터 끝까지 다시 듣는 대신 관심이 가는 메뉴에 대해서만 다시 한 번 설명을 부탁할 수 있다.

또한 "이곳을 대표할 만한 요리는 어떤 것인가요?"라고 물어보는 것도 도움이 된다. 웨이터에 따라 대부분의 사람들이 좋아하는 메뉴를 추천하는 웨이터도 있지만, "○○○는 인기가 많지는 않지만 저희 레스토랑 직원의 인기 메뉴입니다."라든가, "저희 셰프는 ○○○요리로 정평이 나 있습니다."라고 하면서 흔하지는 않은 특별한 메뉴를 추천해 주는 웨이터도 있다.

주문은 또한 레스토랑과 손님이 서로 알아가는 단계이기도 하다. 주문 시 요리가 어떻게 조리되는지, 어떤 재료가 들어가는지 물어보고 알레르기에 대한 정보나 빼주었으면 하는 재료 같은 특이 사항을 전달하라.

양고기 요리를 주문하면서 0칼로리로 조리해 달라고 하거나, 아주 엄격한 채식주의자라고 한다거나, 파슬리 공포증이 있다고 하지만 않는다면, 대부분의 웨이터는 요구 사항을 귀 기울여 듣고 원하는 요리를 주문할 수 있도록 도와줄 것이다. (그런 것들이 팁에도 영향을 미칠 테니까 말이다.)

또한 웨이터들은 땅콩 알레르기가 있는 당신이 요리에 든 땅콩을 모르고 먹는 바람에 레스토랑 한가운데에서 쓰러지는 불상사가 일어나지 않도록 최대한 주의를 기울일 것이다. 그러나 알레르기나 싫어하는 음식이 있다면 그런 음식을 먹었을 때 어떻게 되는지에 대해서까지 자세히 설명할 필요는 없다. 그저 피하고 싶은 음식에 대해 간단히 설명하고 그런 음식이 들어있지 않은 요리를 추천해 달라고 하면 된다. 당신이 피해야 하는 음식에 대해 되풀이해서 얘기하기보다는 당신이 좋아하는 음식에 초점을 맞추자.

◯ 웨이터에게 질문하는 법
- "이 수프는 크림 베이스인가요?"

- "콩피라는 것이 정확히 무엇이지요?"
- "오이는 피하고 싶지만 깔끔한 허브 소스와 돼지고기는 좋아합니다. 추천해 주실 만한 요리가 있나요?"
- "생선 스페셜 요리에 대해 다시 한 번 설명해 주시겠어요?"
- "소금 섭취를 줄이는 중입니다. 가능하다면 요리에서 소금을 좀 줄이는 것이 가능할까요?"
- "채식주의자입니다. 아스파라거스 수프에 고기 육수를 사용하나요?"
- "이 폭찹 요리는 양이 어느 정도 되죠?"
- "이 요리를 소스 없이 주실 수 있을까요? 소스를 뿌리지 않고 따로 주실 수 있나요?"
- "접시 안에 음식이 서로 전혀 닿지 않게 해주시겠어요? (물론 농담입니다.)"

■ 장면 3 : 메인 이벤트

주문 준비가 되었다면 이제 간단하다. 먼저 제공 받고 싶은 순서대로 주문을 하면 된다. 각 요리가 어떻게 조리되었으면 하는지에 대해 추가로 요청할 사항이 있다면 동시에 곁들여 말하자. 스테이크처럼 그때그때 조리되는 고기 요리를 주문 할 때에는 당신이 생각하는 레어, 미디엄, 웰던의 굽기 정도에 대해 이야기해 주는 것이 도움이 된다. 당신이 생각하는 미디엄이 '가운데 분홍기가 없는 정도'라면, 웨이터는 주방에 그렇게 조리해 달라고 주문을 넣을 것이다.

■ 까다로운 그대에게 전하는 말

당신이 얼마나 까다로운 손님인지는 스스로 이미 알고 있겠지만, 예를 하나 들어 보자. "프티 필레로 하겠습니다. 그런데 버섯 대신에 베아르네즈 소스를 곁들일 수 있을까요? 아스파라거스는 좋아하지 않는데…. 스페셜 메뉴에 그린빈이 있던데 대신 그걸 주실 수 있나요? 그린빈을 굽지 말고 쪄서 주시되, 타임 버터는 빼고 주실 수 있으신가요?"

어디서 많이 듣던 소린가?

알레르기나 심각한 혐오증이나 건강상의 문제가 아니라면, 단지 더 좋아하는 재료이거나 더 맛있을 것이라는 생각에 기본적인 메뉴의 조리법을 바꾸거나 다른 소스나 재료로 바꿔 달라고 요청하지 말라. 레스토랑은 서비스 업체이기 때문에 대부분은 합당한 요청이라면 (몇몇 이상한 요구까지도) 들어 주려고 노력할 것이다. 그러나 사사로운 요청에 따르는 예기치 않은 혼선을 생각해 보라.

고급 레스토랑의 주방 직원들이 일관성 있게 뛰어난 요리를 만들어낼 수 있는 이유는 요리를 정해진 조리 시스템에 따라 완성하기 때문이다. 사소한 요청은 최상의 요리 작품을 빚어내는 시스템을 제동하는 걸림돌이 될 뿐이다. 폴렌타와 매시트 포테이토가 둘 다 메뉴에 있는 상황에서 매시트 포테이토 대신 폴렌타를 달라고 하거나 소스를 뿌리는 대신 따로 달라고 하는 것이 죄는 아니지만, 아주 중요한 문제가 아니라면 그냥 넘기자.

고급 레스토랑에서 큰 돈을 써가며 식사를 하는 이유 중 하나는 특별한 경험을 하기 위해서라는 것을 잊지 말아야 한다. 예술가의 그림처럼, 접시 위의 요리는 셰프의 작품이다. 요리에 포함된 모든 재료와 아이디어는 바로 당신에게 유일무이한 특별한 경험을 선사하고자 만들어진 셰프의 창작물이다. 화려하고 멋진 레스토랑에서 식사하는 목적의 절반은 새로운 것을 시도하기 위함이다. 그러니 전문가인 셰프에게 맡겨 두자.

■ 아뮤즈 부슈

웨이터가 미지의 재료로 채워진 한입 크기의 퍼프 패스트리나 꿈결 같은 액체가 들어 있는 드미타스^{demitasse}(아주 작은 컵)를 가져다 줄지도 모른다. 아뮤즈 부슈$^{amuse\ bouche}$라고 불리는 이 예기치 않은 작은 요리는 미각을 자극하고 레스토랑에 방문한 것을 환영하는, 셰프의 맛있는 선물이다. 프랑스나 대부분의 유럽에서는 '미각의 기쁨'이라는 뜻의 아뮤즈 괼르$^{amuse\ gueule}$로 불린다.

4. 디저트

디저트라니? 설마 그 많은 맛있는 코스 요리를 배부르게 먹고 나서 또 디저트를 주문한다는 걸까? 물론이다. 배가 불러서 더 이상 한 입도 먹지 먹겠다고 하더라도 정말 맛있는 디저트를 주문하는 방법에 대해서는 알아야 한다. 더군다나 돈을 더 내고 살이 더 찌는 것을 감수할 만큼 맛있는 디저트라면 더욱 그렇다. 계절에 따라 특별히 피해야 하는 디저트에 대해서도 알아 두면 좋다.

■ 파티시에 예찬

레스토랑에 따라 냉동 디저트를 사용하거나 근방의 베이커리에서 디저트를 가져오는 곳도 있지만(그게 꼭 나쁘다는 것은 아니다), 먹고 나서 몇 시간을 뛰는 한이 있더라도 충분히 먹을 만한 가치가 있는, 바삭거리고 달콤하며 부드럽고 맛있는 완벽한 디저트를 만들어 내는 패스트리 셰프가 있는 훌륭한 레스토랑도 많다. 패스트리 셰프의 실력을 보면 그 레스토랑의 수준을 알 수 있을 정도다. 웨이터에게 패스트리 셰프에 대해 물어볼 수도 있지만, 다음을 통해 확인할 수도 있다.

- 디저트 메뉴에 패스트리 셰프의 이름이 써 있는지.
- 슬라이스 케이크가 아니라 미니 타르트나 미니 케이크 같이 조그맣게 따로따로 구워진 메뉴가 있는지.
- 프티 푸르petit four 처럼 커피와 함께 나오는 서비스 디저트가 있는지.

> "저는 과도하게 치장된 디저트는 피합니다. 캐러멜로 된 백만 개의 프릴 장식이 있거나 초콜릿으로 피라미드 탑을 쌓았거나 먹을 수 있는 상자에 넣어 나온다면 보기에는 좋겠지만 맛은 그리 뛰어나지 않을 것입니다. 어떤 재료라도 주재료가 세 가지 이상이면 너무 많다고 생각합니다."
>
> –수전 리프리리, FCI(French Culinary Institute) 입학처장

■ 기본 디저트 메뉴

고급 레스토랑의 디저트 메뉴는 클래식, 스페셜, 계절 메뉴 이렇게 세 가지로 구분할 수 있다. 대부분의 레스토랑은 각 메뉴 군에 해당하는 디저트를 조금씩 선보인다.

클래식 디저트 크렘 브륄레, 몰튼 초콜릿 케이크, 티라미수, 치즈 케이크 같이 언제나 인기가 높은 익숙한 디저트로, 항상 디저트 메뉴에서 빠지지 않는다. 이런 것들은 이미 백만 번은 먹어 보았을 디저트이기 때문에 실패할 염려가 없지만, 사실 창의적이고 독특한 디저트는 아니다.

스페셜 디저트 역시 언제나 메뉴에 있다. 이 디저트는 깊은 인상을 남길 뿐 아니라 유기농, 퓨전, 에스닉 등 레스토랑 콘셉트에도 부합하도록 만들어진다. 특이한 재료, 세심히 공을 들인 모양 등 클래식 디저트와는 전혀 차별화된 혁신적인 디저트다.

계절 디저트 주로 제철 과일을 사용한 디저트로, 보통 재료 상황에 따라 메뉴가 바뀐다. 여름철에는 딸기나 복숭아, 살구를 이용한 파이류, 아이스크림, 소르베를, 겨울에는 사과, 배, 레몬 종류를 이용한 파이류를 접할 수 있다. 계절 디저트는 오래 지속되지는 않지만, 가장 신선한 메뉴다. 여름철의 애플 파이나 겨울철의 딸기 파이처럼 제철 과일을 쓰지 않은 디저트는 피하라. 레스토랑이 1년 내내 수확을 하는 자체 비닐 하우스를 운영하는 것이 아니라면 냉동 과일을 사용하는 것일 수 있다.

술 이야기
식사를 더욱 즐겁게 하는 술

BOOZE CLUES

좋은 친구와 함께라면 식사가 더욱 즐거워지듯이, 좋은 음식은 좋은 음료와 함께 할 때 더 빛이 난다. 식사 전 마음을 가다듬고 식욕을 돋우기 위해 가벼운 아페리티프(식전주)를 곁들이거나 음식의 풍미를 한껏 높여주는 뛰어난 와인을 마시는 등, 주류는 파인 다이닝에 있어 매우 중요한 부분이다. 음식과 잘 어울리는 주류는 미각을 돋우는 동시에 식사와의 대비, 보완 효과를 통해 음식의 풍미를 한결 높여준다. 칵테일이나 와인 한 잔으로 콧대 높은 웨이터나 프랑스어로 쓰여진 메뉴에 대한 불안감도 한결 덜 수 있다.

그러나 주의하자. 주류를 곁들이는 가장 큰 이유는 더욱 만족스러운 식사를 하는 데 있지만, 경우에 따라서는 모처럼 골라서 마신 술이 오히려 식사를 해칠 수도 있다.

주류와 함께 하는 식사, 그 첫 번째 관문은 메뉴를 잘 고르는 것이다. 어떤 것을 마셔야 할까? 뛰어난 바텐더가 대기 중이고 세련된 칵테일로 가득 차 있는 메뉴를 앞에 두고도 항상 마시던 평범한 메뉴를 주문하지는 않는지 생각해보라. 어떤 것을 어떻게 주문해야 할지 모르겠다는 이유 하나만으로 말이다. 와인 리스트도 벅차기는 마찬가지다. 어지러울 정도로 많은 생전 처음 보는 와인들과 발음조차 어려운 프랑스 와인 산지들, 몇 년도 산이 좋은 것인지도 모르겠고 가격대까지 천차만별이다. 머리가 어지러울 정도다.

그렇다면 무엇을 주문해야 할까? 정답은 당신이 원한다면 어떤 것이라도 좋다는 것이다. 선택권이 다양하다는 것은 어떤 메뉴가 좋을지 오래 고민하지 않아도 된다는 의미이기도 하다. 마음에 드는 메뉴를 얼마든지 주문할 수 있으니까 말이다.

메뉴를 두리번거리는 과정 없이 항상 마시던 칵테일을 고수하는 것도 괜찮지만, 그렇다고 해서 새로운 지식에 대해 마음의 문을 닫지는 말라. '니트'와 '스트레이트 업'의 차이는 무엇일까? 왜 식전에는 밝은 색의 술이, 식후에는 어두운 색의 술이 더 잘 어울릴까? 브랜디는 달지 않고 강렬하며 포트 와인은 상대적으로 달다는 사실, 미국식 마티니와 유럽식 마티니의 차이를 아는 것은 결코 어렵지 않다. 주류에 대한 자신감을 높여줄 이런 상식들을 익히는 데 박사 학위가 필요한 것은 아니다. 그저 원하는 주류를 주문할 때 필요한 용어만 알고 있으면 충분하다. 바로 이 장에서 필요한 모든 것을 알 수 있다.

먼저 한 가지 주의사항이 있다. 너무 당연하지만 종종 잊는 사실인데, 식사 시 과음하지 말자. 중요한 순간을 축하한다거나 파인 다이닝에 대한 긴장을 완화시키려다 보면 과음하기 쉽다. 그러나 아무리 좋은 주류라도 과음은 감각과 판단력을 흐리게 한다. 과음을 하면 한 숟가락에 2백 달러나 하는 벨루가 캐비아가 순간 별로 비싸지 않은 것처럼 느껴져 별 생각 없이 주문을 해버릴지도 모른다. 사실 술에 취해서 캐비아 맛도 제대로 느끼지 못할 텐데 말이다. 또 갑자기 옆 테이블에 앉은 손님에게 혀가 꼬이는 목소리로 말을 걸고 싶어질지도 모른다.

주량을 넘어서는 음주는 미각을 해치고 비상식적인 행동을 부추길 뿐만 아니라 자신이 파인 다이닝 초보자라고 공표하는 행위다. 레스토랑에서 와인이나 기타 주류에 대한 이윤 폭은 일반적으로 원가의 최소 두 배에서 네 배에 이르기 때문에 레스토랑 측은 좋은 분위기를 형성해서 사람들이 좀 더 관대하게 술을 계속 주문하도록 부추기곤 한다.

즉, 레스토랑은 주류 판매를 통해 많은 이윤을 남긴다는 것을 알아 두라. 테이블 위에 올라가 춤을 춘다거나, 술에 취해 갑자기 바닥에 뻗어버리지만 않는다면 아무도 당신이 술을 마시거나 작은 잔에 20달러나 하는 포트 와인을 주문하는 것을 말리지 않을 것이다. 이것만 기억해도 많은 돈을 절약할 수 있다.

따라서 페이스를 잘 조절해야 한다. 당신의 주량은 당신만이 안다. 일곱 개 코스를 먹는다면 식사하는 동안 술에 취하지 않은 상태로 총 몇 잔을 마실 수 있을지 생각해 보라. 그리고 그 술을 식사 중에 나누어 마시되 시간이 좀 더 많이 걸리는 메인 코스에는 한 잔에서

두 잔 정도 배분한다.

    탄산수를 한 병 주문해서 중간중간 따라 마시는 것도 좋다. 또는 아예 술을 마시지 않는 것도 방법이다. 예산이 많지 않다거나 금주 중이라면 주류를 아예 건너 뛰는 것도 부끄러운 일이 아니다. 다만 향이 강한 커피만은 피하자. 탄산수나 무알코올 주스 칵테일 정도가 식사와 어울린다. 또는 레스토랑에 따라서 무알코올 음료를 풀 코스로 갖추고 있는 곳도 있다.

    파인 다이닝 초보자에게 해 줄 마지막 조언이 있다면, 항상 정신을 놓지 않고 있어야 하며 일행보다 덜 취한 상태를 유지해야 한다는 점이다.

'건배'에 해당하는 여섯 개국 언어

치어스(Cheers) – 영어
아 보트르 상테(A votre santé) – 프랑스어
살루드(Salud) – 스페인어
친친(Cin Cin) – 이태리어
프로스트(Prost) – 독일어
감빠이(がんぱい) – 일본어

---

1. 아페리티프

미각을 돋우는 고전적인 칵테일

아페리티프aperitif라는 어려운 말에 당황하지 말라. 아페리티프는 단지 식욕을 돋우고 미각을 일깨우기 위해 식사 전 제일 먼저 마시는 술일 뿐이다. 즉, 마시는 애피타이저라 할 수 있다. 아페리티프로 마셔야 하는 음료가 꼭 정해져 있는 것은 아니지만, 버번이나 위스키 같은 독주, 달콤한 칵테일(우산 장식이 있는 과일 향의 분홍빛 음료), 또는 포트 같은 강화 와인 종류는 오히려 미각을 해친다

> **기억하세요**
> 아페리티프라는 말은 라틴어 아페리레(aperire), 즉 '열다(to open)'라는 뜻에서 비롯되었다.

는 점을 기억하자. 아페리티프로는 전통적으로 클래식 마티니나, 투명한 술(보드카, 진, 럼, 베르무트)로 만든 칵테일 종류, 샴페인, 달지 않은 화이트 와인 등 같이 차고, 달지 않으며, 가벼운 음료를 곁들인다.

■ 칵테일 용어 : 애주가를 위한 단어들

스피릿(증류주)spirit**/리쿼**liquor 곡류나 과일(맥주나 와인을 만드는 데에 쓰이는 보리나 사과, 포도 등)을 발효시킨 후 증류한 술. 버본, 브랜디, 진, 럼, 라이, 스카치, 테킬라, 보드카, 위스키(whiskey, 캐나다나 스코틀랜드에서는 whisky라고 쓴다.)가 스피릿에 해당된다.

리큐어liqueur**/코디얼**cordial 과일, 허브, 뿌리, 씨앗 등으로 맛과 향을 더한 달콤한 스피릿으로 아마레토amaretto(살구 씨와 아몬드), 쿠앵트로Cointreau(오렌지 껍질), 샹보르Chambord(검은 라즈베리), 칼루아Kahlùa(커피원두), 우조ouzo(아니스) 등이 해당된다.

강화 와인fortified wine 와인에 스피릿(보통 브랜디)를 섞은 것으로 알코올 도수가 높아지고, 와인에 단맛이 생긴다. 포트, 셰리, 마데이라, 마살라 등이 강화 와인에 해당된다.

하이볼highball 얼음과 소다수, 또는 토닉 워터, 셀처(독일 셀처 지방의 탄산수), 진저 에일 같은 소다 음료와 함께 제공되는 스피릿. 하이볼은 유리잔 종류를 가르키는 말이기도 하다.

니트neat 별도로 얼음을 넣어 흔들거나 잔에 얼음을 넣지 않고 병에서 바로 따른 원액 그대로 낸다.

업up**/스트레이트 업**straight up 얼음을 넣고 흔들거나 저은 후 얼음을 걸러내고 차가운 유리잔에 낸다.

온더락on the rocks 얼음을 넣고 흔든 후 얼음을 넣은 잔에 따라 낸다.

위드 어 트위스트with a twist 리본 형태로 만든 레몬이나 라임, 또는 오렌지 껍질을 곁들여 낸다.

오버over 한두 개의 스피릿을 그대로 얼음 위에 부어서 제공한다. 미리 얼음을 넣어 젓거나 흔들거나 차게 하지 않는 특징이 있다.

더티dirty 올리브 주스를 살짝 넣어서 낸다.

드라이dry 베르무트를 거의 넣지 않거나 아예 넣지 않는 것으로, 보통 진이나 보드카 마티니를 의미한다. 한편, 와인에서 드라이의 의미는 단맛이 나지 않는다는 의미다.
웨트^{wet} 드라이와는 달리 베르무트를 넣는 것을 말한다.

■ 요리 장르별로 보는 고전적 아페리티프

□ 프렌치

뒤보네^{Dubonnet} 강화 와인으로, 살짝 단맛이 도는 키니네 향의 **루주**^{rouge}(레드)와 달지 않은 베르무트 스타일의 **블랑**^{blanc}(화이트)이 있다.
릴레^{Lillet} 감귤류와 바닐라 또는 꿀맛을 지닌, 약간 쓴맛이 도는 강화 와인으로, 블랑과 루주가 있다. 클럽 소다와 얼음 또는 오렌지 트위스트와 함께 내기도 한다.
유럽식 마티니^{Martini} 트위스트와 함께 온더락으로 제공되는 베르무트 그 자체를 의미한다. 마티니 로씨^{Martini Rossi} 레드와 화이트가 대표적이다.
파스티스^{pastis} 아니스(감초와 비슷) 향이 나는 투명한 리큐어로, 전통적으로 물과 섞어 그대로, 혹은 온더락으로 제공된다.

> **보너스 1+1**
>
> 미국식 마티니는 스트레이트나 온더락으로 제공되는 진과 베르무트 칵테일이다. 드라이하게 (베르무트를 넣지 않고), 더티하게 (올리브 주스를 넣어), 또는 트위스트를 곁들여 주문할 수 있다. 한편, 진 대신 보드카를 넣는 보드카 마티니는 풍미가 덜하고 숙취를 유발한다. 유럽에서 미국식 마티니를 마시고 싶다면, 마티니 주문 시 반드시 미국식으로 해 달라고 요청해야 한다.

마티니 애호가의 좌우명

마티니는 한 잔만 마시는 것이 좋아.
많아야 두 잔 정도?
세 잔이면 테이블 밑으로 들어가고
네 잔이면 파티 주최자 밑에 드러눕는다네.
– 도로시 파커

□ 이탈리안

벨리니^{Bellini} 드라이 와인이나 스파클링 와인에 복숭아 퓌레나 주스를 섞은 칵테일이다.

캄파리^{Campari} 오렌지 향의 쓴 맛이 나는 붉은 스피릿으로, 탄산음료나 레몬 트위스트와 함께 차갑게 제공된다.

친친^{Cin-Cin} 이탈리안 베르무트의 유명 브랜드인 친차노로 만든 칵테일로(레드는 달콤하고 화이트는 드라이하다), 온더락으로 제공된다.

> **향연의 역사**
>
> 웜우드(쑥 종류)를 증류시켜 만드는 압생트라는 술은 아니스 향이 나는 에메랄드 그린 색 리큐어다. 이 술은 1915년 프랑스에서 웜우드가 신경 손상을 유발한다고 밝혀져 판매가 금지되었다. 그 당시 가장 큰 생산자였던 페르노와 리카르는 생산 과정에서 웜우드는 빼고 제조를 하기 시작하였다. 이것이 남부 프랑스 지방의 리큐어 파스티스가 탄생하게 된 계기다.

□ 스패니시

셰리^{sherry} 강화 와인으로 달콤한 종류와 그렇지 않은 종류가 있으나, 피노나 아몬틸라도 같이 달지 않은 종류가 아페리티프로 좋다. 스트레이트, 또는 니트로 낸다.

상그리아^{sangria} 과일이나 주스, 클럽 소다나 새콤한 탄산 음료, 때로는 브랜디로 맛을 내는 레드 와인이다. 과일과 함께 스트레이트로 혹은 얼음과 함께 낸다.

■ 와인에 대해 더 공부하기

파인 다이닝 초보자라면 주문할 때 와인을 고르는 것이 아마 가장 두려울 것이다. 우리들 대부분은 와인에 대해 잘 알지 못하기 때문에 웨이터나 소믈리에가 얕잡아 보고 비싸면서 품질이 떨어지는 와인을 고르게 하지는 않을까 걱정한다. 와인은 까다롭고 어려운 주제이므로 다음 장에서 따로 자세히 다룰 예정이다. 와인을 공부하면서 가장 먼저 알아야 하는 모든 내용, 즉 와인의 포도 품종, 지역, 라벨에 대한 이해, 자신이 좋아하는 와인 스타일에 대해 설명하고 음식과 잘 어울리는 와인을 고르는 방법을 제 5장 '와인 상식'에서 다시 살펴 볼 것이다.

2. 디제스티프
식후주에 대한 달콤한 정보

식사 후 음료라면 대부분의 미국인들은 커피를 생각한다. 더 고상한 음료가 마시고 싶더라도 카페라테나 에스프레소를 벗어나지 못하는 경우가 많다. 그러나 세상에는 커피 이외에도 브랜디나 디저트 와인 같은 다양한 식후주가 있다. 그런 주류는 파이프 담배를 피우고 트위드 재킷을 입는 고상한 지식인에게만 어울린다고 단정 짓지 말자. 식후주는 소화를 돕기도 하고, 디저트와 함께 마시면서 식사의 흥분을 차분히 가라 앉히는 역할을 한다. 이러한 이유에서 디제스티프digestif(식후주)로는 갈색 계열의 스피릿인 위스키, 코냑, 버번이나 강화 와인인 소테른, 셰리, 포트, 마데이라 같이 대체로 따뜻하고 달콤하고 진한 어두운 색의 주류를 즐겨 마시기도 한다.

포트port 또는 **포르토**porto 달콤한 강화 레드 와인으로, 와인을 발효하는 단계에 브랜디를 주입하여 만든다. 포트 스타일 와인은 많은 나라에서 생산되지만, 포르투갈의 도우로Douro 지방에서 그 고장 특산 포도로 생산되는 것만을 진짜 포트라고 부를 수 있다. 다른 나라에서도 품질이 뒤지지 않는 포트 스타일 와인이 생산되지만, 포르토(port에 o를 붙인다)라고 병에 적혀 있지 않다면 오리지널 포르토가 아니다.

우드 포트wood port는 병에 담자 마자 별도의 숙성 기간 없이 바로 마실 수 있는 강화 와인으로, 가격이 대체적으로 저렴하다. 우드 포트에는 과일 향이 나는 짙은 색의 루비 포트ruby port와 상대적으로 더 부드럽고 견과류와 건과일 향이 나는 토니(황갈색) 포트tawny port가 있다.

빈티지 포트vintage port는 오직 빈티지 와인 생산 해에 수확된 포도로 제조하는 과일 향미와 약간의 초콜릿 향을 품고 있으며 달콤한 점이 특징이다. 나무통에서 최소 1~2년 숙성한 후 병입하며, 그 후에도 병에서 10년에서 20년 가량 숙성을 거친다.

포트와 함께 곁들이면 좋은 음식

블루치즈 종류, 특히 스틸턴Stilton(영국산 고급 치즈) 치즈와 호두와 함께 먹으면 좋다. 포트는 크렘 브륄레나 타르트 타탕(사과 타르트), 다크 초콜릿 디저트같이 캐러멜 풍미를 가진 진한 디저트류와도 잘 어울린다. 빈티지 종류는 전통적으로 푸아그라와 곁들인다.

셰리sherry 강화 와인의 일종이지만, 발효가 끝난 후에 브랜디를 주입한다는 점이 포트와 다르다. 따라서 크림 셰리처럼 일부러 단맛을 내지 않는 이상 포트와는 달리 그다지 달지 않다. 셰리는 햇빛이 강한 스페인 남서부 안달루시아 지방에서 팔로미노Palomino, 페드로 히메네스Pedro Ximénez, 무스카트Muscat 품종으로 만드는데, 다음 여섯 가지 스타일이 가장 유명하다.

만자냐Manzanilla는 엷고 가벼우면서 살짝 쏘는 맛이 있고 매우 드라이하다. 가볍고 드라이한 **피노**fino는 오래 숙성 하지 않은 채로 차갑게 제공하는 것이 좋다. 호박색의 **아몬틸라도**amontillado는 고소하며 보통 드라이에서 미디엄 드라이 정도다. **올로로소**oloroso는 짙은 갈색으로 건포도 향이 나며, 역시 드라이에서 미디엄 드라이다. **크림 셰리**cream sherry는 달콤하게 맛을 낸 올로로소로, 밝은 갈색을 띠며 달콤하고 진해서 식후주로 좋다. **페드로 히메네스**Pedro Ximénez(PX)는 시럽처럼 매우 달콤하다.

셰리와 함께 곁들이면 좋은 음식

식전주로도 이상적인 피노, 만자냐, 올로로소 등과는 짭짤한 올리브나 딱딱한 스패니시 치즈, 견과류, 훈제 고기류 같은 전통적인 타파스 스타일 음식이 잘 어울린다. 아몬틸라도는 가벼운 생선 수프나 크림 생선 수프 종류와 제공되는 경우도 있다. 페드로 히메네스는 블루치즈, 특히 스패니시 치즈인 카브랄레즈, 다크 초콜릿, 건과일과 잘 어울리며, 바닐라 아이스크림에 부어서 먹는 것도 별미다.

브랜디brandy 와인 등의 과일 발효주를 증류하여, 즉 끓이고 농축시켜서 만든다. '브랜디'는 졸여서 만드는 브랜디의 특징을 잘 나타내는 이름으로, "태운 와인"이란 뜻의 네덜란드어 "brandewijn"에서 비롯되었다. 브랜디는 진하고 부드럽지만, 반면 매우 드라이하고 끝맛이 강렬하기 때문에 사람에 따라 호불호가 갈리는 술이다. 오 드 비eau de vie, 즉 '생명수'라고도 불리는 **과일 브랜디**는 과일 주스를 발효하고 증류하여 만든다. 유명한 과일 브랜디로는 사과로 만든 프렌치 칼바도스french Calvados, 라즈베리로 만든 프랑부아즈framboise, 체리로 만든 키르슈kirsch가 있다. **포도 브랜디**는 와인을 증류하여 만든다. 전문가들은 오크통에서 7년 숙성을 거친 후, 증류를 두 번 거친 코냑cognac과 한 번 거친 아르마냑Armagnac을 최고의 브랜디로 꼽는다. 다른 곳에서도 코냑 스타일 브랜디가 제조되지만, 진짜 코냑은 오직 남서 프랑스의 코냑이라는 지방과 그 인근에서 생산된다.

코냑 등급

코냑 메뉴를 보면 다양한 심볼이나 이니셜이 표기되어 있는 것을 볼 수 있는데, 이는 코냑을 만들기 위해 혼합한 브랜디 중 가장 젊은 브랜디의 숙성 년도를 가리킨다. 참고로, 제조사마다 각 등급에 해당하는 정확한 연수는 다를 수 있다.

★★★ (별 세 개)와 V.S. (very superior) 최소 2년에서 2년 반 숙성. 그러나 보통 제조사에 따라 4년에서 7년 정도의 숙성을 의미하기도 한다.

V.S.O.P. (very superior old pale)와 V.O. (very old) 최소 4년 반에서 최대 15년까지 숙성.

Napoleon, X.O., Extra, or Reserve 최소 6년, 최대 20년에서 40년까지 숙성. 그 제조사에서 생산하고 있는 가장 오래된 브랜디를 일컫는다.

코냑이나 아르마냑과 함께 곁들이면 좋은 음식

다크 초콜릿이나 시가와 어울린다. 칼바도스 같은 과일 브랜디는 전통적인 아페리티프(식전주)로, 보통 니트로 제공된다.

마데이라Madeira 포르투갈에 있는 섬 이름이기도 한 마데이라는 강화 와인으로, 와인을 가열하여 산화(공기에 노출)시킨 다음 나무통에서 숙성시켜 만든다. **세르시알**Sercial은 가장 단맛이 없어 보통 식전주로 마신다. **베르데유**Verdelho는 고소하고 부드러운 특징을 가지고 있으며, **보알**Bual/Boal과 **맘지**Malmsey는 달콤하고 감칠맛이 풍부해 식후주로 마신다.

마살라Marsala 시실리의 강화 와인으로, 달지 않은 것에서부터 단 것까지 다양하며, 때로는 아몬드, 커피, 초콜릿, 과일 등으로 맛을 내기도 한다. 베르지네 같은 뛰어난 마살라는 최소 5년 이상 숙성시킨다.

디저트 와인 Dessert wines 귀부병(보트리티스 시네리아)에 걸리거나 레이트 하비스트late harvest(늦게 수확)한 게브르츠트라미너Gewürztraminer, 리슬링Riesling, 소비뇽 블랑Sauvignon Blanc, 세미용Semillon, 뮈스카델Muscadelle 품종의 포도로 만들어진다. 이러한 와인들은 보통 라벨에 "sweet", "off-dry"(약간 단맛)라고 적혀 있거나, 독일 와인의 경우에는 "Spätlese"(단맛, 레이트 하비스트), "Beerenauslese"(매우 단맛, 레이트 하비스트), 또는 "Trockenbeerenauslese"(매우 매우 단맛, 레이트 하비스트)라고 표기되어 있다. 달콤한 황금빛 디저트 와인 소테른Sauternes은 보르도 지방에서 귀부병에 걸린 세미용과 소비뇽 블랑 품종으로 만들어진다. 가장 유명한 종류인 샤토 디켐Château d'Yquem은 맛이 뛰어난 다른 소테른과 함께 보르도의 그라브Graves 지방에서 만들어진다.

말린 포도로 만드는 디저트 와인

귀부(또는 보트리티스 시네리아)란 와인을 만드는 포도를 공격하여 수분을 빼앗는 균을 말한다. 수분을 빼앗은 결과로 포도의 당분만 결정체가 되어 남게 된다. 이러한 포도로 만든 와인은 소테른이나 다른 디저트 와인들처럼 풍부한 단맛을 지닌다는 특징이 있다. 레이트 하비스트(늦은 수확)은 와인을 포도나무에서 따지 않고 오랫동안 두는 방법을 말한다. 이렇게 하면 귀부에 걸린 포도처럼 당도가 높아져서 와인의 단맛이 높아진다.

디저트 와인과 함께 곁들이면 좋은 음식

로크포르roquefort 치즈 또는 새콤한 케이크, 과일 타르트, 조리한 과일류, 크렘 브륄레 같이 소테른의 달콤한 꿀맛과 어우러지는 디저트류를 곁들이면 좋다. 소테른은 짭짤하고 진한 푸아그라와 함께 제공되기도 한다. 주의할 점은 함께 제공되는 디저트보다 와인이 항상 더 달아야 한다는 점이다.

3. 무알코올 음료

금주주의자거나 운전을 해야 하거나 임신을 했다고 해서 비싼 식사와 곁들일 만한 음료가 탄산수밖에 없는 것은 아니다. 탄산수를 마티니 글라스에 따르고 레몬 슬라이스를 하나 곁들였다고 고급 음료인 양 터무니없이 비싼 가격을 받는, 말도 안 되는 음료에서 벗어나자. 비교적 최근 동향인데, 미국 캘리포니아 주의 프렌치 런드리French Laundry, 뉴욕의 퍼 세 Per Se 등 몇몇 최고급 레스토랑에서 최고급 차, 주스, 탄산 음료, 수제 추출액, 특제 우유 같은 풀 코스 무알코올 음료를 제공하기 시작했다. 술을 마시지 않는다든지 술을 마시지 않는 사람과 식사를 한다든지, 또는 특별히 다른 이유로 식사에 무알코올 음료를 곁들이고 싶다면 레스토랑에 미리 전화해서 준비가 가능한지 물어 보라. 아니면 식사와 유사한(대비가 아닌) 풍미를 지닌 음료를 스스로 직접 고르는 것도 좋다.

> "무알코올 음료를 곁들일 때에는 반드시 음식과 비슷한 풍미를 가진 음료를 선택하세요. 예를 들어, 녹차에 절인 생선 요리라면 녹차를 곁들이고, 진한 크림소스 파스타라면 고소한 우유를 곁들이는 것이 좋습니다."
> -폴 로버츠, 마스터 소믈리에,
> 프렌치 런드리(French Laundry, Yountville, California)

와인 상식
걸음마부터 배우는 와인

WINE : UNCORKED

와인 초보자의 기도
"내가 포도의 음침한 골짜기로 다닐지라도
와인이 두렵지 않은 것은
소믈리에께서 나와 함께 하심이라"

와인에 대해 잘 모른다면, 고급 레스토랑에서 전화번호부만큼 두꺼운 와인 리스트를 들여다 보는 일처럼 곤혹스러운 일도 없을 것이다. 와인 초보자들의 경우, 까다로운 와인을 정복하기 위해서는 지리, 기후, 포도 품종, 수확연도, 포도 농장, 와인 만드는 방법에 대해 백과사전적 이해가 필요하다고 생각하곤 한다. 게다가 와인을 안다 하는 사람들은 잘난 체하면서 휘황찬란한 용어를 사용하기 때문에 초보자들이 의식하지 않고 순수하게 와인을 즐기기가 더욱 어려운 현실이다.

와인 주문이 힘든 이유 중의 하나는, 흔히 와인 선택에 정답과 오답이 정해져 있다고 생각하기 때문이다. 스테이크에는 레드 와인, 치킨이나 해산물에는 화이트 와인, 이런 것들 말이다. 그러나 그런 대중적인 믿음과는 달리, 와인 페어링에 정해진 흑백 논리는 없다. 게다가 "소비뇽 블랑은 로스트 치킨과 잘 어울린다." 같은 상식에도 수많은 예외 상황이 있을 수 있다. 같은 소비뇽 블랑 품종의 와인이라고 해도 포도가 어떻게 어디에서 재배되

없는지에 따라 와인의 향과 맛은 천차만별이다. 즉, 같은 포도 품종이라도 테루아르라고 불리는 포도의 재배 환경, 포도 산지의 광량, 경사도, 기후, 토양 등에 따라 전혀 다른 스타일의 와인이 될 수 있다.

일단 지금은 와인 주문이 어려운 시험처럼 까다로울 것이라는 생각을 버려야 한다. 와인에 대한 기본적인 상식 몇 개를 익히는 데 뛰어난 초능력이나 특별히 섬세한 미각이 필요하지 않다. 초보자 단계에서는 스스로, 혹은 소믈리에의 도움을 받아 적당한 가격 선에서 좋은 와인을 고르는 방법만 익히면 된다. 하룻밤 사이에 와인 전문가가 될 수는 없다.

누구도 알려주지 않는 사실이지만, 사실 초보 단계에서 와인을 고르는 일이란 어둠 속에서 화살을 쏘는 것과도 같다. 누구나 시행착오를 거듭하며 배우게 되어 있다. 와인을 알아나가는 과정은 무한한 맛의 세계를 탐험하는 것과도 같다. 많은 경험을 통해 천천히 정보를 쌓아나가야 더 나은 선택을 할 수 있다. 그러다 보면 결국 와인 리스트나 소믈리에를 두려워하지 않게 되고 자신의 탁월한 와인 선택에 스스로 감동하는 날이 올 것이다.

마지막으로, 소믈리에에게 도움을 받든 스스로 고르든 식사와 딱 맞는 '정답' 와인을 골라야만 한다는 생각에 두려워하지 말고 그저 자신이 즐길 수 있는 와인을 고르자. 와인 선택에 있어 불변의 법칙은 자신에게 맛있는 와인이 좋은 와인이라는 것이다. 좋은 와인이냐 아니냐는 마시는 사람에 따라 달라지기 마련이다.

1. 와인 초보자
전문가를 부를 것

두툼한 와인 리스트를 한참 들여다 보아도 감이 오지 않고 와인과 관련한 어려운 용어들이 불편하게 느껴질지도 모른다. 그래도 괜찮다. 와인을 잘 모른다고 해서 당황하거나 겁먹지 말자. 솔직하기만 하면 된다. 카베르네와 메를로를 구분하지 못하는 당신이라도, 다음과 같이 아주 간단한 지침만 따르면 와인 앞에서 주눅이 들 일은 없다.

소믈리에와 이야기하라

소믈리에는 당신이 와인에 대해 모르는 것을 알려주기 위해서 존재하는 것이지 당신에게서 돈을 갈취하려는 사람이 아니다. 그들은 자신의 직업에 자부심을 가지고 사람들에게 좋은 와인을 소개해 주고자 노력한다. 그러니 궁금한 것이 있으면 물어보고 좋아하는 와인 스타일에 대해 설명하라. 즐겨 마시는 와인 브랜드를 이야기하는 것도 괜찮다. 당신이 좋아할 만한 와인으로 안내해 줄 것이다.

소믈리에의 개인적인 선호를 믿지 말라

소믈리에에게 "어떤 와인을 가장 좋아하나요?"라고 묻는 것은 부모에게 "어떤 자식이 가장 좋으세요?"라고 묻는 것과 같다. 소믈리에 입장에서는 그러한 질문에 대답하기 곤란할 것이 틀림없다. 게다가 소믈리에의 입맛에 맞는 와인이라고 해서 당신의 입맛에도 맞으리라는 보장도 없다. 그러니 소믈리에가 좋아하는 와인이 아닌, 당신이 좋아하는 와인 스타일, 와인 브랜드, 그날의 음식을 토대로 와인을 추천 받자.

와인 예산을 세우라

그렇지 않으면 와인 주문이 고도의 심리전처럼 느껴질 것이다. '너무 싼 와인을 주문해서 인색해 보이지는 않을까?' 혹은 '비싼 와인 권유에 너무 쉽게 넘어간 것은 아닐까?' 하고 생각하게 된다. 차라리 소믈리에에게 "50달러 정도의 와인을 고르고 싶습니다."라고 솔직하게 털어 놓고 말하자. 예산을 굳이 말하고 싶지 않다면 적당한 가격 선의 와인을 가리키며 "이 정도 가격 선에서 식사와 잘 어울리는 와인을 추천해 주시겠어요?"라고 하는 것도 좋다.

직접 와인을 따르라

웨이터는 병을 빨리 비워 추가 주문을 유도하기 위해서 잔이 비면 바로바로 잔을 채워줄 것이다. 또한 모든 일행에게 와인이 균등하게 돌아가지 않도록 와인을 따라 줄지도 모른다. 한 병 더 추가 주문을 하도록 말이다. 이럴 때는 웨이터에게 "마시는 속도를 제가 조절하고 싶은데, 괜찮다면 저희가 스스로 와인을 따라 마셔도 될까요?"라고 말하면 된다.

2. 와인 타입의 이해

와인 주문을 소믈리에나 다른 전문가 일행에게 위임하더라도 추천을 제대로 받기 위해서는 자신이 좋아하는 와인의 특징에 대해 설명하는 방법을 알아두어야 한다.

레드red 또는 화이트white?

선호하는 와인이 사람마다 다른데 레드/화이트 와인과 어울리는 음식에 대한 구시대 규칙에 얽매일 필요가 없다. 레드든 화이트든 충분히 융통성을 발휘하여 선택이 가능하므로 음식과 어울릴지 여부에 대해 너무 걱정하지 말고 자주 마시는 와인이나 마시고 싶은 와인을 선택하라.

라이트light 또는 헤비heavy?

와인의 바디는 와인이 입 안에서 느껴지는 감촉을 의미한다. 와인의 바디는 라이트, 미디엄, 풀 바디로 구분한다. 대체적으로 와인의 무게감과 요리의 무게감을 맞추는 것이 좋다.

크리스프crisp 또는 소프트soft?

신 맛이 도는 와인을 좋아하는가? 아니면 부드러운 와인을 좋아하는가? 선호하는 스타일을 설명해 주면 소믈리에가 와인 리스트 중 몇 가지를 추려줄 것이다.

프루티fruity, 스파이시spicy, 허벌herbal 또는 어시earthy?

긴장하지 말라. 꼭 다 알아야 하는 것은 아니지만, 선호하는 와인에 대해 조금 더 자세히 설명할 수 있다면 선택하는 데 분명히 도움이 될 것이다. 이 네 가지 단어만 알아둔다면 와인과 관련한 대부분의 아로마와 풍미를 표현 할 수 있다.

간추린 와인 강의

화이트 와인

인기 화이트 품종	스타일	어울리는 음식
샤르도네	미디엄~풀 바디, 드라이	새우, 관자, 도미, 농어, 연어 구이, 참치 구이, 대구, 넙치, 황새치, 바다가재, 오리
소비뇽 블랑	라이트~미디엄 바디, 드라이, 새콤	가자미, 도다리, 조개, 굴, 로스트 치킨, 순한 치즈, 염소 치즈
피노 그리, 피노 그리지오	라이트~미디엄 바디, 드라이, 새콤	크랩 케이크, 키시, 프로슈토와 멜론, 마늘, 채소 리조토, 에스카르고(달팽이), 훈제 생선, 파테, 푸아그라, 굴, 조개류
리슬링	라이트 바디, 중간 신맛, 와인 스타일에 따라 드라이 한 것과 단 것이 있음	매콤한 동남아 음식, 훈제 생선, 순한 치즈, 캐비아, 푸아그라, 스시

레드 와인

인기 레드 품종	스타일	어울리는 음식
카베르네 소비뇽	미디엄~풀 바디, 드라이, 떫은 맛	소고기, 양고기 등의 붉은 고기류, 포크찹, 토마토 소스
피노 누아르	라이트~미디엄 바디, 드라이, 중간 떫은 맛	연어, 햄, 돼지고기, 레어로 익힌 소고기나 크림 소스를 곁들인 소고기, 플랭크 스테이크, 거위
메를로	풀바디, 높은 알코올 도수, 드라이, 약한 떫은 맛	포크, 송아지 고기, 야생 고기, 토마토 소스 파스타, 초콜릿
시라/시라즈	미디엄~풀 바디, 드라이, 후추향, 떫은 맛	바비큐나 그릴 고기, 어두운 색의 기름기가 많은 야생 고기
진판델	풀바디, 높은 알코올 도수, 드라이, 소프트	통후추 스테이크, 칠면조, 소스를 바른 오리, 꿩고기, 비프 스튜

3. 와인 기초 지식

와인 공부를 고등학교 시절 친구들 유형에 비추어 보자. 공부 벌레 유형은 와인의 포도 품종, 수확연도, 테루아르 같은 온갖 자잘한 세부 정보를 모조리 외워버린다. 한편, 그저 생각 없이 마시고 즐기고 싶어하는 날라리 집단도 있을 것이다.

다음은 당신이 알아야 할 것에 대해 치어 리더, 미식축구 선수 스타일의 날라리 버전으로 만든 리스트다. 레스토랑 와인 리스트에서 가장 흔하고 보편적으로 찾을 수 있는 유명한 포도 품종과 그 품종으로 만든 와인의 기본적인 스타일, 그리고 초보적인 음식과 와인 페어링에 대한 것이다. 다만, 같은 포도 품종이라도 와인의 전체적인 스타일은 포도의 산지나 와인의 제조 방식에 따라 달라진다는 것은 염두에 두어야 한다.

4. 와인 이름 붙이는 법

와인에 이름을 붙이는 데는 세 가지 다른 방법이 있다는 것을 알면 와인 주문할 때 도움이 된다.

포도 품종에 따라
피노 누아르, 샤르도네, 카베르네 소비뇽 같은 와인의 주재료가 되는 포도

지역 명칭에 따라
프랑스의 부르고뉴(버건디)나 보르도, 이탈리아의 키안티Chianti, 스페인의 리오하Roija 같은 포도 재배 지역의 이름

브랜드에 따라
오퍼스 원Opus One이나 코넌드럼Conundrum같이 보통 포도 품종을 혼합하여 생산하는 제조사의 독점 상표명

5. 와인의 특징 이해하기
와인에 대해 잘 아는 것처럼 보이는 방법

다른 것은 전혀 모르더라도, 와인의 바디, 산도, 타닌, 당도, 이 네 가지 가장 기본적인 특성만 이해하면 음식과 잘 어울리는 와인을 고를 수 있다. 이 네 가지 용어를 활용한다면 좋아하는 와인 스타일에 대해서도 소믈리에게 잘 설명할 수 있다. 와인을 설명하는 것에 대해 크게 걱정하지 말라. 와인을 표현하는 것은 음식에 대해 이야기하는 것과 똑같다. 양고기 요리를 한 입 먹고 무겁고 진하다고 설명할 수 있다면, 피노 그리지오를 한 입 마시고 가볍고 새콤하다고 충분히 설명할 수 있다.

■ 바디

생선을 한점 입에 넣으면 폭신하고 가벼운 느낌이 드는 반면, 스테이크는 같은 크기를 입에 넣어도 더 무겁게 느껴진다. 이 같이 와인도 무게감으로 특징을 설명할 수 있다. 무게감에 따라 라이트, 미디엄, 풀 바디라고 표현한다. 같은 포도 품종이라도 포도가 어디에서 어떻게 생산되었는지에 따라 (테루아르terroir에 따라) 와인의 스타일이 변하기 때문에 하나 이상의 카테고리에 속할 수 있다. 와인 리스트에 바디에 대한 설명이 나와 있지 않다면 소믈리에게 와인 스타일이 어떤지 물어 보자.

라이트 바디 와인

화이트 피노 그리지오, 리슬링, 소비뇽 블랑, 샤블리Chablis, 무스카데Muscadet, 소아베Soave

레드 부르고뉴, 키안티, 피노 누아르, 보졸레Beaujolais, 바르돌리노Bardolino, 바르베라Barbera, 발폴리첼라Valpolicella

미디엄 바디 와인

화이트 보르도, 샤르도네, 게브르츠트라미너, 소비뇽 블랑, 푸이 퓌메Pouilly-Fumé, 피노 그리지오, 상세르Sancerre

레드 보르도, 부르고뉴, 카베르네 소비뇽, 메를로, 피노 누아르, 키안티 클라시코, 코트 뒤

론Côtes du Rhône, 리오하, 시라(시라즈), 진판델

풀 바디 와인

화이트 캘리포니아 주와 호주 샤르도네, 뫼르소Meursault, 비오니에Viognier, 풀리니 몽라셰 Puligny-Montrachet

레드 보르도, 카베르네 소비뇽, 메를로, 바바레스코Barbaresco, 바롤로Barolo, 샤토뇌프 뒤 파프Châteauneuf-du-Pape, 시라, 진판델

■ 산도

모든 와인은 사실 산성이지만 마셨을 때 혀와 볼에 뚜렷한 신맛이 느껴지는 와인만을 새콤하다고 표현한다. 새콤하다는 말은 주로 화이트 와인을 설명할 때에 많이 사용하며 몇몇 가벼운 레드 와인을 표현할 때 사용하기도 한다. 와인의 산도는 낮음low(부드럽고 유연, 늘어짐), 중간medium, 높음high(산뜻하고 또렷함)으로 나누는데, 새콤한 와인을 음식과 곁들일 때에는 다음을 염두에 두자. (1) 짜거나 단 음식과 곁들이면 새콤한 와인의 신맛이 약해진다. (2) 음식의 짠맛은 더 강해질 수 있다. (3) 진하고 크리미한 음식의 느끼함을 잡아준다. 이상은 모두 대비 와인 페어링의 예다.

새콤한 와인 종류

샤블리, 피노 그리지오, 푸이 퓌메, 드라이한 리슬링, 상세르, 소비뇽 블랑, 소아베

■ 타닌

타닌은 보통 레드 와인이나 새 오크통에서 숙성된 화이트 와인에서 볼 수 있는 특징이다. 타닌은 포도 껍질이나 씨, 줄기에 들어 있는 식물 성분으로, 혀와 볼이 마르는 듯한 떫은 느낌을 유발한다.

포도의 껍질을 벗겨 내고 발효시키는 화이트 와인과 달리 레드 와인은 포도 껍질과 씨를 포함한 포도 전체를 발효시켜 만들기 때문에 당연히 레드 와인에 타닌 성분이 더 많다. 타닌은 박테리아 번식을 막기 때문에 보존제 역할을 하며, 숙성을 거치면서 부드러워지기

때문에 시간이 지남에 따라 와인의 감촉을 부드럽게 해 준다. 따라서 일반적으로 타닌 성분이 많을수록 숙성을 오래 할 수 있다.

와인이 너무 어려서 타닌 성분이 많아 떫으면, '타닉tannic' 또는 '아스트린젠트astringent' 하다고 표현하며, 타닌이 적당히 있으면 '펌firm', 타닌 성분이 적으면 '서플supple' 또는 '벨베티velvety' 라고 표현한다.

■ 당도(스위트 vs. 드라이)

와인의 당도를 와인에서 풍기는 과일 향과 혼동하지 말라. 와인의 당도는 실제로 혀에서 느끼는 단맛을 의미한다. 와인의 당도는 단맛의 정도에 따라 스위트(단맛), 오프 드라이(약간 단맛)하거나 드라이(혀에서 단맛이 전혀 느껴지지 않음)로 표현한다. 스위트하거나 오프 드라이한 와인은 짭짤하고 매콤한 동남아 음식이나 달콤한 디저트류와 잘 어울리지만, 시거나 쓴 음식, 버터나 크림 풍미의 음식과는 잘 어울리지 않는다.

■ 아로마와 풍미

살짝 비치는 오이 향, 스치는 재스민 향기, 구두 가죽 냄새, 타르, 고양이 오줌의 공통점이 무엇일까? 이들은 바로 와인의 맛과 향을 묘사하는 끝도 없이 다양한 표현들 중의 일부다. 와인을 마시면서 평소에 이런 표현을 즐겨 하는 사람이 들으면 얼굴을 찡그릴 테지만, 당신의 직면 과제가 단순히 식사와 어울리는 와인을 한 병 고르는 것이라면, 와인 리스트에 적혀 있는 고상한 와인 설명이 와인 선택에 오히려 방해가 될 수 있다.

라즈베리 향이 뵈프 부르기뇽과 어울릴지 어떻게 알겠는가? 리치 과일 향을 기대했는데 그 맛을 느끼지 못한다면 속은 듯한 기분이 들지는 않을까? 와인 설명에는 분명히 리치 향이 난다고 했는데 말이다.

물론 캘리포니아 샤르도네에서 느껴지는 버터와 토스트 향이나 호주 시라즈에서 느껴지는 후추 향처럼 포도 품종이나 와인에 따라 전형적으로 느껴지는 향과

> **보너스 1+1**
>
> 와인 설명을 들여다 보고 있자니 짜증이 치밀어 오른다면 그냥 아예 무시하자. 고지식하거나 경박하거나 엉터리이거나 거칠거나 상냥하게 쓰여진 와인 설명은 와인에 대한 정보보다는 작성자의 성격을 보여줄 뿐이다. 오죽하면 와인 설명을 "선정적인 산문시 같다." 라고 하겠는가.

맛이 있기는 하지만, 몇몇 미세한 향과 맛은 처음 마실 때는 느끼지 못할 수도 있다. 그런 미묘한 풍미를 느끼기 위해서는 시간이 필요하고 수많은 와인을 마셔서 감각을 다듬어야 한다. 수년이 걸리기도 하고 때로는 아무리 시간을 투자해도 안 될 수도 있다. 와인을 마시면서 재미로 맛과 향을 맞추어 보는 것은 흥미롭겠지만 화려한 설명을 토대로 와인을 선택하는 것은 바람직하지 않다.

한편, 와인의 맛과 향을 표현할 때 필요한 형용사는 **프루티**fruity, **스파이시**spicy, **허벌**herbal, **어시**earthy, 이렇게 네 가지뿐이다. '프루티'는 딸기, 메론, 복숭아, 살구, 레몬, 오렌지 등으로 가득 찬 과일 시장에 들어 설 때 느껴지는 향이라고 생각하면 된다. 눈을 감고 향료로 가득 찬 찬장을 휙 열면서 크게 숨을 들이마시는 상상을 해보자. 클로브(정향), 넛멕(육두구), 올스파이스, 후추 향이 풍길 것이다. 그것이 바로 '스파이시'다. '허벌'은 새싹, 풀밭, 바질, 오레가노, 로즈마리가 가득한 허브 가든을, '어시'는 젖은 땅이나 나무, 버섯, 양모, 광물 등에서 풍기는 향을 상상해 보면 된다.

와인에 대해 화려한 표현을 좋아하는 사람들은 폭시foxy(산뜻한)하다든지, 재미jammy(끈적거리는)하다든지, 또는 스터키stalky(나무 줄기 같은)하다는 표현을 쓰기도 하지만, 사실 프루티와 허벌을 가려내는 정도면 와인의 풍미를 이해하는 데에 충분하다. 좋아하는 와인을 마실 때 그 와인이 네 가지 중 어떤 향을 지녔는지 생각해 보고 소믈리에와 정보를 공유하라. 소믈리에가 와인을 추천하는 데 더욱 도움이 될 것이다.

■ 와인과 나무

최고의 와인 몇 종류만이 오크 배럴(오크통)에서 숙성되지만, 오크라는 단어는 와인 설명에 자주 등장한다. 특히 샤르도네 와인 설명에서 종종 볼 수 있다. 와인 숙성 통은 미국이나 프랑스 오크로 제작된 것이 가장 뛰어나지만, 나무 값이 워낙 비싸기 때문에 저렴한 와인의 경우 오크 조각을 와인에 담그거나 또는 인위적으로 풍미를 조작해서 오크통에서 숙성한 것과 비슷한 효과를 노리는 경우가 많다.

이런 인위적인 기술은 저렴한 와인을 지지하는 사람들조차 와인의 풍미를 과도하게 변형시킨다는 점에

> **기억하세요**
>
> 오크가 자라는 프랑스 산림 지대 이름을 딴 '리무쟁' 오크 통은 화이트 와인과 코냑을 숙성시키는 데 가장 뛰어나다고 알려져 있다.

서 반기지 않는다. 오크 향이 난다고 설명되어 있는 와인을 조심하라. 꼭 좋은 것만은 아닐 수 있다.

6. 와인 페어링의 두 가지 원칙

와인과 음식을 매치 시키는 방법에는 아주 간단한 두 가지 규칙이 있다. 보완 페어링은 음식과 와인의 특징을 비슷하게 맞추는 방법으로, 예를 들어 새콤한 오렌지 향의 피노 그리지오를 레몬 소스의 생선 요리에 곁들이는 것이다. 반면 대비 페어링은 와인과 음식의 상반되는 특징을 매치하는 방법으로, 와인과 음식의 풍미를 모두 살리는 것이 목적이다. 예를 들자면, 소테른 같이 달콤하고 진한 디저트 와인을 로크포르 같이 짭짤하고 톡 쏘는 블루치즈에 곁들이는 것이다. 페어링을 할 때에는 고기, 생선, 채소 같은 주재료를 고려하는 것은 물론 소스나 향신료, 준비 과정까지 염두에 두어야 한다.

■ 보완 페어링

보완 페어링을 하면, 와인과 음식의 공통된 풍미가 더욱 조화롭게 두드러진다. (항상 성공하는 것은 아니다.)

좋은 매치 : 바디
라이트 바디 와인은 아주 가벼운 음식과 어울린다. 예를 들어 가자미나 도다리 같이 담백한 생선에는 소비뇽 블랑을 곁들이면 좋다. 양고기나 스테이크와 같이 향이 강하고 무거운 요리에는 풀 바디의 보르도나 시라즈가 잘 어울릴 것이다.

좋은 매치 : 당도
스위트 와인과 디저트는 찰떡 궁합이다. 다만, 와인이 디저트보다 달아야 한다는 점을 기억하라. 드미 섹Demi-sec 샴페인과 스파클링 와인은 딸기나 사과 또는 배 타르트에 곁들이자. 소테른은 크렘 브륄레, 포트는 다크 초콜릿, 셰리는 건과일, 단맛의 리슬링은 복숭아,

체리, 자두 등을 사용한 디저트와 잘 어울린다.

좋은 매치 : 산도
키안티 혹은 소비뇽 블랑 같은 새콤한 레드나 화이트 와인은 새콤한 토마토 소스와 잘 어울린다.

좋은 매치 : 풍미
굴의 광물질 풍미는 상세르, 샴페인, 프렌치 샤블리의 무기질 풍미와 환상 궁합을 이룬다. 시트러시하다고 묘사되어 있는 와인의 경우 레몬, 오렌지와 같은 시트러스 과일을 사용한 요리나 소스와 잘 어울린다.

미스 매치 : 타닌
때때로 보완 페어링이 그다지 성공적이지 않은 경우가 있다. 호두, 사과, 포도, 딸기 같이 타닌 성분이 많이 함유된 음식에 (샐러드나 소^{stuffing}, 소스에 이런 재료가 종종 쓰인다.) 떫은 카베르네나 보르도를 곁들이면 음식이 더욱 쓰고 떫게 느껴진다. 피클이나 올리브 같이 입 안에 주름이 질 정도로 짜고 신 음식도 타닌 풍미의 와인과 잘 어울리지 않는다.

■ 대비 페어링

대비 페어링은 와인과 음식의 상반된 특징을 매치하는 방법이다. 맛의 차이를 강조하거나 완화시켜서 최상의 맛을 끌어내는 것을 목적으로 한다. 하지만 전혀 성공하지 못하는 경우도 가끔 있다.

좋은 매치 : 타닌
차에 우유를 타는 것처럼, 진한 풍미의 고단백질 고기 요리와 함께라면 떫은 와인도 한결 부드럽게 마실 수 있다. 지방질이 많은 로스트 양고기에는 보르도를, 부드러운 필레 미뇽에는 카베르네 소비뇽을 곁들여 보자.

좋은 매치 : 당도

과일 풍미의 달콤한 와인은 짭짤하고 매콤한 요리와 대비 효과가 좋다. 드라이하거나 오프 드라이한 게브르츠트라미너와 리슬링은 인도나 아시아 요리의 강렬함을 순화해 준다. 진하고 짭조름한 푸아그라에는 달콤한 소테른을 곁들이는 것이 정석이고, 빈티지 포트 와인은 로크포르나 스틸턴 같이 짭짤하고 톡 쏘는 블루치즈를 더욱 돋보이게 한다.

좋은 매치 : 산도

모르네나 베샤멜 같이 걸쭉한 크림소스나 테린, 파테 같이 진하고 무거운 요리에는 소비뇽 블랑, 상세르, 푸이 퓌메 같이 라이트에서 미디엄 바디의 새콤하고 깔끔한 와인을 곁들이면 좋다. 산뜻한 와인은 자칫 느끼해질 수 있는 요리를 깔끔하게 즐길 수 있게 해준다.

> **기억하세요**
>
> 레드 와인 잔은 볼이 크고 잔 입구가 넓어, 와인과 공기의 접촉을 높여 불쾌한 맛을 유발하는 휘발 성분을 날려보낼 수 있다. 화이트 와인 잔은 보통 레드 와인 잔보다 작은데, 공기와 닿는 노출 면이 작아 화이트 와인이 빨리 따뜻해지는 것을 막을 수 있다. 프로처럼 보이고 싶다면 와인 잔을 잡을 때에 볼 부분을 손으로 감싸 쥐지 말자. 다리 부분을 잡아야 와인이 손의 열기로 인해 따뜻해지는 것을 막을 수 있다.

좋은 매치 : 바디

보르도와 바롤로 같은 풀 바디 와인을 미묘한 풍미를 가진 폭신폭신한 키슈 로렌에 곁들이거나 보졸레 같은 라이트 바디 와인을 무겁고 진한 오소부코에 곁들이는 것은 쓰나미에 돛단배를 띄우는 것과 같다. 강한 풍미가 순한 풍미를 완전히 압도해 버릴 것이다.

■ 전천후 와인 페어링

와인 페어링에 있어 까다로운 부분은 모든 일행에게 적당한 와인을 고르는 일이다. 각자 따로 글라스 와인을 주문하거나, 혹은 과일 풍미와 산도의 균형이 좋은 라이트에서 미디엄 정도 바디를 가진 와인을 고르는 두 가지 방법이 있다. 다음은 다양한 요리와 어울리고 음식의 풍미를 압도하지 않아 모든 일행에게 무리 없이 어울릴 수 있는 와인들이다.

화이트 소비뇽 블랑, 피노 그리지오/피노 그리, 샤블리, 푸이 퓌메, 상세르

레드 피노 누아르, 보졸레 빌라쥬, 코트 뒤 론, 메를로

7. 와인 플라이트와 테이스팅

식사와 함께 서너 종류의 와인을 마셔보고 싶은데 병으로 주문하거나 글라스 와인을 여러 잔 주문하기는 부담스럽다면 와인 테이스팅wine tasting이 가능한지 레스토랑에 물어보자. 와인 테이스팅은 와인 리스트에 있는 특정 와인을 맛보기 사이즈로 (약 70g 정도) 제공하는 서비스다. 한편, 레스토랑에 따라 와인 플라이트wine flight 서비스를 제공하는 곳도 있는데, 플라이트는 세 종류 이상의 유사한 와인을 테이스팅하는 것으로, 와인 맛을 서로 비교할 수 있다. 와인 테이스팅의 종류는 다음과 같다.

호라이즌탈 테이스팅(수평 테이스팅)horizontal tasting

와인 샤토(포도 농장)나 와이너리(양조장)은 다르지만 빈티지(수확연도)가 같은 여러 종류의 와인을 테이스팅하는 것이다. 예를 들어, 캘리포니아, 칠레, 아르헨티나에서 2000년도에 수확한 카베르네 소비뇽 품종으로 만든 와인을 비교해 보는 것이다.

버티칼 테이스팅(수직 테이스팅)vertical tasting

같은 샤토, 같은 와이너리에서 만든 다른 빈티지의 와인을 테이스팅하는 것이다. 주로 연이은 해에 제조된 와인을 비교 시음하는데, 예를 들자면 1971년, 1972년, 1973년 무통 로실드Mouton-Rothschild 보르도를 테이스팅하는 것이다. 와인의 특색이 해를 거듭함에 따라 어떻게 바뀌는지 느낄 수 있다.

풀 코스 페어링

각 코스 요리마다 다른 와인을 곁들이는 테이스팅을 말한다. 풀 코스 페어링을 원한다면 소믈리에에게 도움을 요청하자.

8. 와인 테이스팅의 여섯 가지 S

보고See, 돌리고Swirl, 향을 맡고Smell,
맛을 보고Swill, 공기를 흡입하고Slurp, 뱉는다Spit

소믈리에가 첫 시음을 권유하면 잔을 빙글빙글 돌린 다음 향을 맡는 것이 판에 박힌 형식적인 절차지만, 시간을 들여서 진심으로 와인을 관찰하고 향을 맡고 맛을 보게 되면 감각이 발달할 뿐만 아니라 와인의 진면목을 깨닫게 된다. 첫 시음 절차의 목적은 와인에서 코르크 냄새가 나는지, 상하지 않았는지 확인하는 것이 전부다. 그러므로 처음의 네 가지 S를 서너 초 안에 해내고, 와인에 이상이 없다면 웨이터에게 고개를 끄덕여 주자. 일단 웨이터가 돌아가면 시간을 가지고 모든 과정을 반복할 수 있다. 단, 일행들도 모두 당신과 같은 마음이 아니라면 조심스럽게 맛을 보자. 너무 티를 내면 거만하게 보일 수 있으니까 말이다.

> "와인의 첫 시음은 아무리 길어도 10초 안에 하세요. 와인 잔을 불빛이나 하얀 식탁보에 비추어 보고 의미심장한 표정으로 2분간 입에 와인을 물고 맛을 본다면, 거만하게 과장하는 것처럼 보일 뿐만 아니라 일행 모두 당황스러워서 어쩔 줄 몰라 할 것입니다."
> –조지 코세트, Silverlake Wines의 공동 소유주(Los Angeles, California)

글라스 와인을 주문하는 경우에는 언제나 "맛을 살짝 볼 수 있을까요?"라고 요청할 수 있지만, 와인을 병으로 주문할 때에는 그렇게 요청할 수 없다. 글라스 와인을 제공하고 있는 와인이라면 이미 병을 오픈한 상태이기 때문에 한 모금 살짝 맛을 보고 싶다는 요청을 거절할 고급 레스토랑은 없다. 맛을 보았는데 마음에 들지 않는다면 다른 와인의 샘플을 요청해도 괜찮다. 그러나 두세 번 이상 계속 요청하지는 말자.

보기See
잔의 굽이나 다리를 잡고 살짝 기울여서 와인의 색과 투명도를 보라. 와인은 항상 깨끗하고 맑아야 한다. 와인이 뿌옇다면 침전물이 섞였다거나 오염되었다는 의미다. 와인의 색은 무엇을 의미할까? 레드 와인의 타닌 성분은 진한 진홍빛 색상을 낸다. 따뜻한 기후에서 자란 포도로 만들어진 와인도 진한 붉은색을 가지고 있다. 와인이 숙성될수록 타닌 성분이 약해지기 때문에 색도 따라서 연해진다. 화이트 와인은 서늘한 기후의 포도일수록 보통 밝은 흰빛의 와인이 된다. 반면, 따뜻한 기후의 포도라면 더 진한 노란빛 와인이 된다. 화이트 와인은 숙성될수록 색이 진해지지만 보통 레드 와인보다 숙성이 잘 안되므로 화이트 와인이 황갈색을 띤다면 산화된 와인일 확률이 높다.

회전시키기 Swirl

와인 잔을 테이블 위에 올려 놓고 잔 굽 위에 손을 올린 다음 살짝 원을 그리면서 돌려서 와인이 잔 안에서 소용돌이 치도록 한다. 이렇게 하면 잔에 코를 대고 향을 맡기 전에 미리 휘발성 성분을 내보낼 수 있다. 알코올 도수나 당도가 높은 와인이라면 잔을 돌릴 때에 잔 안에 와인의 '레그(다리)'라고도 하는 줄무늬가 생기는 것을 볼 수 있다.

냄새 맡기 Smell

와인 잔 다리를 잡아 들고 코를 잔 안에 넣은 다음 숨을 들이쉬어 보자. 코를 빼고 잔을 다시 한 번 돌린 다음 다시 한번 향을 맡아 보자. 이렇게 하면 이상하거나 나쁜 냄새를 바로 알아차릴 수 있다. 와인에 이상이 없다면 이제 어떤 익숙한 향이 느껴지는지 탐지해 보도록 하자. 코르크를 맡을 생각이 아니라면 코르크 냄새는 절대 맡지 말라. 그냥 관찰만 하는 것이 좋다. 심하게 금이 갔거나 곰팡이가 있거나 물을 먹었다면, 와인이 산화되었거나 코르키드 corked(와인에서 코르크 냄새가 나는 것을 말함)되었을 확률이 있다. 그러나 코르크 냄새는 맡지 말 것. 코르크에서는 그저 코르크 냄새가 날 뿐이다.

맛보기 Swill

와인을 한 모금 입에 넣고 입 안에서 몇 초간 굴리면서 특징(산도, 바디, 타닌, 당도)들을 파악하고 독특한 아로마와 풍미를 느껴 보자.

공기 흡입하기 Slurp

일행이 와인을 마시며 소리를 내도 얼굴을 찌푸리지 않을 와인 애호가라면 와인을 한 모금 입에 문 다음 혀를 윗니에 대고 공기를 들이 마셔 보자. 공기와의 접촉을 통해 와인에서 휘발성 향기 성분이 더 많이 유출된다. 또한 입에서 코로 거꾸로 밀려들어 가는 와인 향도 느낄 수 있다.

뱉기 Spit

시음 행사에 참석했다면, 그 많은 샘플 와인을 전부 마시는 것은 그리 바람직하지 않다. 행사장에서 완전히 술에 취해 뻗고 싶지 않다면 말이다. 따라서 준비된 통에 와인을 뱉는 행동이 전혀 문제될 것이 없다. 다만, 레스토랑에서는 첫 모금이 석유 맛이 나더라도 그냥 삼키는 것이 예의다. 잠깐 기다리면서 와인의 여운을 느껴 보자. 좋은 와인은 여운이 길게 남는다.

9. 오염된 와인을 돌려보내는 방법

웨이터가 지켜보는 가운데 첫 시음을 하는 이유는 딱 하나다. 맛을 보고 와인에 이상이 없는지 확인하는 것이다. 대략 5퍼센트, 즉 와인 스무 병 중 한 병 꼴로 코르크에 의해 오염된 와인이 나오곤 한다. 코르크 오염은 코르크를 세척하는 과정에서 표백 부산물인 TCA, 즉 2-4-6트라이클로로아니솔에 의해 발생된다. 코르크 오염 외에도 열, 공기 노출 등 와인의 품질을 떨어뜨리는 요인은 매우 많다. 어떤 이유든 이상한 와인을 제공 받은 경우에는 얼마든지 돌려보내도 괜찮다. 이상한 와인은 레스토랑의 잘못이 아니며 생각보다 더 자주 발생한다. 레스토랑을 유난스럽게 탓할 필요도 없고 말하기 껄끄럽다고 그냥 참고 마실 필요도 없다.

그러나 "내가 생각했던 맛이 아니에요."라는 이유로 와인을 돌려보내지는 말자. 그것은 당신의 잘못이지 레스토랑의 잘못이 아니다. 오염된 와인을 돌려보내는 것은 매우 정당한 일이지만 저렴한 테이블 와인을 주문하면서 황금으로 된 음료를 기대하지 말라. 착한 소믈리에라면 아마 당신을 위해 다른 와인으로 바꿔 줄 테지만 결코 바람직한 행동은 아니다.

■ 와인이 오염된 경우

다음과 같은 현상이 있으면 와인이 오염된 것으로 볼 수 있다.

외관 색이 뿌옇거나 흐리고, 코르크가 병 입구의 포일을 뚫고 올라와 있는 경우
소리 스파클링 와인도 아닌데 코르크를 뺄 때 '뻥' 하고 큰 소리가 나는 경우
냄새 성냥, 고무 탄 내, 지하실이나 오래된 양배추, 계란, 끓인 토마토, 젖은 골판지 냄새가 나는 경우
맛 화학적인 맛이나 식초, 골판지, 먼지, 곰팡이 난 과일 맛이 나는 경우

> **보너스 1+1**
>
> 소믈리에가 스크루 캡 와인을 준다고 기분 나빠하지 말라. 스크루 캡은 값싼 포도주에 많이 쓰이던 것이 사실이지만, 요즘에는 코르크를 스크루 캡으로 교체하는 와인 제조사가 상당히 있다. 스크루 캡이 공기를 잘 차단하기 때문에 와인의 산화를 막을 수 있기 때문이다. 또한 코르크를 사용하지 않으면 코르크가 자연산인지 합성품인지에 대한 논란도 잠재울 수 있다. 그렇지만 스크루 캡은 코르크를 수집하는 것과 같은 낭만은 없다. 식사에 대한 추억을 남기고 싶다면 웨이터에게 병에서 라벨을 떼어 달라고 요청해 보자.

■ 와인을 돌려보내는 방법

1. "이 와인이 괜찮은지 확실히 모르겠는데, 일행에게 따르기 전에 잠깐 기다려 봐도 될까요?"

이때 중요한 점은 소믈리에가 일행에게 와인을 따르기 전에 말해야 한다는 것이다. 와인을 딴 후 수 초에서 수 분간 숨을 쉬게 해야 코르크 아래에서 잠자고 있던 짙은 향과 맛이 깨어나는 경우가 많다. 와인이 조금 이상한 것 같더라도 와인을 돌려보내기 전에 최대 5분 정도 와인이 숨을 쉬도록 해 보는 것이 좋다.

2. "여전히 와인 맛이 조금 이상한 것 같은데, 맛을 한 번 봐 주시겠어요?"

한숨 지난 다음에도 와인 맛이 여전히 이상하다면 소믈리에의 의견을 물어 보라. 당신이 느끼는 이상한 점에 대한 설명을 곁들여라. 곰팡내가 나거나 시큼한가? 대부분의 소믈리에는 와인을 시음해 본 후 당신의 느낌이 정확한지 여부와는 상관 없이 당신의 의견에 동조해 줄 것이다. 물론 와인의 종류나 당신의 태도에 따라 소믈리에의 반응이 달라질 수 있

다. 그러나 주문한 와인이 값비싼 것이고 진짜 이상이 없다면, 소믈리에는 아마 정상이라고 정중히 이야기할 것이다. 그러면 다시 한 번 마셔보고 다음 중 어떻게 할지 생각해 보라. (1) 그냥 마셔 보기로 하고 음식과 함께 마시면 나아지리라 기대한다. (2) 의견을 관철하고 정중히 교환을 요청한다.

3. "당신의 의견은 존중합니다만, 아무래도 이 와인은 제가 기분 좋게 마실 수 있는 와인이 아닌 것 같습니다. 이 와인을 취소하고 다른 와인을 주문하고 싶습니다."
이렇게까지 한다면, 당신이 터무니없이 비싸거나 드문 빈티지의 와인을 주문한 것이 아니라면 소믈리에는 여기에서 항복하고 와인을 가져갈 것이다. 관대하게 생각하자. 기분이 좋지 않더라도, 소믈리에에게 고맙다고 전하고 교환을 하느라 불편을 끼친 점에 대해 사과를 하는 것이 좋다.

10. 디캔팅

소믈리에가 와인을 멋진 유리병에 옮겨 따르는 작업이 바로 **디캔팅**decanting이다. 와인을 따르는 과정과 디캔터 특유의 모양이 와인이 공기와 접촉해서 '숨'을 쉴 수 있도록 돕는다. 또한 디캔팅은 오래된 값비싼 빈티지 와인에 쌓여 있는 침전물을 걸러 내는 유일한 방법이기도 하다. 디캔팅은 시간이 많이 걸리는 작업이기 때문에 오래된 빈티지 레드 와인인 경우에만 권장하기도 하지만, 사실 어떤 와인이라도 (화이트든 레드든) 디캔팅을 하면 와인의 풍미가 개선될 수 있다.

11. 라벨, 지역, 포도 품종에 대한 이해

이제 두려워하지 않고 충분히 와인에 대해 물어보고 주문하고 맛을 볼 수 있을 것이다. 기초적인 단계를 벗어났다면 이제 와인에 대한 이해를 한층 더 높여 보기로 하자.

■ 와인 라벨에 대한 이해 : 구세계 와인과 신세계 와인

주요 와인 생산지에 대한 이해가 전혀 없다면 와인을 선택하기 어려울 때가 많다. 와인에 따라 라벨에 어떤 포도로 만들어졌는지 쓰여 있지 않은 경우가 많기 때문이다. 와인 이름이 캘리포니아 샤르도네라면 샤르도네 품종으로 만들어졌다는 것을 쉽게 알 수 있지만, 부르고뉴, 프렌치 샤블리, 푸이 퓌세Pouilly-Fuissé도 역시 샤르도네 품종으로 만들어진다는 사실은 이름만으로는 알 수 없다.

구세계 와인

와인을 배우는 데 있어 가장 어려운 점 중의 하나가 바로 와인의 이름이 어떻게 지어지는지 이해하는 것이다. 구세계인 프랑스, 스페인, 이탈리아에서는, 보통 "appellation of origin(AOC)"이라고 하는 등록된 포도 생산지명을 와인 이름으로 쓴다. (단, 프랑스의 7대 와인 생산지 중 하나인 알자스에서 생산되는 와인에는 포도 품종을 표기하고, 지명을 쓰는 독일 와인의 경우 라벨에 지명과 포도 품종을 함께 표기한다.)

비슷한 개념의 미국의 AVAs(American Viticultural Areas) 시스템의 경우, 그 역할이 내퍼, 소노마 같은 미국의 와인 생산지의 지리적 범위를 규정하는 데에 그치지만, 유럽의 시스템 하에서 지명 와인은 지리적인 의미 이상이다. 유럽에서 와인 라벨에 생산지명을 사용하기 위해서는 포도 품종과 포도 나무 사이의 간격부터 각 지방에 따른 와인 생산 방법에 이르기까지 정해진 모든 규정을 충족해야 한다. 이와 같은 방법은 '테루아르' 라는 개념에서 비롯된다. 테루아르terroir란 프랑스어로 '토양' 이란 뜻으로, 기후, 광량, 땅의 경사도 등 포도 재배지의 모든 환경적 요소를 아우르는 개념이다. 와인의 전반적인 스타일을 좌우하는 요소들이다.

각 지역의 규정에 따라 생산된 와인은 특별 칭호를 부여 받는다. 라벨과 와인 리스트에서 다음 단어와 이니셜을 찾아 보자.

프랑스 Appellation d'Origine Contrôlée(AOC),
　　　　Vin Délimité de Qualité Supérieure(VDQS)

이탈리아 Denominazione di Origine Controllata(DOC),
　　　　　Denominazione di Otigine Controllata e Garantita(DOCG)

독일 Qualitätswein bestimmter Anbaugebiet(QbA),
　　　Qualitätswein mit Prädikat(QmP)

스페인 Denominación de Origen(DO),
　　　　Denominacion de Origen Califocada(DOCa)

너무 복잡하게 느껴질 수도 있겠지만, 열정이 있는 초보자라면 여기서 포기하지 말자. 다음 지도에 표기되어 있는 유럽의 주요 지역, 와인, 포도 품종만 알아둔다면, 충분히 무리 없이 와인 리스트를 보고 감을 잡을 수 있을 것이다.

구세계 와인산지

프랑스

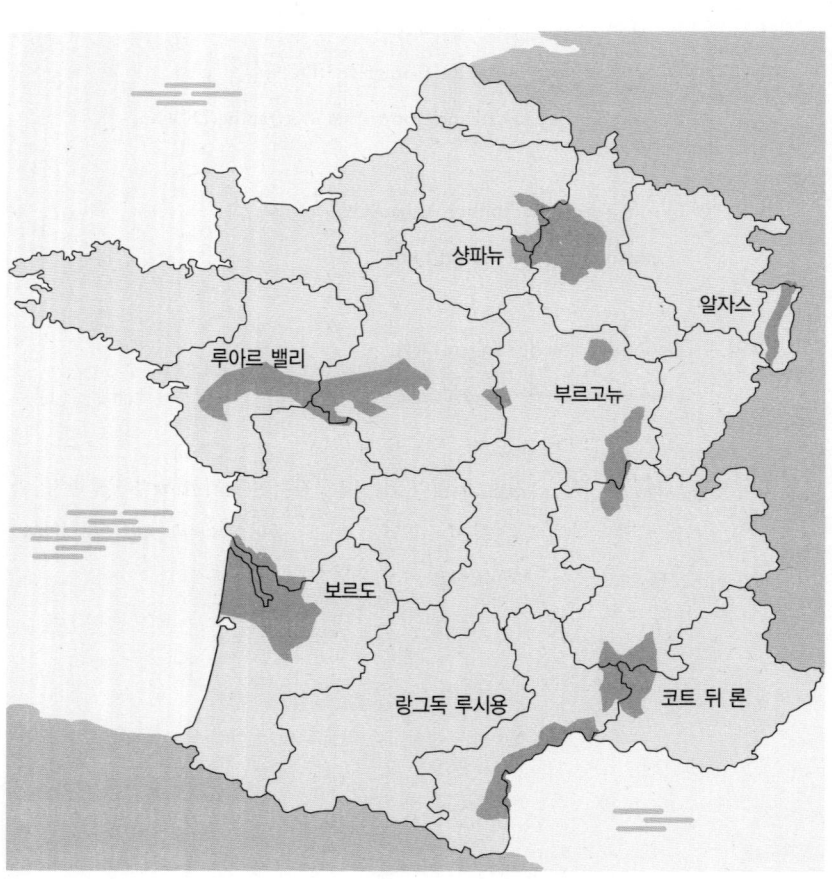

국가	와인	지역명칭 (Appellation)	포도품종
프랑스	리슬링	알자스	리슬링
	게브르츠트라미너	알자스	게브르츠트라미너
	보르도, 레드	보르도	메를로, 카베르네 소비뇽, 카베르네 프랑, 프티 베르도, 말벡
	보르도, 화이트	보르도	소비뇽 블랑, 세미용, 뮈스카델
	소테른	보르도	세미용, 소비뇽 블랑
	보졸레	부르고뉴	가메
	부르고뉴, 레드	부르고뉴	피노 누아르
	부르고뉴, 화이트	부르고뉴	샤르도네
	푸이 퓌세	부르고뉴	샤르도네
	마송	부르고뉴	샤르도네
	샤블리	부르고뉴	샤르도네
	샴페인	샹파뉴	샤르도네, 피노 누아르, 뫼니에
	샤토뇌프 뒤 파프	코트 뒤 론	그르나슈, 무르베드르, 이 외에 10가지 다른 포도 품종
	코트 뒤 론, 레드	코트 뒤 론	그르나슈, 시라, 무르베드르, 카리냥 등
	푸이 퓌메	루아르 밸리	소비뇽 블랑
	상세르	루아르 밸리	소비뇽 블랑

이탈리아

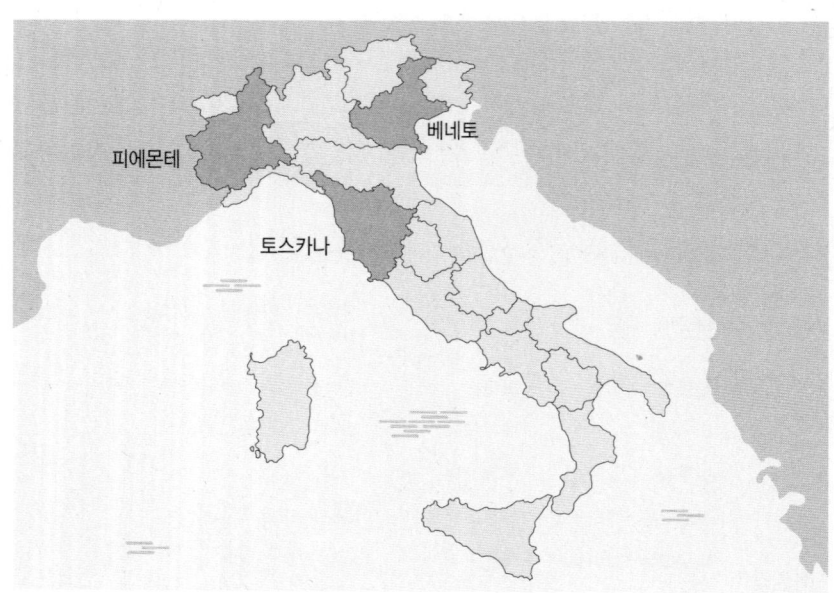

국가	와인	지역명칭 (Appellation)	포도품종
이탈리아	바바레스코	피에몬테	네비올로
	바롤로	피에몬테	네비올로
	브루넬로 디 몬탈치노	토스카나	산지오베제
	키안티	토스카나	산지오베제, 카나이올, 말바시아 비안코, 트레비아노, 칠리에골로, 콜로리노
	바르돌리노	베네토	코르비나, 론디넬라, 몰리나라, 바르베라, 산지오베제 외
	소아베	베네토	가르가네가, 트레비아노 외
	발폴리첼라	베네토	코르비나, 몰리나라, 론디넬라 외

독일

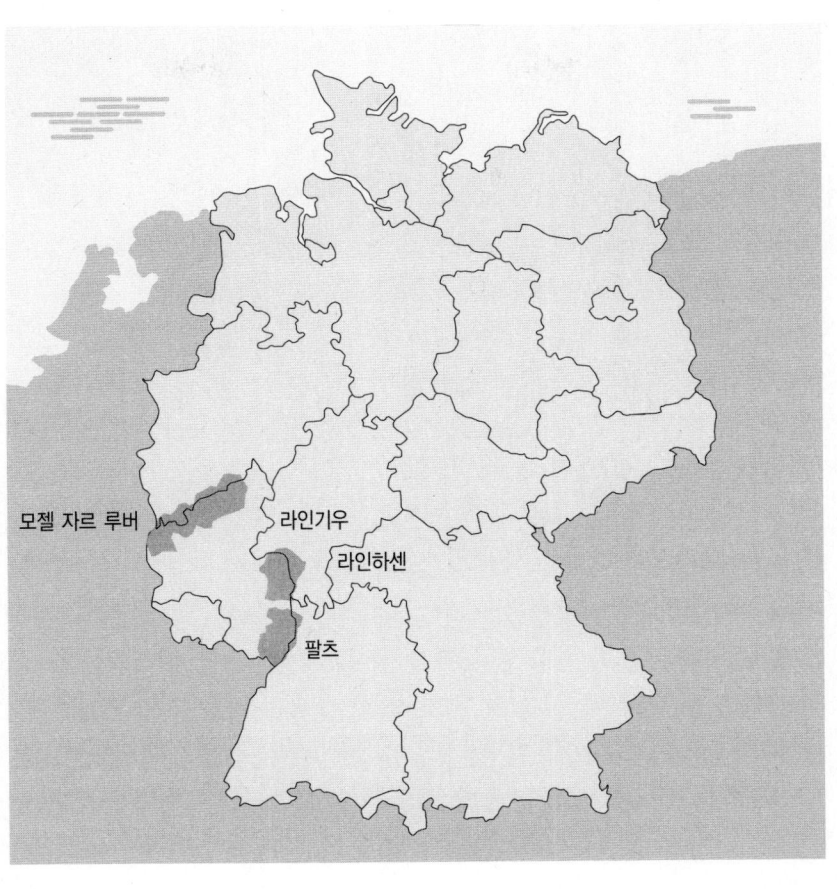

국가	와인	지역명칭 (Appellation)	포도품종
독일	모젤	모젤 자르 루버	리슬링, 뮐러 투르가우, 실바너 등
	라인	라인가우 또는 라인하센	리슬링, 뮐러 투르가우, 실바너 등

스페인&포르투갈

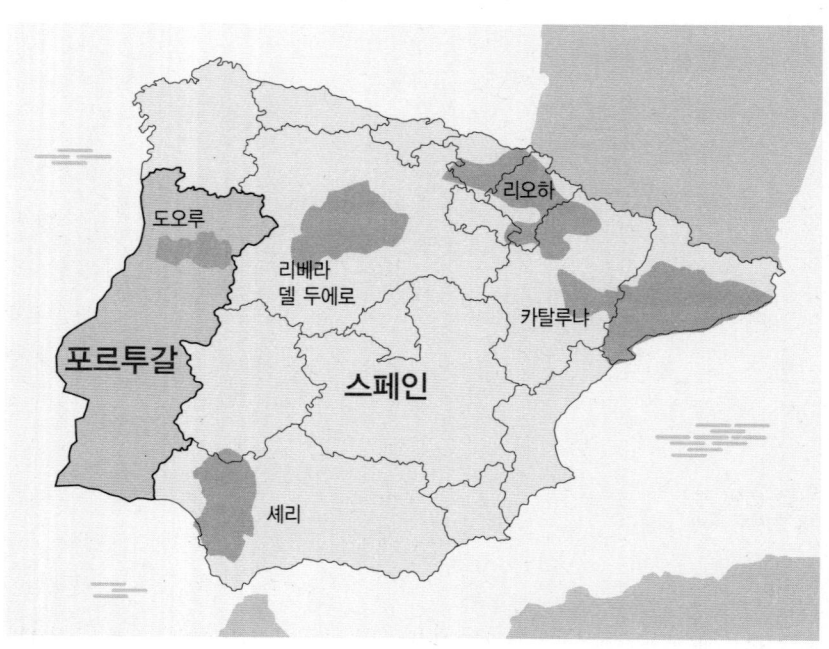

국가	와인	지역명칭 (Appellation)	포도품종
스페인	셰리	헤레스	팔로미노, 페드로 히메네스, 무스카텔
	리오하, 화이트	리오하	팔로미노, 페드로 히메네스, 무스카텔
	키안티	리오하	비우라, 말바시아, 그르나슈

국가	와인	지역명칭 (Appellation)	포도품종
포르투갈	포르토	도우루	투리가 나시오날, 틴타 바로카, 투리가 프란체스카 외

신세계 와인

미국, 호주, 뉴질랜드, 칠레, 아르헨티나 같은 신세계 와인은 유럽 와인과는 달리 보통 라벨에 포도 품종을 표기한다. 지리에 약한 사람들이 좀 더 쉽게 와인을 이해할 수 있도록 돕기 위해서다. 와인 병이나 와인 리스트에 카베르네 소비뇽이라고 적혀 있다면 카베르네 소비뇽을 주 품종으로 하여 만든 와인이라는 의미다. 간단한 방법이다.

와인을 만든 포도의 품종을 항상 이름에 붙인다면 와인 주문이 한결 쉬워질 것 같지만, 꼭 그런 것만도 아니다. 와인의 스타일은 포도가 자라는 환경, 즉 테루아르에 크게 영향을 받는다. 같은 카베르네 소비뇽이라도 캘리포니아 산과 칠레 산의 맛이 같지 않으며 캘리포니아 산 샤르도네와 프랑스 부르고뉴 지방의 샤블리는 비슷한 구석이 조금도 없다. 샤블리도 샤르도네 품종으로 만들고 있는데 말이다. 다행히 단순히 파인 다이닝을 즐기는 것이 목적이라면 포도 품종과 테루아르에 대해 속속들이 알 필요는 없다. 와인 리스트 설명에 와인의 스타일과 특징에 대한 모든 것이 적혀 있을 뿐 아니라 똑똑한 소믈리에가 주문하려고 하는 와인에 대한 모든 것을 잘 설명해 줄 것이다.

□ 브랜드 와인

지명 와인에 대한 우대에도 불구하고 제조사는 트레이드마크나 브랜드, 특허 상표를 사용하기도 한다. 많은 포도 품종을 블렌딩한 와인이거나 AOC 규정에서 벗어나는 와인이기 때문이다. 켄달 잭슨 샤르도네 Kendall-Jackson Chardonnay는 와인 농장과 양조장, 포도 품종을 조합해서 이름을 지은 경우이고, 무통 카데 보르도 Mouton Cadet Bordeaux는 브랜드와 지명 appellation을 조합한 경우다. 한편, 트릴로지 Trilogy나 프로스페러티 레드 Prosperity Red같이 와인 제조사가 전혀 새로운 브랜드를 만드는 경우도 있다. 미국의 등록된 트레이드마크이자 전매 특허 상표인 메리티지 meritage는 최소 두 가지 이상의 전통적인 보르도 품종을 미국에서 블렌딩한 와인이다. 수퍼 토스카나 super toscana는 카베르네 소비뇽과 키안티 품종인 산지오베제를 블렌딩하는, 비전통적인 방법과 품종으로 만드는 이탈리아 토스카나 지방의 화이트/레드 와인 브랜드다.

■ 버라이어탈 와인과 블렌드 와인의 구별

버라이어탈varietal 와인은 "샤르도네" 같이 와인의 주 포도 품종을 이름으로 사용하는 와인이다. 반면 **블렌드**blend 와인은 서너 개의 포도 품종을 혼합한 와인이다. 전통적인 보르도 블렌드의 경우 카베르네 소비뇽, 메를로, 카베르네 프랑 품종을 혼합하여 만들고, 샤토 뇌프 뒤 파프의 경우 열세 개 포도 품종을 혼합하여 만든다.

■ 포도 품종

와인에 대한 사랑이 넘쳐서 모든 포도 품종을 모조리 외우고 싶은 것이 아니라면 우수 포도 품종과 그 외 몇몇 중요 품종만 기억해 두어도 와인 리스트를 보는 것이 한결 수월해진다. 우수 포도 품종은 전 세계 곳곳에서 재배되지만 타의 추종을 불허하는 뛰어난 품질의 포도는 역시 전통적인 와인 산지에서 재배되는 경우가 많다. 프랑스 부르고뉴 지방에서 생산되는 고품질의 샤르도네 품종이 대표적인 예다.

□ 우수 화이트 와인 품종

샤르도네Chardonnay 드라이한 화이트 와인을 만드는 인기 품종으로, 미디엄/풀 바디다. 대부분의 기후와 토양에서 재배할 수 있지만 프랑스의 샹파뉴, 부르고뉴 지방, 미국 캘리포니아 주, 호주에서 생산되는 포도가 가장 뛰어나다.

소비뇽 블랑 Sauvignon Blanc 소비뇽 블랑으로 만드는 와인은 예리하고 새콤하며 가벼운 경향이 있다. 최고의 품질을 자랑하는 포도는 프랑스의 보르도, 루아르 밸리 지방과 뉴질랜드, 미국 캘리포니아 주에서 생산된다.

리슬링Riesling 독일 포도로, 와인을 달콤하게 만들어 주는 귀부병에 잘 걸리는 품종이다. 독일의 라인가우와 모젤 지방, 프랑스의 알자스, 미국의 워싱턴 주와 뉴욕 주의 핑거 레이크 지역에서 우수한 포도가 생산된다.

게브르츠트라미너Gewürztraminer 스파이시하며 부드러운 와인을 만드는 것으로 알려진 품종으로, 서늘한 기후에서 재배된다. 프랑스 알자스 지방에서 드라이한 와인을 만드는 데 주로 쓰이며, 미국의 오리건 주 지역과 뉴질랜드, 칠레에서도 생산된다.

☐ 주요 화이트 와인 품종

피노 그리/피노 그리지오 Pinot Gris/Pinot Grigio 이 품종은 자라는 곳에 따라 풍미가 달라지는 특징이 있다. 이탈리아 북동 지역에서 생산되는 포도는 가볍고 새콤한 반면, 프랑스 알자스나 미국의 오리건 주, 캘리포니아 주, 뉴질랜드에서 생산되는 포도는 좀 더 향과 맛이 강렬하고, 미디엄/풀 바디의 드라이 또는 스위트 화이트 와인을 만든다.

세미용 Semillon 소비뇽 블랑과 블렌딩하여 보르도 화이트 와인을 만드는 것으로 알려진 품종이다. 호주, 뉴질랜드, 미국의 워싱턴 주에서 재배된다.

슈냉 블랑 Chenin Blanc 새콤하고 드라이한 와인이 되며, 프랑스 루아르 밸리 지역에서 부브레 Vouvray 와인을 만드는 데 주로 쓰인다. 남아프리카에서는 스틴 Steen 으로 불린다.

무스카트/무스카텔 Muscat/Moscatel 주로 남부 프랑스나 이탈리아, 스페인, 호주에서 달콤한 디저트 와인을 만드는 데 쓰이는 품종으로, 와인에서 포도 향이 느껴지는 몇 안 되는 품종 중 하나다.

비오니에 Viognier 프랑스의 론 지방이나 랑그독 루시용 지방에서 흔히 재배되는 품종으로, 진한 미디엄/풀 바디의 와인을 만든다. 론 지방에서는 콩드리외 Contrieu 라고 불린다.

그뤼너 벨트리너 Grüner Veltliner 오스트리아의 대표 품종으로, 복잡 미묘하고 새콤한 와인을 만든다.

알바리뇨 Albariño 스페인과 포르투갈에서 가장 흔한 화이트 품종으로, 꽃 향기와 과일 향기가 나는 새콤한 미디엄 바디 와인을 만든다.

☐ 우수 레드 와인 품종

카베르네 소비뇽 Cabernet Sauvignon 레드 와인 품종의 왕이라고 불리는 카베르네 소비뇽은 샤르도네처럼 전세계 다양한 환경에서 자란다. 특히 프랑스 보르도 지역, 미국 캘리포니아 주, 칠레, 이탈리아 북부, 호주, 남아프리카, 아르헨티나 등에서 많이 재배되며, 풀 바디의 타닌 성분을 가진 와인을 만든다.

메를로 Merlot 카베르네와는 달리 부드럽고 타닌이 적은 와인을 만든다. 보르도 우안 the Right Bank of Bordeaux 지역에서는 블렌딩 품종으로 많이 쓰이는 한편, 칠레나 미국의 워싱턴 주, 캘리포니아 주에서는 주 품종으로 사용되고 있다.

피노 누아르 Pinot Noir 우수 포도 품종 중 가장 예민한 품종으로, 재배가 쉽지 않고 기후 변화에 민감하며 다루기도 어려운 포도다. 다른 포도 품종과 블렌딩을 거의 하지 않는 것도 특징이다. 프랑스 부르고뉴 레드 와인의 주 품종이고, 그 밖에는 그다지 성공적으로 재배되는 곳이 드문데, 뉴질랜드와 호주, 미국의 오리건 주, 캘리포니아 주에서 그나마 괜찮은 작황을 보인다.

시라/시라즈 Syrah/Shiraz 시라는 론 밸리 지역의 레드 와인에 주로 쓰이는 고전적인 포도로, 호주에서 시라즈라는 이름으로 새롭게 재배되는 품종이다. 카베르네 품종과 블렌딩하여 대담한 과일 향의 와인을 만든다. 캘리포니아, 스페인, 칠레, 남아프리카, 아르헨티나, 이탈리아의 주 품종이기도 하다.

□ 주요 레드 와인 품종

네비올로Nebbiolo 이탈리아에서 주로 재배되는 품종으로, 이탈리아의 묵직한 레드 와인 바바레스코와 바롤로를 만든다. 그 밖의 다른 지역에서도 재배가 시도되었으나 그다지 성공을 거두지 못했다.

산지오베제Sangiovese 이탈리아의 대표적인 포도 품종으로, 탄탄하고 타닌 성분이 있는 키안티와 브루넬로 디 몬탈치노Brunello di Montalcino를 만든다.

템프라니요Tempranillo 스페인의 리오하와 리베라 델 두에로Ribera del Duoro 지역에서 주로 생산되는 품종으로, 스페인에서 최고의 잠재력을 지닌 포도로 평가된다. 포르투갈과 호주, 캘리포니아에서도 재배된다.

진판델Zinfandel 캘리포니아 고유 품종으로 알려져 있지만 사실 이탈리아의 프리미티보Primitivo, 조금 덜 알려진 크로아티아의 포도와 같은 품종이다. 타닌 성분이 있는 풀 바디 레드 와인과 과일 향이 풍부한 화이트 와인을 만든다.

가메Gamay 프랑스의 부르고뉴 지방에서 생산되는 포도로, 과일 향의 가벼운 레드 와인 보졸레를 만드는 품종이다. 프랑스 루아르 밸리 지역에서도 재배된다.

카베르네 프랑 Cabernet Franc 보르도 블렌드에 쓰이는 것으로 유명하며, 루아르 밸리 와인에도 쓰인다.

그르나슈Grenache 스페인 리오하, 프랑스의 코트 뒤 론, 랑그독 루시용, 미국 캘리포니아

주에서 비교적 저렴한 와인을 만드는 데에 쓰이는 품종이다. 유연하고 달콤하며 과일 향이 풍부한 높은 알코올 도수의 와인을 만든다.

12. 빈티지

빈티지란 와인을 만드는 데 쓰인 포도의 수확연도를 어렵게 부르는 말일 뿐이다. 와인 병에 연도가 적혀 있다면 그 해에 수확한 포도 백 퍼센트로 만들었다는 의미다. 반면, 논빈티지 와인nonvintage(NV)은 여러 해에 수확된 포도를 혼합해서 만든 와인을 뜻한다. 그러나 와인 라벨에 연도가 적혀 있다고 해서 반드시 더 좋은 와인은 아니다.

하지만 장기적으로 보자면 빈티지는 중요하다. 프랑스의 부르고뉴, 보르도, 론 지방, 또 독일과 이탈리아 일부 지역과 같이 매년 기후 변화가 큰 지역에서 생산된, 5년 이상 된 와인이라면, 그리고 와인 리스트에 하나 이상의 빈티지가 있고, 꽤 거액을 투자해야 하는 상황이라면, 레스토랑이 최고의 빈티지를 보유하고 있는지 확인할 필요가 있다. 빈티지 표를 참고하는 것도 도움이 되지만 빈티지 표는 해당 지역, 해당 연도의 포도 작황을 표시한 것일 뿐 개별 와인의 품질을 평가한 것은 아니라는 점에 주의하자.

> **보너스 1+1**
>
> 오래된 와인이 더 좋을 것이라 짐작하지 말자. 오로지 10퍼센트의 와인만이 셀러 컬렉션을 위해 숙성이 가능하도록 만들어지고, 5년 이상 숙성이 가능한 와인은 겨우 1퍼센트 밖에 되지 않는다. 보통 카베르네 소비뇽이나 보르도 와인 같이 타닌 성분이 많은 레드 와인 중 일부만이 숙성이 가능한 와인에 해당한다. 나머지 90퍼센트의 와인은 1~2년 안에 마시는 것이 좋다.

"빈티지에 대한 질문은 사실 레스토랑에서 별로 의미가 없는 경우가 많습니다. 어차피 빈티지가 한 개밖에 없기 때문이죠. 빈티지가 다섯 개에서 열 개에 이른다면, 어떤 와인이 가장 마실 만한지, 어떤 와인이 가격대비 가치가 있는지, 좋은 가격의 와인이 어떤 것인지 자세히 알려줄 전문가가 대기하고 있습니다. 그때라면 어떤 질문을 해도 좋습니다."

– 조 스펠맨, 마스터 소믈리에, 조셉 펠프스 빈야드(*Joseph Phelps Vineyards*)

13. 라벨 언어

와인 리스트에는 와인의 이름과 지역에 대한 중요 정보는 물론, 특별한 와인이라는 것을 뜻하는 여러 가지 단어가 표기되기도 한다.

크뤼 클라세 Cru Classé 크뤼는 프랑스어로 '재배' 라는 뜻으로, 크뤼 클라세는 1885년 분류 당시 보르도의 상위 61개 샤토를 가리킨다. 그 중 일부는 현재 그랑 크뤼 클라세Grand Cru Classé 라벨을 달기도 한다. 그 중에서도 다섯 개의 최정예 샤토 라피트 로실드Lafite-Rothschild, 라투르Latour, 마르고Margaux, 오 브리옹Haut-Brion, 무통 로실드Mouton-Rothschild 는 프리미에르 그랑 크뤼 클라세Premier Grand Cru Classé 라벨을 단다. 또한 부르고뉴와 샹파뉴 농장의 와인도 프리미에르 크뤼Premier Cru 또는 그랑 크뤼Grand Cru를 사용한다.

뱅 드 페이vins de pays 지방 와인country wine을 의미하는 뱅 드 페이는 AOC 규정은 벗어나지만 품질이 좋은 와인을 생산하는 프랑스 와인 제조사가 일반 테이블 와인인 뱅 드 타블vins de table과 구분하고자 사용하는 등급이다.

리저브Reserve 이 용어는 와인 제조사에서 생산하는 와인 중 최고의 와인이라는 의미를 지니지만, 법적 정의가 없는 미국과 프랑스에서는 아무 와인에나 이 용어를 사용할 수 있다. 그러나 권위 있는 와인 제조사의 경우 여전히 특별한 와인에만 이 단어를 사용하곤 한다. 스페인과 이탈리아에서는 오래 숙성된 와인에 리제르바Reserva라는 용어를 사용하는데, 더 좋은 와인이라는 것을 뜻한다.

이스테이트 바틀드estate-bottled 또는 **미정 부테유 오 샤토/오 도멘**mis en bouteille au château/au domaine 라벨에 표기된 지방이나 샤토에서 포도를 수확하고 짜고 발효하고 병입했다는 의미다.

쉬페리외르/수페리오레 Supérieure/Superiore 프랑스 AOC 와인이나 이탈리아 DOC 와인에 사용하는 이 용어의 의미는 다른 같은 종류의 와인보다 알코올 함량이 높다는 것을 의미한다.

클라시코Classico 키안티처럼 와인 중심지에서 자란 포도로 만든 이탈리아 DOC 또는 DOCG 와인을 뜻한다.

> **와인 리스트 지름길**
>
> - 와인 리스트에서 두 번째로 비싼 와인을 주문하지 말자. 보통 가장 이윤을 많이 붙인 와인인 경우가 많다.
> - 희귀 포도 품종, 희귀 샤토, 어려운 이름의 와인이 대체적으로 가격 대비 품질이 좋다. 사람들은 보통 익숙하고 유명한 와인을 주로 고르기 때문에, 레스토랑은 인기 있는 와인에 더 이윤을 많이 붙인다.
> - 보르도는 비싸 보이는 이름이기 때문에 가격이 과대 책정되는 경우가 많다.
> - 레스토랑이 테이스팅 메뉴로 유명한 곳이 아니라면 글라스 와인 메뉴를 주의하라. 코르크를 연 후 수 일에서 심지어 수 주가 넘은 와인일 수 있다. 당연히 와인의 풍미가 떨어졌을 것이다.
> - 병 와인이 항상 더 가격 대비 값어치가 좋지만, 혼자 식사를 하거나 모든 일행에게 잘 맞는 와인이 없는 경우 글라스 와인을 주문하는 것도 좋다.
> - 레스토랑의 소믈리에가 품질을 중요시 여긴다고 소문난 경우가 아니라면, 하우스 와인을 주문하는 것은 결코 바람직하지 않다. 주문하기 전에 맛을 먼저 볼 수 있을지 물어보라.
> - 주문 시 와인 이름을 발음하기 어렵다면 손으로 가리키자. 리스트를 웨이터에게 보여주면서 "이 와인으로 할게요."라고 하면 된다.

14. 샴페인과 스파클링 와인

보르도 와인이 프랑스 보르도 지방에서만 생산되듯이, 서늘한 프랑스 북부 샹파뉴Champagne 지방에서 생산되는 와인만이 대문자 C를 단 샴페인에 해당된다. 샴페인은 피노 누아르, 피노 뫼니에르, 샤르도네를 원료로 샴페인 방식으로 만들어지는데, 샴페인 방식은 포도의 재배, 수확에서 블렌딩, 병입 과정에 이르기까지 샴페인 제조에 대한 모든 과정을 규정하고 있다. 다른 지역에서 만들어지는 거품 와인의 경우, 스파클링 와인으로 부르는 것이 원칙이다. 피노 누아르와 피노 뫼니에는 레드 와인용 포도이지만 전통적으로 샴페인의 원료로 사용되는데, 와인 색을 붉게 하는 포도 껍질 부분을 발효 전에 제거하여 용액을 하얕게 유지시킨다.

전 세계의 환상적인 스파클링 와인은 샴페인 방식으로 만들어지는 경우가 많은데, 다른 스파클링 와인과 구별할 수 있도록 라벨에 '전통적인 방법Classic Method, Méthode Traditionnelle, Método Tradicional'이라고 표기한다. 미국에서 생산되는 스파클링 와인 중 20퍼센트 가량이 샴페인 방식으로 제조되고 있다. 샴페인 지역이 아닌 다른 프랑스 지역에서 생산되는 스파클링 와인은 **무쇠**mousseux라고 부르는데, 샴페인 방식으로 제조되는 것과 그렇지 않은 것이 있다. 한편, **크레망**cremant은 샴페인보다 발포성이 적은 종류로, 입 안에서 느껴지는 감촉이 부드러운 것이 특징이다. 스파클링 와인은 각각 스페인에서는 **카바**cava, 이탈리아에서는 **프로세코**procecco 또는 **스푸만테**spumante, 독일에서는 **젝트**sekt라고 불린다.

가끔 와인 리스트에서 더 높은 가격이면서 미묘한 맛을 가진 **블랑 드 블랑**blanc de blanc이나, **블랑 드 누아르**blanc de noir를 드물게 볼 수 있다. 이름에서 알 수 있듯이, 블랑 드 블랑은 화이트 포도(샤르도네 품종)만을 사용하여 만들고, 블랑 드 누아르는 붉은 포도(보통 피노 누아르) 품종으로 만드는 샴페인 또는 스파클링 와인이다.

스파클링 와인과 샴페인은 와인처럼 적절하게 균형 잡힌 당도와 산도가 중요한데, 전체적으로는 스위트, 세미 드라이, 드라이한 것이 있다. 보통 새콤하기 때문에 드라이한 스타일은 식전주로 좋은데, 진한 애피타이저나, 오르 되브르, 짭짤한 패스트리, 계란 요리, 굴 등과 잘 어울린다. 좀 더 단 종류는 디저트와 어울리는데, 특히 생과일과 곁들이면 좋다. 치즈와 샴페인은 언뜻 잘 어울릴 듯 하지만 거품으로 인해 그다지 이상적인 조합은 아니다. 뛰어난 품질의 샴페인과 스파클링 와인은 수많은 자잘한 기포가 잔 옆을 타고 올라오는 것이 특징이다. 반면, 그저 그런 스파클링의 와인의 경우 기포가 크고 전체적으로 퍼져 있다는 것을 참고하자.

향연의 역사

동 페리뇽은 프랑스의 오트빌레 대수도원 출신의 수도사로, 와인 병 입구를 막는 도구로 기름에 젖은 천 대신 코르크를 처음 사용한 사람이다. 그는 와인 블렌딩에 정통하였을 뿐만 아니라, 전통적인 샴페인 만드는 도구를 발명하여 레드 와인용 포도로 화이트 와인을 만드는 기술을 완성하였다.

기억하세요

샴페인 코르크 안에 내재된 압력은 차 타이어 압력의 세 배다.

■ 샴페인 라벨 용어

논빈티지nonvintage(NV) 여러 해에 수확한 포도로 만든 샴페인이다. 샴페인의 약 80퍼센트가 논빈티지다.

빈티지vintage 병에 쓰여 있는 해에 수확된 포도로만 만들어진 샴페인을 말한다.

퀴베cuvée 빈티지 해에만 수확한 가장 뛰어난 지역의 포도를 한 번만 짜서 만든 프레스티지 샴페인으로, 논빈티지 샴페인보다 더 오래 숙성하는 것이 특징이다.

엑스트라 브뤼extra brut/**브뤼 네이처**brut nature/**브뤼 소비지**brut sauvage 완전히 드라이

브뤼brut 드라이

엑스트라 섹extra sec 또는 **엑스트라 드라이**extra dry 약간 단맛

드미 섹demi-sec 중간 단맛

두doux 매우 단맛

목장에서 접시 위로

포유류, 조류, 어류로 만든 최고의 요리

PASTURE TO PLATE

우리는 집이나 캐주얼 레스토랑에서 식사를 할 때에는 별다른 고민 없이 빠르게 나오거나 익숙한 메뉴를 주문하고는 한다. 특히 메인 요리로는 항상 먹는 아주 익숙하고 편안한 요리를 주문한다. 어떤 요리가 나올지 뻔히 예상이 되기 때문에 메뉴를 잘 고른 것인지, 맛이 어떨지 초조해 할 일도 없다. 그러나 파인 다이닝의 경우에는 상황이 다르다. 식사에 매우 큰 금액을 지불하는 만큼, 식사가 모든 면에서 평범하지 않고 환상적이기를 바란다. 항상 먹던 치킨이나 연어로 만족할 수는 없다. 파인 다이닝 레스토랑은 매일 먹는 지겨운 음식에서 탈출할 수 있는 최상의 기회. 생전 들어보지도 못한, 모험심을 불러일으키는 다양한 부위의 고기와 해산물 재료를 접할 수 있으며 그 재료들을 하루 종일 다루는 셰프는 재료의 향과 맛, 감촉, 모양, 조리법, 원산지 등 재료에 대한 모든 것을 알고 있는 전문가다. 장소, 재료, 요리, 모든 것이 최상이다.

그러나 송아지 흉선Sweetbread이나 양 정강이살을 마음 놓고 주문하려면 입 안에 넣게 될 고기가 대체 무엇인지 알아야 한다. 메뉴에 나오는 고기가 어떤 부위이고 어떤 모양인지만 알아도 궁금증이 많이 해소된다. 또한 고기의 다양한 부위와, 부위별 최상의 조리 방법, '미디엄'의 정확한 의미 같은 지식을 숙지한다면 파인 다이닝의 세계를 탐험하는 데 있어 기본기를 탄탄히 할 수 있다. 포터하우스 스테이크와 티본 스테이크의 차이점이 무엇인지,

트라이프(소 양)는 대체 어떤 부위인지, 벨루가 캐비아는 대체 왜 그렇게 비싼 것인지, 바로 이 장에서 모든 답을 찾을 수 있다. 단, 채식주의자는 이번 장을 지나치는 편이 좋다.

1. 육식주의자를 위한 가이드
   소고기, 돼지고기, 양고기, 송아지 고기

■ 부위 정보

동물의 고기는 일단 **프라이멀 컷**primal cut이라고 하는 큰 부위로 절단된 후, 작은 부위인 **서브프라이멀 컷**subprimal cut, 또는 더 작은 부위인 스테이크, 찹, 로스트 등으로 손질된다. 예를 들어 소의 쇼트로인(채끝) 부위는 등뼈를 따라 붙어 있는 립(갈비)과 설로인(등심) 사이에 위치한 프라이멀 컷으로, 서브프라이멀 컷인 탑로인(허릿살)과 텐더로인(안심)으로 나뉜다. 유명한 스테이크인 필레 미뇽은 텐더로인 부위이고, 뉴욕 스트립 스테이크는 탑로인 부위다. **크로스컷**crosscut은 두 개 이상의 서브프라이멀 컷이 포함되도록 베어낸 부위로, 탑로인과 텐더로인 부위를 모두 포함하고 있는 티본이나 포터하우스 스테이크가 크로스컷에 해당한다.

레스토랑에서 가장 흔히 선택하는 부위는 아무래도 스테이크와 찹, 로스트다. **로스트**roast는 큰 고기 부위를 통째로 조리한 후 개인 분량으로 썰어서 제공한다. **스테이크**steak는 로스트보다 작은 고기로, (주로 소고기를 말한다.) 일인분 크기로 조리하여 제공한다. 한편, 돼지, 양, 송아지 '스테이크'를 보통 **찹**chop이라고 부른다. 푸주한에 따라 립이나 로인 부위에서 잘라낸 고기만을 찹이라고 부르기도 한다. 그러나 스테이크의 경우에는 소의 어떤 부위라도 스테이크라고 부르는 것이 가능하다.

■ 고기의 등급

고급 레스토랑의 메뉴를 보면 종종 고기의 등급이나 브랜드, 인증 라벨이 쓰여져 있기도 하다. 그런 표시들은 미농무부USDA가 공식적으로 품질을 인증한다는 의미일 수도 있지만, 정부가 통제하고 있는 것은 아니기 때문에 사실 별 의미가 없는 것들도 있다.

미농무부는 고기의 종류에 따라 총 여덟 가지 등급을 사용하는데, 사실 레스토랑에서 식사를 할 때 알아두어야 하는 등급은 **프라임급**prime, **초이스급**choice, **셀렉트급**select 이렇게 세 가지뿐이다. 더 낮은 등급은 레스토랑에서 잘 사용되지 않을 뿐더러, 사용된다 해도 메뉴에 등급을 표시하지는 않는다.

소고기의 등급은 크게 소의 나이와 고기의 마블링 상태에 따라 결정된다. 마블링은 고기의 근섬유 사이 사이에 있는 줄무늬 모양의 하얀 지방을 의미하는데, 대체로 마블링이 많을수록 등급이 높다. 지방이 많은 고기가 등급이 높다는 것이 이상하게 들릴 수도 있지만 마블링이 많은 고기는 조리 시 지방이 녹으면서 부드러워지고 육즙이 풍부하며 풍미가 뛰어나다.

소고기, 양고기, 송아지 고기는 프라임 등급이 가장 품질이 좋고, 그래서 당연히 가장 비싸다. 미국에서 판매되는 소고기 중 2퍼센트만이 프라임 등급이기 때문에 이 등급의 고기를 사용하는 레스토랑은 그 사실을 자랑스럽게 메뉴에 표시하기도 한다. 초이스 등급은 두 번째 등급으로, 미국 소고기의 45퍼센트가 이 등급에 해당하기 때문에 훨씬 더 흔하게 사용된다. 메뉴에 프라임 등급이라고 쓰여 있지 않다면, 고급 레스토랑의 소고기, 양고기, 송아지 고기는 초이스 등급일 가능성이 크다. 마지막으로 미국에서 판매되는 나머지 대부분의 고기가 셀렉트 등급에 해당한다. 한편, 초이스 등급에 해당하는 양고기는 'Good(좋음)'이라고 표기된다는 것도 알아 두자.

■ 환경 친화 라벨

미국 유기농 기준National Organic Standards에 따라 100퍼센트 유기농 사료를 먹고, 야외에 접근이 가능한 시설에서 자란 무호르몬, 무항생제 가축의 고기만이 미농무부 인증유기농 USDA-Certified Organic 라벨을 달 수 있다.

프리 레인지free-range 가축이 매일 바깥에 드나들 수 있는 환경에서 자랐다는 것을 의미한다. 그러나 프리 레인지라고 해서 가축이 실제로 바깥에서 시간을 보냈음을 보장하지는 않는다. 가축이 실제로 바깥으로 나왔는지와는 상관없이 우리의 문이 일정 시간 열려 있기만 했다면 이 용어를 사용할 수 있기 때문이다.

내추럴natural 역시 미농무부가 사용을 규제하는 단어로, 인위적인 재료를 사용하지 않고 가공을 거의 하지 않은 고기에 이 용어를 사용할 수 있다. 그러나 정의가 느슨한 탓에 '내추럴' 고기라고 해서 호르몬, 항생제, 살충제를 사용하지 않았다고 장담할 수는 없다.

헤리티지heritage 헤리티지 종은 역사, 문화, 지리적인 중요성을 가지고 있는 가축 종을 의미한다. 논란의 여지는 있지만 헤리티지 종이 맛도 더 좋다고 알려져 있다. 용어 사용에 대한 법적 규정은 없지만, 보통 미국 순수 혈통의, 환경 친화적인 방법으로 생산된 고기에 사용된다. 헤리티지 종은 내러갠싯Narragansett 종 칠면조(미국 내러갠싯 만에 있는 로드 아일랜드 섬이 원산지인 칠면조), 또는 오사보 아일랜드 돼지Ossabaw Island hog(미국 조지아 해안의 오사보 섬이 원산지) 같이 특정 지역의 토착종인 경우가 많다. 작은 규모의 지방 고급 레스토랑의 경우, 헤리티지 음식을 강조하는 경우가 많다. 한편, 큰 레스토랑에서는 추수감사절에 제공하는 버번 레드Bourbon Red 칠면조(켄터키 주의 버번 카운티가 원산지)처럼 특별한 시즌 메뉴에 사용하기도 한다.

> "토마토나 옥수수가 종마다 맛이 다르듯이, 소, 닭, 돼지도 역시 종마다 맛이 다릅니다. 다양한 헤리티지 종을 보존하는 것이 우리 음식의 다양한 맛을 보존하는 길입니다."
> —돈 슈라이더, 커뮤니케이션 디렉터, 미가축품종보존관리위원회
> *(the American Livestock Breeds Conservancy)*

한 가지는 분명히 알아 두자. 호르몬 무첨가no hormones added, 채식 사료 사용vegetarian-fed, 목초사육grass-fed, 무항생제antibiotic-free, 무살충제no-pesticide는 법적인 용어가 아니다. 고기 생산자 누구나 이런 용어들을 사용할 수 있다. 환경친화적인 레스토랑에서는 메뉴에 이러한 용어들을 표시해 놓기도 하는데, 증명이 어려운 용어보다는 농장이나 목장에 대한 평판이 더 중요하다. 따라서 레스토랑이 고기를 어디에서 공급받는지가 더 중요하고, 레스토랑은 공급자를 밝힐 수 있어야 한다.

■ 소고기

오늘은 레스토랑에서 소고기를 먹어 보자. 정말 맛있게 먹을 수 있는 메뉴를 선택하려면(많은 돈을 지불해야하니 더더욱 잘 골라야 할 것이다), 다양한 소고기 메뉴를 보면서 소의 어떤 부위가 어떤 모양으로 접시에 나오는지 아는 것이 중요하다. 보통 등뼈 중간 정도에 있는 립(갈비), 쇼트로인(채끝), 설로인(등심), 로인(허릿살)이 가장 맛있는 소고기 부위다. 이 부위들은 운동량이 가장 적어서 고기가 연하고 지방 함량이 높다. 스테이크나 로스트용으로 썰어서 그릴링이나 로스팅, 브로일링같이 건열$^{dry\ heat}$로 빠르게 조리하는 것이 좋다. 목살, 사태, 어깨살, 다리살같은 소의 앞이나 뒤쪽 부위는 상대적으로 운동량이 많아 질기다. 따라서 브레이징, 스튜잉, 포칭같이 습열$^{moist\ heat}$에 오랫동안 조리하는 것이 이상적이다.

소고기 부위 정보

프라이멀 컷	메뉴
목살	척 로스트, 잉글리시 로스트, 플랫 아이언 스테이크, 스위스 스테이크, 부처스 스테이크, 프티 필레, 쇼트 립, 그라운드 척, 스튜용 고기
립(갈비)	립아이, 델모니코, 앙트르코트, 프라임 립, 스탠딩 립 로스트, 쇼트 립
쇼트 로인(채끝)과 텐더로인(안심)	뉴욕 또는 캔자스 스트립 스테이크, 클럽 스테이크, 샤토브리앙, 투르느도, 필레 미뇽, 포터하우스, 티본
설로인(등심)	트리팁, 쿨로트 스테이크, 탑 설로인 스테이크, 런던 브로일
사태 또는 우둔살	스위스 스테이크, 맨해튼 로스트, 맨해튼 스테이크, 케밥용 고기, 갈은 고기
옆구리살	플랭크 스테이크, 런던 브로일, 갈은 고기
업진살 (갈비 아래쪽 살)	스커트 스테이크(치맛살 스테이크), 행어 스테이크(토시살 스테이크), 스튜용 고기, 갈은 고기
앞다리살/양지머리	브리스킷(양지머리), 콘드 비프, 섕크, 스튜용 고기

□ 소고기 요리에 따른 부위

전통적인 스테이크 하우스나 고급 레스토랑 말고는 미농무부 프라임 등급 숙성 소고기를 먹을 수 있는 곳이 그리 흔치 않다. 고기를 좋아한다면 당연히 두툼한 스테이크를 주문하는 것이 좋다. 인기가 높은 최고의 부위는 다음과 같다.

필레 미뇽filet mignon 소고기에서 가장 부드러운 부분인 안심에서 잘라낸, 두툼하면서도 뼈가 없는 부위다. 필레 미뇽은 필레 드 뵈프filet de boeuf라고도 하며, 안심에서 2인분 크기로 크게 잘라낸 부위를 베아르네즈 소스와 곁들어 나오는 프랑스 요리 샤토브리앙Chateaubrand에 사용하기도 한다.

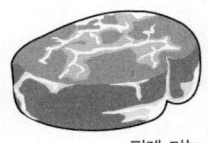
필레 미뇽

투르느도tournedo, **메달리온**medallion 안심의 좁은 쪽 끝 부분에서 잘라낸 작고 둥근 뼈 없는 부위다.

뉴욕 스트립 New York strip 탑로인 부위에서 잘라낸 뼈 없는 스테이크 부위다. 앰배서더 스테이크, 캔자스 시티 스테이크, 또는 스트립 스테이크라고 불리기도 한다.

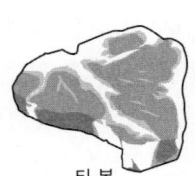
뉴욕 스트립

델모니코delmonico 탑로인에서 뼈를 포함해서 잘라낸 스트립 스테이크로, 클럽 스테이크, 셸 스테이크, 본 인 스트립 스테이크로 불린다.

티본T-bone 탑로인과 텐더로인 부분에서 크로스컷 한 부위로, T자형 뼈를 중심으로 양 옆에 스트립 스테이크와 필레 미뇽이 있다.

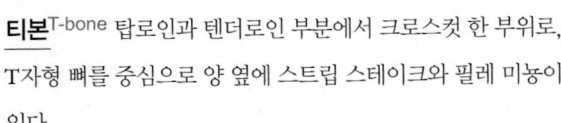
티본

포터하우스porterhouse 티본 스테이크보다 좀 더 큰 부위로, 텐더로인 부분이 더 크다.

립아이rib-eye 립 부분에서 잘라낸 뼈 없는 스테이크 부위로, 프랑스에서는 앙트르코트entrecôte라고 부른다.

프라임 립prime rib 립 로스트에서 스테이크 사이즈로 잘라낸 것으로, 뼈를 포함하기도 하고 그렇지 않기도 하다. 프라임 립이라고 해서 프라임 등급의 고기를 의미하는 것은 아니다. 프

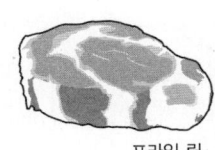
프라임 립

라임 등급이라면 메뉴에 따라 'USDA Prime Rib'이라고 적혀 있을 것이다.

런던 브로일 London broil 보통 플랭크 스테이크 부위인데, 기름기가 적고 질긴 허벅다리 안쪽살, 설로인, 목살 부위를 가리키기도 한다. 물론 플랭크 부위가 가장 좋다.

탑 설로인, 척 아이, 라운드 팁top sirloin, chuck eye, round tip 각각 설로인, 척(목살), 라운드(사태)에서 가장 연한 부위를 잘 라낸 스테이크 고기다. 최고의 스테이크 부위에 비하면 비교적 질기기 때문에 셰프들은 보통 양념을 하여 고기를 연하게 하기도 한다.

런던 브로일

□ 생고기

생고기에 대해 위생상, 정서상으로 거부감을 가질 수도 있지만, 사실 생 소고기는 두 가지 유명한 진미인 비프 카르파치오와 스테이크 타르타르의 주인공이다. **비프 카르파치오**beef carpaccio는 종잇장처럼 얇은 생 소고기를 차갑게 해서 비네그레트(식초 소스)와 파르메산 치즈를 뿌려 먹는 이탈리아의 애피타이저다. **스테이크 타르타르**steak tartare는 갈은 생 소고기에 계란 노른자를 얹고 양파, 파슬리, 샬롯, 케이퍼를 곁들여 먹는 요리로, 가끔은 안초비를 곁들이기도 한다.

□ 고베 소고기에 대한 신화와 전설

맥주를 먹이고 사케로 마사지를 해 준다는 일본 소에 대해 들어 본 적이 있을 것이다. 일본 소는 세계에서 가장 비싼 소고기로, 사람들은 이 소고기 1파운드(약 454g)에 3백 달러 이상을 지불하기도 한다. 농담이 아니다. 믿기지 않을 정도의 신화를 가진 이 귀한 소에 대해 알아보자.

고베 소고기는 프랑스의 AOC 와인처럼 이름 사용이 보호되어 있어서 일본 효고(이전의 타지마) 현의 검은 와규 종에서 생산된 소고기만을 고베 소고기라고 칭할 수 있다. ('와'는 일본이라는 뜻이고 '규'는 소라는 뜻이다.) 들리는 소문에 의하면 일본은 땅이 좁고 비싼 소가 돌아다닐 공간이 별로 없기 때문에 가죽을 부드럽게 하고 근육의 긴장을 풀기 위해 사케로 마사지를 해 준다고 한다. 그렇게 하면 더욱 부드럽고 지방질이 많은 소고기가 된다고 한다. 또한 여름에는 소의 식욕을 자극하기 위해 맥주의 원료인 맥아를 먹인다고 한다. 기르는 소의 수가 많지 않은 옛날에는 소를 사랑하는 몇몇 목장주들이 소에 갖은 정성을 기울였을 수 있겠지만, 요즘의 상업적인 목장주가 1,200파운드(약 544kg)가 넘는 소 무리에 맥주를 베풀고 샤케 목욕을 시킨다는 것은 사실 잘 믿어지지는 않는다.

목장주의 사랑스런 관심이든 아니면 소의 타고난 유전 인자이든 간에 고베 소고기는 그 전설적인 부드러움과 고소한 버터 풍미로 인해 '소고기의 푸아그라'라는 별명도 얻었다. 입에서 살살 녹는 고베 소고기는 사실상 미농무부의 가장 높은 등급을 뛰어 넘는다. 실제로 고베 소고기의 지방 함량은 버터나 아이스크림과 맞먹기 때문에 보통 레어로 굽거나 날 것으로 제공된다. 너무 과도하게 조리하면 지방의 풍미가 다 빠져 나오므로 겉만 살짝 익히는 것이 좋다.

일본에서 와규 수출 제한을 일시적으로 풀었던 약 10년 전, 고베 소고기의 명성을 알고 있었던 몇몇 미국 목장주가 이 특급 소를 수입한 적이 있다. 요즘은 다시 수출을 제한하고 있지만 당시 수입했던 소가 여전히 미국에서 번성하고 있다. 와규를 기르는 목장주에 따르자면 일본과 미국 고베 소 사이에 한 가지 실질적인 차이를 든다면 바로 육종 방법이라고 한다. 와규 수소와 젖소를 교차 교배시키는 일본의 관습과는 달리 미국에서는 와규 수소와 앵거스 암소를 교배시킨다.

레스토랑 메뉴에는 고기가 일본 고베산인지 미국산인지 표기가 되어 있기도 하고, 그렇지 않기도 하다. 소매 판매점의 포장 라벨에는 미국 고베 소고기American Kobe beef라고 표기하도록 미농무부가 규정하고 있지만, 레스토랑에는 규정이 해당되지 않는다. 그러나 명망 높은 레스토랑이라면 미국 고베 소고기 또는 와규라고 정확히 지칭하고, 메뉴 설명에 '빅 바텀 밸리' 또는 '스네이크 리버 팜' 미국 고베 소고기라고 농장에 대한 설명까지 적어 놓을 것이다. '와규'라는 이름이 익숙하지 않은 사람들이 많기 때문에, 레스토랑에서는 '고베 소고기'라고 부르는 경우가 많다.

□ 오래 묵은 고기가 좋은 경우

'오래 묵은' 고기에 많은 돈을 지불하는 것이 어리석다는 인식은 잘못된 생각이다. 고기를 숙성하는 것은 시간과 비용이 많이 드는 작업임에도 몇몇 레스토랑은 숙성을 고집하기도 한다. 품질이 좋은 고기라도 (프라임과 초이스 등급 고기만이 숙성 가능하다.) 숙성을 거치면 더욱 환상적으로 바뀌기 때문이다.

드라이 에이징^{dry-aging} 포장하지 않은 소고기를 그대로 온도와 습도가 조절되는 방에 걸어 놓고 많게는 4주까지 숙성하는 방법이다. 드라이 에이징이 숙성의 꽃이라 불리는 이유는 다음 두 가지 때문이다. 첫째, 숙성 과정에서 나오는 효소가 근육층의 섬유질을 분해해서 고기를 한결 부드럽게 한다. 둘째, 숙성 과정에서 수분이 날아가고 부피가 줄어들면서 풍미가 농축되는 효과가 있다. 21일에서 28일간 드라이 에이징한 고기는 숙성 과정에서 무게의 30퍼센트까지 줄어들기도 한다.

웨트 에이징^{wet-aging} 같은 원리이지만 고기를 진공 비닐 포장 후 숙성하기 때문에 고기의 수축이 없다. 고기 중량에 손실이 없기 때문에 수익성은 좋지만, 드라이 에이징한 고기 특유의 농축된 풍미가 없다는 단점이 있다. 메뉴에 '숙성된^{aged}' 또는 '프라임 숙성된^{prime-aged}'이라고 쓰여 있다면 웨트 에이징일 확률이 크다.

'소고기'를 뜻하는 여섯 개국 언어

비프(beef) – 영어
뵈프(boeuf) – 프랑스어
만초(manzo) – 이탈리아어
카르네 데 레스 (carne de res) – 스페인어
린트플레이슈(rindfleisch) – 독일어
규니쿠(ぎゅにく) – 일본어

■ 돼지고기

메뉴에 돼지고기가 있다면 보통 찹의 형태인 경우가 많다. 돼지고기는 부위에 따라 다음과 같이 나뉘어진다.

로인loin과 **립 로인**rib loin 가장 부드럽고 지방 함량이 높은 부위로, 그릴링, 브로일링, 팬 프라잉 같은 건열 조리에 적합하다. (뼈가 포함되어 있기도 하고 그렇지 않기도 하다.)

버터플라이 찹butterflied chop 두꺼운 로인 부위를 한쪽 가장자리를 남겨둔 채로 가로로 반으로 자른 후 펼친 것을 뜻한다.

포크 로인pork loin과 **센터컷 로인**center cut loin 통째로 조리한 포크 로인 로스트에서 뼈 없는 부위를 1~2인치 두께로 썰은 것이다. (로스트는 지방이 적은 살코기 속 부분이 퍽퍽해지지 않도록 통째로 조리한다.) 로스트 슬라이스와 포크 텐더로인은 같은 것이 아니니 착각하지 말자.

포크 텐더로인pork tenderloin(돼지고기 안심) 소고기 텐더로인 같이 로인에 붙어 있는 지방질이 적은 작고 부드러운 고기 부위다. 지방이 적어 쉽게 퍽퍽해지기 때문에 높은 건열에서 빠르게 그릴하거나 로스팅하는 것이 가장 좋다. 레스토랑에서는 메달리온medallion이라고 불리는, 두꺼운 동전 모양 부위로 제공되기도 한다.

돼지고기 부위 정보

프라이멀 컷	메뉴
어깨살	보스톤 로스트, 정강이
로인(등심과 안심)	안심, 센터 컷 찹, 로인 찹 크라운 로스트, 립찹, 백립, 캐나디안 베이컨
햄	햄, 햄 스테이크, 정강이살, 프로슈토, 하몬
뱃살	스페어립, 세인트 루이스 립, 베이컨, 염장 돼지고기

□ 프로슈토에 대해

훈제 햄이나 염장 생햄은 원산지 국가에 따라 다양한 이름을 가지고 있다. 이탈리아의 프로슈토 디 파르마Prosciutto di Parma, 스페인의 하몬 세라노Jamón serrano, 프랑스의 바욘Bayonne, 독일의 블랙 포레스트 햄Black Forest ham은 모두 AOC 와인처럼 이름 사용을 제한하는 소금 절임 생햄 종류다. 이런 유명한 소금 절임 생햄은 종잇장처럼 얇게 썰어 그 자체만 치즈 보드 위에 올려서 나오기도 하고, 멜론에 말아서 나오거나 파스타에 넣기도 한다.

훈제 햄인 미국 버지니아의 스미스필드Smithfield, 독일의 베스트팔렌 햄Westfälischer Schinken, 오스트리아의 스펙Speck은 고급 레스토랑 메뉴에 자주 등장하지는 않지만, 유기농 건강 요리를 콘셉트로 하는 작은 부티크 레스토랑에서는 이런 햄을 사용하여 자연친화적인 이미지를 높이기도 한다.

판체타Pancetta는 이탈리아의 건조 베이컨으로, 작게 네모 썰기 하여 파스타, 샐러드, 리조토에 넣거나 얇게 썰어서 프로슈토처럼 낸다.

'돼지고기'를 뜻하는 여섯 개국 언어

포크(pork) – 영어
코송(cochon) – 프랑스어
마이알레(maiale) – 이탈리아어
카르네 드 푸에르코(carne de puerco) 또는 세르도(cerdo) – 스페인어
슈바이네플라이쉬(schweinefleisch) – 독일어
부타니쿠(ぶたにく) – 일본어

■ 양고기

양고기는 **로인 찹**loin chop과 **립 찹**rib chop 부위가 가장 부드럽고 지방 함량이 높다. (로인 찹이 비교적 지방이 적다.) 이 맛있는 부위에는 항상 뼈가 포함되어 있는데, **랙 오브 램** rack of lamb은 통 갈빗대가 아니라 통 갈빗대에서 서너 개의 갈빗대를 잘라낸 요리다. 램찹 부위와 갈빗대 모두 건열 조리가 적당한데, 램찹은 그릴링이 가장 좋고 갈빗대는 로스팅이 더 좋다. 너무 익히면 양고기 특유의 풍미가 사라지기 때문에 미디엄 레어에서 미디엄으로 익히는 것이 좋다. 붉은 기가 남아 있는 고기가 싫다면 차라리 다른 메뉴를 고려해 보자. **프렌칭**frenching은 뼈의 일부가 드러나도록 갈빗대에서 살을 떼어내는 고급 손질법이다. 랙 오브 램, 크라운 로스트 같은 부위는 프렌칭 방법으로 손질한 후 뼈 끝부분에 프릴 장식의 종이 모자를 씌워서 제공하기도 한다.
베이비 램baby lamb은 우유를 먹여서 기른 20주 이하, 20파운드(약 9kg) 이하의 양고기로, 밝은 크림 빛 분홍색을 띤다. 양에게 고형식을 먹이면 고기가 빨갛게 변하기 시작한다. **램**lamb은 보통 5개월에서 일 년 사이에 도축하는데, 두 살 이상 된 고기인 **머튼**mutton은 브레이징이나 스튜잉에 적합하다.

양고기 부위 정보

프라이멀 컷	메뉴
어깨살	블레이드 찹, 스튜, 케밥
립	랙 오브 램, 크라운 로스트, 립찹
로인	로인 로스트, 로인 찹, 메달리온, 텐더로인
다릿살	설로인 로스트, 양다리, 설로인찹, 양정강이, 케밥
가슴살	홀 브레스트, 포생크, 스페어립

```
┌─────────────────────────────────────────┐
│        '양고기'를 뜻하는 여섯 개국 언어         │
│                                         │
│            램(lamb) - 영어                │
│           아뇨(agneau) - 프랑스어           │
│          아넬로(agnello) - 이탈리아어        │
│      카르네 데 코르데로(carne de cordero) - 스페인어  │
│            람(lamm) - 독일어              │
│          코히쓰지(こひつじ) - 일본어          │
└─────────────────────────────────────────┘
```

■ 송아지 고기

송아지 고기로 만드는 전통적인 이탈리아 요리가 몇 가지 있다. 송아지 고기를 이용한 요리에는 다음과 같은 것들이 있다.

오소부코osso buco 브레이징한 송아지 정강이 요리로, 요리 장르와 관계 없이 많은 레스토랑에서 제공하고 있는 메뉴다. 오소부코의 가장 맛있는 부분은 진한 고기 맛이 나는 뼈 중앙의 골수 부분으로, 길쭉한 스푼을 이용하여 떠 먹는다. (양고기로 만든 오소부코인 경우 '램' 오소부코라고 표기하기도 한다.)

발도스타나valdostana 빵가루를 묻혀 튀긴 송아지 고기에 폰티나 치즈를 올린 요리다.

살팀보카saltimbocca 얇은 송아지 고기를 프로슈토와 세이지로 말아서 버터와 화이트 와인으로 소테한 요리다.

빌 스칼로피니veal scallopini 얇은 송아지 고기를 소테한 후 레몬 케이퍼 소스나 버섯 마살라 소스 같은 팬소스를 곁들인 요리다.

바이너 슈니첼weiner schnitzel 종잇장 같이 얇게 슬라이스한 고기에 튀김 옷을 입히고 튀긴 독일 요리로, 키저슈니첼Kiserschnitzel은 사워 크림(레몬) 케이퍼 소스를 곁들인 것이며 홀슈타이너슈니첼Holsteinerschnitzel은 계란 프라이와 안초비같은 고명을 곁들여 제공되는 것을 말한다.

송아지 고기 부위 정보

프라이멀 컷	메뉴
어깨살	브레이즈드 빌, 찹
립/랙	빌 호텔 랙, 찹
로인	텐더로인, 메달리온, 로인 찹
다리살	오소부코, 스칼로피니 슈니첼, 커틀렛
가슴살	오소부코, 빌 스튜

대부분의 송아지 고기는 살에 근육이 붙어 질겨지지 않도록 작은 우리에 가두고 우유나 분유를 먹여 키운다. 따라서 송아지 고기는 동물보호주의자는 물론 육식을 하는 모든 사람에게 딜레마를 불러 일으킨다. 송아지를 작은 칸막이에 가두는 것이 잔인하다고 생각할 수도 있다. 최상의 고기 한 점을 얻기 위해서라면 어쩔 수 없는 불운한 현실일까? 양심에 걸린다면 칸막이에 가두지 않고 풀을 먹이거나 방목해서 키운 송아지 고기를 제공하는 환경친화 레스토랑을 찾아보자.

> **기억하세요**
>
> 송아지 고기는 껍질을 제거한 뼈 없는 닭가슴살보다 지방 함량이 적어 닭가슴살보다 칼로리가 10퍼센트 낮다.

'송아지 고기'를 뜻하는 여섯 개국 언어

빌(veal) – 영어

보(veau) – 프랑스어

비텔로(vitello) – 이탈리아어

카르네 드 테르네라(carne de ternera) – 스페인어

칼브플라이슈(kalbfleisch) – 독일어

코시(こし) – 일본어

물론 고기 질의 차이는 크다. 우리에서 우유를 먹고 자란 송아지는 연분홍 빛을 띠며 부드럽고 연하지만 자유롭게 풀을 먹고 자란 송아지 고기는 일반 소고기처럼 붉은 빛을 띠고 덜 부드럽다. 메뉴에 송아지 종류가 특별히 명시되어 있지 않다면 전통적으로 우리 안에 가둔 채 우유를 먹인 종류일 가능성이 크다. 동물 대우에 민감하다면 주문하지 않는 편이 좋다.

■ 머리부터 꼬리까지 먹기

뇌, 혀, 발 등을 먹는 것은 단순히 "버리지 말고 알뜰하게 다 먹자."라는 개념이 아니다. 고급 레스토랑에서는 동물의 내장이나 머리, 꼬리, 발 부위도 갈거나 채우거나 소테하고 튀기는 과정을 통해 전통적인 프랑스 요리인 포토푀pot au feu(고기와 채소로 만든 진한 수프)나 소시지, 브레이즈드 옥스테일braised oxtail(소꼬리찜), 이탈리아의 부세카busecca(소의 내장이 들어간 채소 수프) 같은 진미로 변신한다. 레스토랑은 초보자가 소의 간이나 흉선 같은 색다른 부위를 맛볼 수 있는 좋은 장소다. 그런 특수 부위 재료들이 숙련된 셰프의 손에 의해 최고의 요리로 태어나기 때문이다. 셰프들은 감히 먹을 엄두가 나지 않는 괴짜 부위를 요리하는 것을 매우 즐긴다. 비위가 약하다면 그런 부위들이 어떤 다양한 방법으로 조리되는지, 메뉴 이름이 무엇인지 알아두는 것이 좋다. 그런 요리를 피하고 싶을 때 참고가 되기도 하므로 잘 살펴보자.

특수 부위 정보

부위 종류	메뉴	인기 조리법
간 liver	푸아(foie, 프랑스) 페가토(fegato, 이탈리아) 이가도(higado, 스페인)	통째로 굽거나 튀겨서 소스와 함께 제공된다. 가장 식감이 섬세한 소 간(푸아 드 보)이 제일 인기가 높다. 돼지, 거위, 오리 간은 파테나 테린, 소시지를 만드는 데 쓰인다.
뇌 brain	세르벨(cervelles, 프랑스) 체르벨로스(cervellos, 이탈리아), 세소스(cesos, 스페인)	가장 맛있다고 알려진 양의 뇌는 튀기거나 삶거나 소테해서 제공된다. 소 뇌는 갈아서 파이나 테린의 내용물로도 사용된다.

발 trotter	피에(pied, 프랑스) 피에디(piedi, 이탈리아) 피에(pie, 스페인)	트로터라고 불리는 족발은 삶거나 브레이징 하거나 그릴 하거나 튀긴다. 우족은 육수나 우족 젤리를 만드는 데 쓰인다.
볼 cheek	주(joue, 프랑스) 구안치아(guancia, 이탈리아) 메힐라 또는 카세테 (mejilla, cachete, 스페인)	소와 송아지 볼은 강한 소고기 풍미를 지닌 질긴 근육 부위로 스튜나 브레이징 하면 부드러워진다.
소꼬리 oxtail	쾨 드 뵈프 (queue de boeuf, 프랑스) 코다 디 부에 (coda di bue, 이탈리아) 라보 데 부에이 (rabo de buey, 스페인)	껍질을 벗긴 소꼬리인 옥스테일은 브레이징 하면 진한 소고기 풍미가 우러나와 소스나 수프를 만드는 데 쓰인다.
신장 kidney	로뇽(rongon, 프랑스) 로뇨니(rognoni, 이탈리아) 리뇽(riñon, 스페인)	송아지와 양의 어린 신장은 풍미가 연한 것이 특징이다. 쉽게 퍽퍽해지기 때문에 짧은 시간에 그릴하거나 튀기거나, 소테하거나, 브레이징 하는 것이 좋다.
심장 heart	쾨르(coeur, 프랑스) 쿠오레(cuore, 이탈리아) 코라손(corazón, 스페인)	소와 송아지, 양의 심장은 강한 향이 나고 쫄깃하며 질기다. 보통 그릴 조리한다.
위 tripe	그라 두블 또는 트리프 (gras-double, tripes, 프랑스) 트리파(trippa, 이탈리아) 파날, 판사, 카카리조 (panal, panza, cacariso, 스페인)	동물의 (보통 소) 위 안쪽은 부드럽고 크리미하며 약간 쫄깃하다. 스페인의 메뉴(menudo), 이탈리아의 부세카(busecca) 같은 수프 요리에 쓰이며 양념해서 튀기거나 굽기도 한다. 또는 프랑스 요리인 트리프 알 라 모드 드 켕(tripes á la mode de Caen)처럼 와인이나 육수, 사과술에 브레이징 하기도 한다.
장 intestine	앵테스탱(intestin, 프랑스) 인테스티네(intestine, 이탈리아) 인테즈티네(intestine, 스페인)	돼지 장은 소시지를 만드는 데 쓰인다. 소의 장은 블랙 푸딩, 또는 '부르댕 누아르(bourdin noir)'라고 하는 블러드 소시지(선지가 들어간 소시지)를 만드는 데에 쓰인다.

혀 tongue	랑그(langue, 프랑스) 린구아(lingua, 이탈리아) 렌구아(lengua, 스페인)	소, 양, 돼지 혀는 스튜 하거나, 끓이거나 튀기거나 피클하거나, 훈제한다. 유명한 프랑스 요리인 랑그 드 뵈프 알 라 부르주아즈(langue de boeuf á la bourgeoise)는 레드 와인 소스의 소 혀 요리이다.
흉선 sweet- breads	리(ris, 프랑스) 아니멜레(animelle, 이탈리아) 몰레하즈(mollejas, 스페인)	소, 양, 돼지의 흉선 부위로, 그라탱에 주로 쓰이며 주로 브레이징, 로스팅, 그릴링, 포칭 등의 조리 방법을 사용한다. 송아지 흉선을 이용한 인기 있는 프랑스 요리로는 리 드 보(ris de veau)와 양 흉선을 이용한 리 다뇨(ris d'agneau)가 있다.

■ 고기 굽기 정도

같은 미디엄 스테이크라도 당신과 셰프가 굽기 정도를 서로 다르게 생각할 수 있기 때문에 자신의 취향을 웨이터에게 정확하게 설명하는 것이 중요하다. 어느 정도 굽는 것이 가장 좋을지 잘 모르겠다면 그냥 주방에 맡겨 두자. 그릴 셰프는 같은 요리를 하루에도 수없이 많이 조리하기 때문에 어떤 굽기 정도가 가장 이상적인지 잘 알고 있다.

베리 레어^{very rare} 고기가 아주 축축하며 가운데가 핏빛 붉은 색이거나 보랏빛을 띤다. 이 굽기 정도로 주문할 수 있는 고기는 소고기와 양고기뿐이다. 프랑스어로는 블뢰^{bleu}라고 한다.

레어^{rare} 고기의 가운데가 축축하고 진한 분홍빛이며 뼈와 가까운 부분은 핏빛을 띠기도 한다.

미디엄 레어^{medium-rare} 스테이크나 양고기, 송아지 고기 찹을 주문할 때 흔히 요청하는 굽기 정도다. 고기가 약간 축축하며 가운데는 분홍빛을 띠고, 바깥으로 갈수록 갈색이며 핏빛을 띠는 곳은 없다.

미디엄^{medium} 단단하고 대부분 갈색이며 가운데만 약간 분홍색인 정도로, 두툼한 소고기, 양고기, 송아지 고기에 이상적인 굽기 정도다.

미디엄 웰medium-well 주로 송아지 고기나 돼지고기를 주문할 때 요청하는데, 매우 단단하고 여전히 분홍빛 육즙이 고기를 따라 조금 흐르기도 한다.

웰던well-done 셰프에게는 탄 것과 다름없다. 웰던으로 익히면 어떤 고기든 전체적으로 갈색을 띠면서 퍽퍽해지고 질겨진다.

> "주방 직원을 짜증나게 하는 두 가지가 있습니다. 웰던으로 주문하는 것과, 맛보기도 전에 소금이나 후추를 뿌리는 것입니다."
> – 릭 트라몬토, 셰프, 트루(TRU, Chicago)

2. 가금류에 대한 실전 정보
수탉과 뇌조와 타조까지

가금류는 자주 접할 수 있고 부위(가슴, 날개, 다리, 허벅다리)도 간단하기 때문에 메뉴를 볼 때 그나마 이해가 잘 되기도 한다. 로스트 치킨 반 마리 혹은 오리 가슴살 메뉴가 어떤 모습의 메뉴일지 예상이 되기 때문이다. 그러나 고급 레스토랑에서는 이미 익숙한 종류 이외에도 다양한 가금류 요리를 다루기도 한다. 여러 가지 날개 달린 음식을 모두 살펴 보도록 하자.

닭은 가금류 중 단연 제일의 인기를 자랑한다. 케이폰capon은 거세한 어린 닭으로, 지방질이 있는 부드러운 하얀 살이 특징이다. **푸생**poussin은 작고 어린 영계로, 지방질이 적고 부드러우며 육즙이 많다. 락 코니시 게임 헨Rock Cornish game hen은 알찬 미니어처 닭으로, 부드러운 풍미가 특징이다. 보통 한 마리를 통째로 조리해서 제공한다. 유명한 닭 요리로는 코코뱅이라고 하는, 버섯, 양파, 허브, 베이컨을 곁들여 레드 와인에 조

보너스 1+1

파스타와 치킨 요리는 다른 메뉴보다 언제나 저렴하지만, 절대 싸다고 할 수는 없다. 보통 비싼 재료보다 싼 재료에 더 큰 이윤을 붙이기 때문이다. 예를 들어 20달러짜리 파스타의 원가는 3달러밖에 들지 않지만, 50달러짜리 스테이크의 원가는 20달러에 이른다. 스테이크가 가격 대비 값어치가 더 높은 것이다.

린 프랑스 전통 수탉 요리가 있다.

오리는 기름기가 많고 색이 어두우며 사냥 조류 특유의 진한 풍미를 지닌 것이 특징이다. **물라르**moulard는 큰 가슴살을 가진 기름기가 많은 오리로, 간을 푸아그라나 파테로 쓰는 것으로 유명하다. 가슴살을 얇게 썰어 레어로 구운 부드러운 요리인 마그레 드 카나르magret de canard에도 쓰인다. **머스코비**Muscovy 오리는 기름기가 적고 향이 강하며, **페킹**Pekin(북경) 오리는 유명한 중국 요리인 북경오리의 주재료로, 색이 어둡고 진한 지방질의 살이 특징이다.

거위는 야생한 종류와 사육한 종류가 있는데, 다른 가금류처럼 살이 많지는 않지만 진하고 어두운 색의 살과 지방질의 껍질이 있어 로스팅에 딱 좋다. 최고의 푸아그라와 파테는 살찌운 거위의 간으로 만든다.

뇌조는 야생 조류로, 야생 허브와 지역 토착 식물을 먹고 자라 기름기가 없고 독특한 향이 있다. 여러 종 중에서 스코틀랜드의 붉은 뇌조가 가장 진귀하다.

기니헨guinea hen은 살 색이 밝고 기름기가 없다는 점은 닭과 비슷하지만 닭보다 작다. 살이 약간 붉고 특유의 향이 나는 점은 꿩과 닮았다.

타조, 에뮤, 아메리칸 타조는 날지 못하는 큰 새로, 소고기와 같이 진하고 붉은 색의 살이 특징이고 기름기가 없다. 가슴살은 없지만 안심, 다리 살, 허벅다리 살을 잘라서 스테이크나 메달리온, 로스트를 만든다.

'닭고기 맛이에요'를 뜻하는 여섯 개국 언어

테이스트 라이크 치킨(Taste like Chicken) – 영어
구트 상블라블 오 풀레(Goute semblable au poulet) – 프랑스
하 운 사포레 시밀레 말 폴로 (Ha un sapore simile al pollo) – 이탈리아
프루에바 시밀라르 알 폴로 (Prueba similar al pollo) – 스페인
슈메켄 아닐히 한첸 (Schmecken ahnlich Hahnchen) – 독일
아지 오나지 니와토리(あじおなじにわとり) – 일본

꿩은 닭과 친척인 야생 조류로, 사육한 가금류보다 가슴살이 크고 야생적인 풍미를 지니고 있다. **자고**는 꿩 종류로, 크기가 비교적 작고 기름기가 적어 사냥 고기의 풍미가 느껴진다. **칠면조**는 기름기가 매우 적은 것이 특징인 큰 새로, 야생종과 사육종이 있다. 풍미가 떨어지지만 저렴하고 생산이 쉬운 화이트 홀랜드 칠면조가 한때 미국 시장을 석권하면서 버번 레드나 내러갠싯 같은 오래된 미국 토착 칠면조가 시장에서 자취를 감추었다. 그렇지만 요즘에는 다시 시장 점유를 서서히 높여가고 있는 추세다.

3. 럭셔리 간
푸아그라 이야기

고급 레스토랑은 모든 사람들이 푸아그라를 잘 아는 것으로 간주한다. 그렇기 때문에 푸아그라를 한 번도 먹어본 적이 없는 사람이라면 푸아그라가 더욱 두렵게 느껴질 것이다. 안 그래도 비싸고 발음도 특이해서 긴장이 되는데 말이다. 푸아그라는 살찐 거위 간을 통째로 우유에 담갔다가 아르마냑이나 포트, 마데이라 등에 재운 후 구워내는 요리다. 매우 진한 풍미와 실크 같은 섬세한 촉감을 느낄 수 있으며, 결정적으로 값이 비싸다.

푸아그라를 보다 저렴하게 즐길 수 있는 방식도 있는데, 파테 드 푸아그라는 80퍼센트 정도의 거위 간에 돼지 간과 송로버섯, 계란을 더한 것이고, 거위 간이 55퍼센트 이상 함유된 푸아그라 퓌레나 무스도 있다. 푸아그라 드 카나르라고 하는 오리 간은 그렇게 비싸지는 않은데, 거위 간보다 세련된 맛이 적고 흙 내음이 난다. 전통적으로 푸아그라는 테린(돼지 지방을 바른 작은 그릇)에 조리되어 제공되는데, 버터 토스트 위에 푸아그라를 바르고 포트나 소테른을 곁들여서 먹는다. 또한 비프 웰링턴의 재료로도 쓰이는데, 비프 웰링턴은 얇은 쇠고기 위에 파테 드 푸아그라를 바르고 패스트리로 감싸서 구운 요리다.

■ 푸아그라 논쟁

아무리 미식 예찬론자라도 푸아그라에 대한 논쟁을 그냥 지나치기는 힘들다. 실제로 많은 사람들이 거위와 오리의 간을 살찌우기 위해 강제로 사료를 투입하는 것을 반대한다. 물론 다른 입장의 사람들도 있다. 그들은 동물을 살찌우는 것은 야생에서 하는 행동과 다를 바 없고, 다만 가두어 놓는다는 점만이 다를 뿐이라고 변론한다. 겨울이면 야생 새들이 추운 날씨를 견디기 위해 일부러 음식을 많이 먹고 살을 찌운다는 것이다. 그러나 미국 캘리포니아 주에서는 2004년에 푸아그라 생산을 금지하는 법안을 입법 예고하였고, 이 법안은 2012년에 발효되었다. 2012년 이전에 푸아그라 생산자가 오리와 거위를 살찌우는 대체 방안을 고안하기를 바라는 것이다. 뉴욕 주와 일리노이 주를 포함한 다른 몇몇 주에서도 비슷한 법안을 고려 중이고 샌프란시스코의 자르디니에르^{Jardinière} 같은 소수의 선도적인 레스토랑에서는 푸아그라 메뉴를 제공하지 않는다.

    (역주: 2012년부터 발효된 캘리포니아의 푸아그라 생산금지 법안은 이후 푸아그라 생산업자에 의해서 위헌 소송이 제기되었다. 2014년에는 미국 대법원에 의해 합헌으로 판결되었으나 2015년 최종적으로 미연방법원에 의해 위헌으로 판결됨에 따라 현재는 푸아그라 생산과 소비를 금지할 수 있는 법은 없다.)

4. 해산물 이야기

레스토랑 주방의 허술함과 불운한 스타 셰프의 삶에 대해 자세히 저술한 어떤 책(역주: 앤소니 보댕 셰프가 쓴 '키친 컨피덴셜'을 말함) 덕분에 이제 우리는 최고의 레스토랑에서조차 생선 요리를 주문하는 것이 위험할 수 있다는 것을 너무나 잘 알게 되었다. 연약한 생선살은 레스토랑에서 가장 쉽게 상하는 재료라는 사실은 제쳐 두고라도, 지난주에 쓰고 남은 생선이 월요일 저녁 스페셜 메뉴로 등장하고 홍합이 더러운 진창 속에 보관된다는 것을 알면 누구라도 레스토랑에서 생선과 해산물을 피하게 될 것이다. 그러나 생선과 해산물이 모두 위험한 것은 아니며, 대부분의 고급 레스토랑은 해산물을 극도로 세심하게 관리한다는 사실을 알아 두자. 레스토랑 직원과 친하지 않아서 어떤 해산물이 신선한지에 대한 내부 정보를 얻지 못한다면 생선과 해산물을 선택할 때 다음 방법을 써보자.

▫ 해산물 주문에 대한 팁
- 공손한 태도로 해산물이 얼마나 빠르게 교체되는지 탐색해 보자. "이 생선 신선한가요?"라는 직접적인 질문 대신 "이 넙치 어디에서 오나요?" 또는 "이 홍합 요리 사람들이 많이 주문하나요?" 또는 "이 연어 자연산입니까, 양식입니까?" 같은 질문을 하자. 눈치가 빠른 웨이터라면 신선한 해산물을 권해 줄 것이다.
- 레스토랑에 러 바$^{raw\ bar}$가 없다면 생 굴이나 생 조개를 주문하지 말라. 물론 신선할 수도 있지만, 회를 전문으로 하지 않는 레스토랑이라면 생 굴이나 생 조개는 대개 교체율이 낮다. 또한 직원이 신선한 것과 이상이 있는 것을 판단할 만한 경험이 부족할 수도 있다.

■ 어두육미

생선은 다음 네 가지 스타일로 제공된다. **필레**^{fillet}는 생선에서 **뼈**를 제거한 한쪽 살 부분으로 껍질은 그대로 두기도 하고 떼어내기도 한다. **스테이크**^{steak}는 통 생선을 수직으로 자른 것으로, 생선 등뼈가 포함되어 있기도 하다. **드레스드 피시**$^{dressed\ fish}$는 머리, 꼬리, 지느러미를 제거하고 내장은 남긴 채로 비늘을 제거한 것이다. **홀 피시**$^{whole\ fish}$는 머리, 꼬리, 지느러미, 내장을 모두 그대로 두고 비늘만 제거한 것이다. 메뉴에 '홀'이라고 되어 있다면, 웨이터에게 '드레스드'로 바꾸어 달라고 요청해 볼 수 있다.

■ 자연산 vs. 양식

생선 요리에는 또 다른 이슈가 있다. 자연산과 양식 중 과연 어떤 쪽이 좋을까 하는 것이다. 대부분의 해산물에 있어, 특히 연어의 경우는 양식보다는 자연산이 좋다는 쪽이 대세다. 연안 양식으로 인한 해수 오염 때문이다. 다만, 굴, 조개, 홍합 양식의 경우는 예외다. 이것들은 실제로 해수를 정화하는 역할을 한다. 가장 이상적인 방법은 먼바다에서 양식을 하는 것인데, 바다를 오염시키지도 않고 야생종에 영향을 끼치지도 않기 때문이다. 먼바다 양식을 하는 어종으로는 송어, 역돔, 메기가 있다. 한편, 새우를 내륙 민물 연못에서 기르는 방법을 개발하여 양식하는 회사들도 있다.

■ 캐비아 초보 강좌

입에서 부드럽게 톡 터지는 캐비아의 맛을 어떤 사람들은 천국과도 같다고 표현하겠지만, 모든 사람들이 그렇게 느끼는 것은 아니다. 고작 생선 알 두 스푼에 2백 달러나 내야 한다면 먹고 싶은 생각이 안 들 것이다. 캐비아를 한 번 주문해 보고 싶은데 어떻게 주문해야 할지, 무엇이 그리 대단한지 의문이 간다면 다음을 참고하자.

□ 캐비아가 비싼 이유

(1) 캐비아는 카스피 해와 흑해에 사는 철갑상어의 알인데, 철갑상어는 산업화와 불법 어획으로 인해 현재 멸종 위기에 있다. 공급은 적고 수요는 많다면 당연히 가격은 높게 형성된다. (2) 고품질의 캐비아를 만들기 위해서는 연약한 알이 터지지 않도록 조심스럽게 씻고 절이고 냉장 숙성하는 까다로운 과정을 거쳐야 한다. 워낙 섬세한 작업이기 때문에 대부분의 과정을 손으로 하게 된다. 이런 수제 작업을 거치는데 저렴할 리가 없다.

□ 캐비아의 종류

유럽에서는 카스피 해 산 철갑상어 알만을 캐비아라고 부르고 다른 생선의 알은 캐비아가 아닌 그냥 알이라고 칭한다. 한편, 철갑상어 종류에 따라 캐비아 앞에 철갑상어 이름을 붙인다. 가장 비싼 **벨루가**beluga 캐비아는 가장 큰 베리를 자랑한다. (캐비아에 대해 아는 척하려면 '알egg' 대신 '베리berry' 라는 말을 사용해야 한다.) 벨루가는 카스피해의 북쪽 차가운 바다에서 서식하는 철갑상어로, 혀에서 살살 녹는 회색이나 검회색 캐비아를 생산한다. 카스피 해 남쪽 지방에서 자라는 **오세트라**osetra 캐비아는 중간 크기에 황갈색을 띠며 실크 같은 촉감과 고소한 풍미가 특징이다. 비교적 저렴한 편인 **세브루가**sevruga 캐비아는 연회색을 띠며, 카스피 해 산 철갑상어 베리 중 가장 작지만 향이 가장 강하고 단단하다. **스텔렛**sterlet 캐비아는 작은 황금빛 캐비아인데, 멸종 위기에 처해 매우 드물다.

벨루가 캐비아는 크기와 색상에 따라 등급을 매긴다. '0' 이 가장 짙은 색의 베리고 '00' 은 중간 짙은 색, '000' 이 가장 밝다. 품질을 깐깐히 따지는 사람들은 '0' 이 가장 좋다고들 한다. 베리의 색상은 먹이나 수온 같은 환경적인 요인에 따라 달라진다. 캐비아 캔이나 메뉴에 'Malossol(말로솔)' (러시아어로 '소금 간을 살짝 한' 이라는 뜻)이라는 단어가

쓰여져 있는 것이 그 중 품질이 뛰어난 캐비아다. 모든 캐비아는 소금 간이 되어 있지만, 소금을 조금만 살짝 넣을수록 품질이 좋다.

□ 캐비아의 제철

뉴욕 시의 페트로시앙Pertossian과 캐비아 뤼스Caviar Russe, 라스베가스와 뉴욕 주에 있는 오레올Aureole 같이 캐비아를 전문으로 하는 레스토랑에서는 조심스럽게 포장하고 냉동한 캐비아를 연중 내내 제공한다. 그러나 캐비아에 돈을 투자할 최상의 시기는 철갑상어가 알을 낳는 계절인 봄과 가을이다.

□ 캐비아의 가격

미국 '캐비아'는 유럽산의 절반 값밖에 되지 않는다. 카스피 해 산 철갑상어가 멸종 위기에 처했기 때문에 보존 차원에서 미국에서는 벨루가와 오세트라 캐비아 수입을 주기적으로 금지하고 있다. 따라서 미국 제조사들은 카스피 해 산 캐비아의 공백을 메우기 위해 화이트철갑상어와 해클백철갑상어, 주격철갑상어, 보우핀(슈피크라고도 불린다), 연어, 화이트피시, 송어의 알을 공급하고 있다. 다만, 미국에서 '캐비아'의 정의는 유럽의 정의와는 다르다. 미국에서는 소금에 절여 숙성시킨 알이면 어떤 생선의 알이라도 캐비아라고 부를 수 있다. 그러나 진짜 철갑상어의 캐비아가 아니라면 메뉴에 '주격철갑상어 캐비아'처럼 어떤 생선의 알인지 보통 표기되어 있다.

□ 캐비아 먹는 법

이 연약한 알들은 금속에 닿으면 쇳내가 옮기 때문에 얼음 위에 유리 그릇이나 자개 그릇을 얹고 그 위에 캐비아를 담은 후 작은 스푼과 함께 낸다. 전통적으로 캐비아를 서빙 할 때에는 의례적으로 작은 메밀 팬케이크인 블리니와 버터 토스트 조각과 함께 크렘 프레슈, 레몬, 케이퍼, 삶은 계란, 양파를 곁들인다. 음료로는 아주 찬 러시안 보드카나 브뤼 샴페인이 잘 어울린다.

> "캐비아 감별사는 카스피 해 산 캐비아와 크기가 살짝 큰 미국 양식 철갑상어 알을 구별할 수 있을지 모르겠지만, 일반인들은 가격 이외의 차이는 못 느낍니다."
> —에버랄드 톰린슨, 캐비아 컨설턴트, 페트로시안(Petrossian, New York City)

☐ 미국산 알 종류

화이트철갑상어와 **해클백철갑상어**의 캐비아는 벨루가 같이 작고 부드럽지만, 달콤한 흙 내음과 고소함은 오세트라와 닮았다. **주걱철갑상어**의 알은 세브루가처럼 중간 크기이며 빛나는 회색을 띠고 짭짤한 바다 내음이 가득하다. **화이트피시**의 작은 황금빛 알로 만든 아메리칸 골든 캐비아는 아삭아삭한 식감이 특징이다. 연어의 통통한 주홍빛 알은 즙이 많고 짭짤하며 살짝 비린내가 난다. **슈피크**의 알은 검정색이라 철갑상어 알과 비슷해 보이는데, 고유의 톡 쏘는 맛을 가지고 있다. **송어** 알은 중간 크기로, 약간 끈끈하고 투명하다.

■ 굴 : 바다의 시인

생굴은 사람에 따라 호불호가 갈리는 음식이다. 굴을 좋아하는 사람이라면 잘 손질된 굴 한 접시에 마티니 한 잔 또는 샴페인이나 상세르를 한 잔 곁들이는 것만큼 호화로운 애피타이저가 없을 것이다. 그런 애피타이저를 즐긴다면 웨이터도 단번에 당신을 진정한 미식가로 인정할 것이다. 그동안 당신이 굴을 꺼려 왔다 해도 이제는 한번 시도해 보는 것이 어떨까? 용기를 가지고 우선 구마모토 굴 같이 작고 크리미하며 향이 부드러운 굴부터 시도해 보자.

굴은 원산지가 가장 중요하다. 파도가 심한 바다에서 자란 미국 동부 대서양 연안의 굴은 기름지지는 않지만 바닷물 같이 짭짤하고 강렬한 풍미를 가지고 있다. 반면, 미국 서부 태평양 연안의 굴은 차갑고 잔잔한 바다에서 자라 크리미하고 통통하며, 특유의 짠 바다 내음이 적다. 남쪽의 멕시코만 연안의 굴은 따뜻한 물에서 자라 풍미가 덜하지만 씹는 맛이 있어 조리 시 사용하기에 적당하다.

레스토랑에서는 생굴을 연중 내내 먹을 수 있는데, 여름에는 일년 내내 바닷물이 시원하게 유지되는 캐나다, 미 북동부, 미 태평양 북서부에서 자란 굴을 사용한다. 대서양 중부 연안과 멕시코만 연안산 굴은 끝이 r로 끝나는 달인 9월에서 12월에만(September, October, November, December) 먹는 것이 좋다.

☐ 굴 요리

오이스터 온 더 하프 셸oysters on the half shell은 특수 칼로 껍데기를 벌리고 굴을 떼어낸 다음, 한쪽 껍데기 위에 굴을 올려서 준비한다. 보통 얼음을 간 접시 위에 올리고, 작은 칵테일 포크와 함께 낸다. 레스토랑의 굴 전문가는 굴 손질 시 껍데기 안의 즙이 빠지지 않도록 최대한 주의해서 바다의 맛을 그대로 느낄 수 있도록 한다. 보통 레몬 조각, 칵테일 소스 또는 다진 샬롯, 식초, 후추를 혼합한 프렌치 미뇨네트 소스를 곁들여 낸다.
오이스터 락커펠러 Oysters Rockefeller는 굴 위에 시금치와 베이컨 섞은 것을 올려 굽는 전통적인 애피타이저다.

☐ 굴을 먹는 방법

레스토랑에서 굴 껍데기를 손으로 잡고 직접 입에 후루룩 털어 넣는 모습을 심심찮게 볼 수 있다. 단정하고 고상하게 보이려면 굴에 레몬즙을 뿌리거나 레몬을 묻힌 후 칵테일 포크로 먹는 것이 좋다. 왼손으로 껍데기를 고정시키고 오른손으로 포크를 쥔 후 굴을 껍데기에서 들어 올려 한입에 먹는다.

> "대부분의 사람들은 굴 즙을 남김 없이 먹기 위해 굴을 직접 입에 털어 넣습니다. 저도 그렇게 먹습니다. 레몬은 뿌리지 않아요. 그저 약간의 신선한 후추만 뿌립니다. 프랑스인들이 먹는 것처럼 말이죠."
> – 잭 램, 오너, 잭스 럭셔리 오이스터 바(Jack's Luxury Oyster Bar, New York)

☐ 굴 마니아를 위한 용어

굴 마니아들은 와인 마니아처럼 특별한 용어를 사용하고는 한다. 다음 용어들을 기억해 두면 메뉴를 볼 때 혹은 웨이터의 설명을 들을 때 도움이 된다.

브라이니briny는 바닷물 맛이 난다는 뜻으로, 짭짤함과 기분 좋은 비릿함을 느낄 수 있다.

크리미creamy한 굴은 부드럽고 진한 식감으로 인해 잔향과 촉감이 오래도록 지속된다.

크리스프crisp 또는 **클린**clean하다고 표현하는 경우, 식감이 산뜻하고 깔끔하다는 것을 의미한다. 크리미한 굴처럼 잔향이 길지는 않다.

오이 향이 난다는 표현은 미묘하고 풍부한 향을 가진 굴에 사용된다.

멜론 향이 난다고 하는 경우, 굴이 살짝 단 과일 향을 지녔다는 것을 의미한다.

메탈릭metallic이나 **플린티**flinty 향은 입에 침을 고이게 하는 굴 특유의 강렬한 향을 의미한다.

솔티salty는 브라이니 같이 짭짤하지만 바다 내음은 없는 것을 의미한다.

스위트sweet한 굴이라고 해서 달다는 뜻은 아니다. 짜지 않거나 바다 내음이 적을 때 스위트하다고 표현한다.

계절 메뉴

메뉴는 세계적으로, 식재료는 지역적으로

SEASON'S EATING

보통 일반 레스토랑에서는 메인 요리에 곁들여 나오는 채소가 구색 맞추기인 경우가 많다. 매번 똑같은, 축 처진 데친 채소는 메인 요리에 가려져 대접을 못 받기 일쑤다. 그러나 파인 다이닝 레스토랑이라면 이야기가 달라진다. 누벨 퀴진, 셰 파니스Chez Panisse의 셰프 앨리스 워터스Alice Waters, 근교 농장의 농부들과 파머스 마켓, 슬로 푸드 같은 기관 덕분에 이제 파인 다이닝 레스토랑은 근교에서 자란 전통적인 품종의 제철 농수산물에 큰 관심을 보이고 있다. 셰프들이 파머스 마켓의 재료를 주인공으로 한 계절 메뉴를 선보이고, 웨이터들이 화이트 아스파라거스와 전통 콩 품종을 공급 받는 유기농 농장에 대해 입에 침이 마르도록 자랑하는 것도 이제 흔한 일이다.

요즘은 사과에서 주키니(호박)에 이르기까지 대부분의 청과를 일년 내내 살 수 있기 때문에 사실 채소와 과일이 어디에서 어떻게 자라는지, 제철이 언제인지 별로 신경을 쓰지 않는 사람이 많다. 그래서 사실 이렇게 말하면 메뉴 고르기가 더욱 두려워질지도 모르지만, 오늘의 특선 메뉴를 보면서 콜라비가 대체 무엇인지, 스파게티 스쿼시가 이상한 맛이 아닐지 고민스럽다면 하필 왜 이런 특이한 채소들이 메뉴에 오르게 되었을지에 대해 생각해 보아야 한다.

파인 다이닝 레스토랑 셰프들은 채소가 제철인지, 신선한지, 제대로 잘 길러졌는지 여부를 바탕으로 손님에게 제공할 채소를 결정한다. 메인 요리에 으깬 감자와 시금치가 더 잘 어울릴 것 같다고 생각하더라도 그냥 셰프를 믿는 것이 좋다. 셰프는 채소와 과일을 기르는 농부들과 서로 잘 알고 있기 때문에 흔치 않은 특별 한정품을 가장 먼저 공급 받으며, 채소와 과일을 모두 맛본 후 수준에 미치지 않는 것은 반품하기 때문에 그 누구보다 재료에 대해 잘 알고 있다.

고사리 순이나 야생 파가 메뉴에 있다면, 그것은 레스토랑이 2~3주라는 짧은 기간이나마 그런 특수 채소를 입수하는 데 성공했기 때문이다. 반면 일년 내내 슈퍼에서 당근, 토마토, 아스파라거스를 살 수 있지만, 레스토랑 메뉴에는 그런 채소들이 등장하지 않을 수도 있다. 셰프는 아무리 익숙한 채소라고 해도 제철이 아니어서 맛이 없다면 제공하지 않는다. 익숙하다고 해서 품질과 맛을 저버리는 일은 하지 않는 것이다. 약간의 믿음을 가지고 위험을 기꺼이 감수하고자 한다면 근교에서 자란 독특한 제철 채소를 주문해 보자. 실망하지 않을 것이다.

근교 제철 농수산물은 뛰어난 맛을 자랑한다. 주와 주, 대륙과 대륙을 횡단하는 동안 더위나 추위, 벌레의 공격에도 잘 견디고 비정상적으로 오랫동안 슈퍼 진열대에서 버틸 수 있도록 유전자를 변형한 대량 생산 농수산물과는 달리, 근교의 제철 농수산물은 잘 찌그러지고 멍도 잘 들며 금방 상한다. 그러나 풍미와 식감만은 비교도 할 수 없이 훌륭하다. 12월의 푸석푸석한 토마토나, 10월의 밍밍한 딸기를 먹어 보면 제철 농산물과의 차이를 느낄 수 있을 것이다.

파인 다이닝 레스토랑에서는 셰프가 제철 채소와 과일만을 가지고 메뉴를 구성하기 때문에 재료가 한정되기는 하지만, 가장 완벽한 최상의 제철 수확물을 만날 수 있다는 장점이 있다. 6월에는 배를, 1월에는 스위트 콘을 먹지 못하겠지만, 그것은 조물주의 섭리라고 생각하라. 레스토랑에 따라서는 미국에서는 제철이 아닌 피망을 멕시코에서, 키우는 뉴질랜드에서 사 오기도 하지만, 근교 농장에서 바로 수확한 퀸 앤 체리나 패티팬 스쿼시만큼의 매력과 풍미는 없을 것이다.

1. 제철 메뉴 고르는 법

제철 새순인지, 온실 새싹인지, 또는 산업형 토마토인지 어떻게 알 수 있을까? 레스토랑이 자신들이 사용하고 있는 품질 좋은 농산물을 홍보하지 않고 그냥 지나칠 리가 없다. 특히 뛰어난 제철 농산물이라면 더욱 그렇다. 레스토랑이 근교 농장의 제철 농산물이나 파머스 마켓 농산물을 제공하는지 여부는 다음을 보면 알 수 있다.

메뉴가 정기적으로 바뀐다

재료나 특선 메뉴가 매주 조금씩 교체된다든지, 메뉴가 두세 달에 한 번씩 완전히 바뀌는 등 메뉴가 철에 따라 바뀐다면, 셰프가 가장 신선한 제철 농산물을 제공하기 위해 항상 노력하고 있다는 의미다. 잘 모르겠다면 웨이터에게 메뉴가 얼마나 자주 바뀌는지 물어 보거나 메뉴에서 제철 재료가 강조된 부분을 찾아 보자.

재료를 어디서 사는지 자랑한다

"셰프가 파머스 마켓에서 재료를 사나요?" "이 버섯 근교에서 자라는 것인가요?" 혹은 "이 맛있는 아티초크는 어디에서 재배된 것인가요?"라고 묻는 것은 결코 결례가 아니다. 웨이터가 주방에 자세한 정보를 물어 보아야 할지도 모르지만, 재료에 신경을 쓰는 레스토랑이라면 이러한 질문에 거리낌 없이 대답해 줄 것이다.

> "재료를 어디에서 구입하는지 당당히 밝힐 수 있는 레스토랑에 높은 점수를 주세요. 돈을 지불하고 식사를 하는 만큼, 당신에게는 알 권리가 있습니다. 재료가 유기농인지, 근교 농장에서 수확되었는지, 지금이 제철인지에 대해 물어 보세요. 셰프는 이렇게 재료에 관심을 기울이는 손님을 오히려 반깁니다. 파인 다이닝 레스토랑의 셰프라면 재료에 많은 신경을 쓰기 때문이지요."
> – 패트릭 마틴스, *Heritage Foods USA* 공동설립자

메뉴가 꼭 파머스 마켓 투어 가이드 같다

메뉴에 '하모니 밸리 농장에서 재배한 베이비 캐럿' 같이 농장 이름이 쓰여져 있다거나,

'실버 퀸 화이트 콘', '에메랄드 보 플럼' 같이 정확한 품종명이 적혀 있다면, 레스토랑이 근교 농장의 제철 농산물을 제공하고자 노력하고 있는 것이 확실하다.

■ 농장에서 메뉴까지

재료를 중시하는 레스토랑이라면, 메뉴에 다음과 같은 용어가 사용되기도 한다.

에어룸heirloom 채소나, 과일, 콩이 자연 수분(종자를 남겨두었다가 다시 심는다는 의미)을 통해 재배되는 오래된 순종, 토착 품종을 의미한다. 해를 거듭하고 수확을 거듭해도 풍미나, 색상, 크기에 변함이 없지만, 해충이나 돌연변이에 약하기 때문에 모양이 이상하거나 보관 기간도 짧다. 하지만 특유의 진한 풍미만큼은 모든 단점을 덮고도 남는다.

유기농organic 농산물은 미농무부가 인증하는 농장에서 재배된다. 1990년 연방유기농식품보호법에 따라 화학 비료, 살충제를 뿌리지 않으며, 첨가물을 넣거나 인공적인 맛과 향을 내지 않는다.

로컬local은 식품이 소비 근접지에서 자라거나 재배되었다는 의미로, 법적으로 규제를 하는 용어는 아니다. 정의가 분명하지 않기 때문에, 음식이 셰프가 직접 재배하는 텃밭에서 재배된 것일 수도, 300마일 이상 떨어진 농장에서 재배된 것일 수도 있다.

환경친화적sustainable은 메뉴에 자주 등장하는 용어는 아니고 법적 정의도 없다. 식품의 생산과 관련한 용어로서, 환경 오염, 파괴, 열악한 작업 환경과 같은 부작용 없이 환경에 부담이 없고 재생이 가능한 고품질 식품 생산을 장려한다는 의미로 쓰인다.

보너스 1+1

과도하게 꾸민 말투는 주의하자. 환경 친화 식품에 대한 높아지는 관심으로 인해 말을 앞 세우기에 급급한 레스토랑도 있다. 그런 레스토랑은 손으로 직접 포를 뜬 생선이라고 자랑하거나(손 말고 무엇으로 포를 뜨겠는가), 메뉴에 유기농이나 에어룸 같은 단어를 잔뜩 써 놓고 가격을 올리지만 정작 해야 할 일은 하지 않는다. 과장된 메뉴 설명에 주의하고, 잘 알아 보아서 거짓 정보를 피하도록 하자.

보너스 1+1

아티초크에 함유된 사이나린이라는 성분은 음식이나 와인의 맛을 달게 하는 효과가 있다. 반면 아스파라거스에 들어 있는 사이나린 성분은 와인의 쓴 맛과 금속 냄새를 돋운다. 1백 달러짜리 카베르네 쇼비뇽을 주문하고자 한다면, 식사에 이 두 가지 채소가 포함되어 있는지 확인해 보자.

메뉴에 브랜드 명이 쓰여 있는 것은 좋은 일이다. 레스토랑은 재료의 혈통을 자랑하기 위해 '블루 밸리 농장 버섯'이나 '스네이크 리버 농장 고베 소고기' 같은 농장이나 목장의 이름을, '블랙 미션 무화과', '택시 토마토' 같은 과일과 채소의 품종명을 메뉴에 적어 놓는다.

2. 제철 채소

셰프의 채소 조리법은 무한대이기 때문에 채소 요리를 하나하나 기억할 수는 없다. 그저 당신이 좋아하는 채소가 언제가 제철인지, 어떤 재료와 궁합이 좋은지 정도를 기억해 두자.

지역마다 재배되는 채소의 종류와 시기가 다르다. 캘리포니아 주 북부에서는 4월에 아스파라거스가 재배되고, 텍사스에서는 10월에 고구마가 생산된다. 다음은 지역과 상관없이 각 채소의 제철을 나타낸 표다.

채소의 제철 및 어울리는 재료

채소	제철	어울리는 재료
가지(eggplant)	여름, 가을	토마토, 머튼(양고기), 백색 고기류
감자(potatoe)	연중	버터, 올리브 오일, 비네그레트, 양파, 돼지고기, 닭고기
고구마 (sweet potatoe)	가을, 겨울, 봄	버터, 흑설탕, 꿀, 생강, 피칸, 럼, 버번
그린빈 (green bean)	여름	버터, 올리브오일, 딜, 레몬, 마조람, 아몬드
그린스(비트잎, 콜라드, 민들레잎, 겨자잎) (green, beet, collard dandelion, mustard)	연중	숙성된 딱딱한 치즈, 식초, 레몬, 양파, 베이컨

근대(chard)	여름, 가을	올리브 오일, 레몬, 마늘, 식초, 올리브, 숙성햄
당근(carrot)	가을, 겨울, 봄	셀러리, 대부분의 허브, 샬롯, 시나몬, 닭고기, 쇠고기
루바브(rhubarb)	봄, 여름	흑설탕, 생강, 딸기류, 오리고기, 기름기많은 생선
루타바가(rutabaga)	가을, 겨울, 봄	크림, 레몬, 마조람, 양파, 타임, 오리고기, 돼지고기, 양고기
배추(bok choy)	여름, 가을, 겨울	표고버섯, 간장, 해산물, 쇠고기
버섯(mushroom)	연중	크림, 양파, 파스타, 생선, 닭고기, 쇠고기
브로콜리(broccoli)	가을, 겨울, 봄	버터, 레몬, 발사믹 비네거, 닭고기
브뤼셀 스프라우트(brussel sprout)	가을, 겨울, 봄	버터, 샬롯, 베이컨
비트(beet)	여름, 가을	염소 치즈, 감자, 쇠고기
샐러드 그린(salad green)	연중	비네그레트, 레몬, 오이, 토마토, 안초비
셀러리(celery)	여름, 가을, 겨울	블루치즈, 그뤼에르 치즈, 스프, 생선
소렐(sorrel)	봄	샐러드, 생선, 송아지 고기
시금치(spinach)	연중	숙성된 치즈, 사워크림, 넛멕, 마늘, 양파, 버섯
스노콩, 스냅콩(snow, snap pea)	봄, 여름	아티초크, 차이브, 민트, 타라곤, 소렐, 해산물
아루굴라(arugula) (로케트 rocket라고도 함)	연중, 온실재배	비네그레트, 비트, 염소 치즈, 모차렐라, 견과류, 올리브
아보카도(avocado)	겨울, 봄	고수, 게, 자몽, 라임, 새우, 토마토
아스파라거스	봄	버터, 파르메산 치즈, 벨루테 소스, 오랑데즈 소스, 비네그레트
아티초크(Artichoke)	봄, 여름, 가을	버터, 올리브 오일, 비네그레트, 오랑데즈 소스

양배추(cabbage)	연중	버터, 양파, 감자, 소시지, 야생조류
엔다이브(endive)	여름, 가을	비네그레트, 절인 블랙 올리브, 베이컨
오이(cucumber)	봄, 여름, 가을	버터밀크, 요거트, 처빌(chervil), 차이브, 민트, 쪽파, 연어
오크라(okra)	봄, 여름, 가을	식초, 레몬, 토마토, 양파, 쌀, 옥수수
옥수수(corn)	봄, 가을	버터, 붉은 양파, 바질, 타라곤, 새우/조개류
완두콩(pea)	봄, 여름, 가을	아티초크, 차이브, 민트, 연어, 가리비, 새우
잠두콩(fava beans)	봄, 여름	고추, 고수, 마늘, 양파, 오레가노, 생선, 닭고기
컬리플라워(cauliflower)	가을, 겨울	버터, 크림, 마늘, 레몬, 타임
케일(kale)	겨울, 봄	베이컨 기름, 레몬, 양파, 훈제 햄, 소시지
토마토(tomatoe)	여름	페타, 모차렐라, 오이, 샐러드 그린, 민트, 오레가노, 파스타, 새우/조개류, 송아지 고기
파스닙(parsnip)	가을, 겨울	크림, 사과, 흑설탕, 뿌리 채소류, 스프, 스튜, 라구
펜넬(fennel)	여름, 가을	올리브오일, 레몬/오렌지 등, 닭고기, 새우/조개류
피망 (bell pepper)	여름, 가을	마늘, 고추, 양파, 돼지고기, 소시지, 닭고기, 쇠고기
호박(squash; zucchini,pattypan, yellow)	여름	올리브 오일, 염소 치즈, 페타 치즈, 마늘, 마조람, 민트, 양파, 오레가노, 파스타
호박꽃 (squash blossom)	여름, 가을	올리브 오일, 염소 치즈, 토마토
겨울 호박 (winter squash, buttercup, Cuban, acorn, spaghetti, pumpkin)	여름, 가을, 겨울	버터, 올리브 오일, 꿀, 마늘, 양파, 로즈마리, 세이지, 파스타, 양고기

3. 레스토랑이 사랑하는 특수 채소들

채소는 다양한 풍미와 식감을 시도할 수 있는 재료이기 때문에 파인 다이닝 레스토랑에서는 한 번도 먹어 보거나 들어 본 적이 없는 특이한 채소를 접할 가능성이 크다. 특이한 음식을 피하는 사람도 있고, 그렇게 한다고 해서 뭐라고 할 사람도 없지만, 사실 파인 다이닝 레스토랑이야말로 항상 먹던 것에서 벗어나 새로운 음식을 시도해 볼 수 있는 좋은 기회다. 드물고 색다른 채소들이 셰프의 손에서 맛있는 요리로 재탄생하기 때문이다. 그러나 먼저 주문하는 특수 채소가 어떤 것인지를 알고 있다면 도움이 될 것이다.

노팔 선인장nopales 가시가 없는 선인장 잎으로, 그릴하거나 브로일, 양념하거나 소테하여 먹는다. 쫄깃한 식감과 살짝 짜릿한 녹색 채소 맛이 특징이다.

램프ramp 작고 향이 강한 야생 파 종류로, 보통 소테하거나 튀겨서 먹지만 차이브처럼 생으로 먹기도 한다. 야생에서 자라고 드물기 때문에 3월에서 7월 사이에만 잠깐씩 파머스 마켓에서 구할 수 있다.

브로코플라워broccoflower 브로컬리와 컬리플라워의 교배종이다. 컬리플라워처럼 생긴 밑둥에 빽빽한 연두색 꽃봉오리가 있다.

브로콜리 라베broccoli rabe 길고 가는 줄기의 꽃봉오리가 별로 없는 이탈리아 브로콜리다. 라피니rapini라고도 불린다.

브로콜리니broccolini 브로콜리와 아스퍼레이션asparation이라고 불리는 중국 케일 종류의 교배종이다. 길고 가는 줄기와 작은 꽃봉오리가 붙어 있다.

셀러리악celeriac 혹이 많고 울퉁불퉁한 셀러리 뿌리다. 셀러리 향이 가볍게 풍겨 샐러드에 생으로 넣어도 좋고, 삶은 후 으깨서 매시트 포테이토에 넣어도 좋다.

아리코 베르aricot vert '그린빈'을 세련되게 부르는 이름으로, 보통 프랑스의 더 가느다란 종류를 일컫는다.

연근lotus root 수련의 뿌리로, 녹말질의 아삭아삭한 질감을 가지고 있다. 뿌리에 씨앗 구멍이 여러 개 있어서 자르면 단면이 예쁜 것이 특징이다. 튀기거나 생으로 샐러드에 넣거나 볶음 요리나 수프에 사용한다.

우엉salsify 짙은 색 껍질을 지닌 흰 뿌리 채소로, 다른 뿌리 채소처럼 로스트하거나 구워서 먹는다.

챠오테chayote 또는 **미를리통**mirliton 사과와 오이 중간의 풍미를 지닌 연두색 채소다. 생으로 샐러드에 넣거나, 굽거나 쪄서 스터핑stuffing(가금류 요리 속에 넣는 소)으로 만들거나, 또는 썰어서 구워도 좋다.

카르둔cardoon 아티초크의 친척으로, 느슨한 셀러리 다발과 비슷하게 생겼다. 튀기거나 그라탱으로 만들어 먹는다.

콜라비kohlrabi 양배추 터닙cabbage turnip이라고도 불리는 다용도 채소다. 잎은 비트 잎이나 터닙 잎과 비슷하며 뿌리는 단단하고 아삭하면서 달콤하면서 매운 무 맛이 난다.

피들헤드fiddlehead는 어린 고사리의 초록색 고불고불한 줄기로, 아스파라거스와 아티초크 중간 정도의 풍미를 가지고 있다. 4월에서 7월에 다양한 지역에서 자라는데, 줄기가 펴지고 써지기 전 가장 맛있는 철은 2주 가량으로 매우 짧다.

히카마jicama 아삭한 하얀색 채소로, 조리하면 감자와 같은 질감이 난다. 수프, 스튜, 소테 재료로 쓴다. 날 것일 때에는 셀러리처럼 아삭해서 샐러드에 쓴다.

■ 푸른 채소

샐러드라고는 양상추나 잘해야 로메인 정도만 먹어 왔다면, 파인 다이닝 레스토랑의 샐러드에 흩날리듯 들어 있는 다양한 향취의 채소 맛을 인식하기 어려울 것이다. 맛있고 아삭한 푸른 채소들은 모양과 크기가 다양한데, 온실에서 일년 내내 재배되기 때문에 메뉴에 많이 등장한다.

어떤 것들은 살짝 쌉쌀하고 (치커리, 컬리 엔다이브, 라디치오, 단델리온), 후추 맛이 나기도 하고 (아루굴라, 워터크레송, 무순), 시큼하기도 하며 (퍼슬린, 소렐), 부드럽고 달기도 하다(램스 텅, 오크잎, 베이비 시금치, 에스카롤) 메스클룬은 전통적인 모듬 채소로, 보통 치커리, 엔다이브, 단델리온, 아루굴라, 램스 레터스, 오크잎 등처럼 여러 가지 색과 질감을 가진 어린 푸른 채소들과 새싹을 혼합하여 만든다.

> **기억하세요**
>
> 아보카도는 '고환'이라는 뜻인 아즈텍 언어, '아후아카티(ahua-cati)'에서 유래되었다. 과일의 모양과 과일이 나무에 쌍으로 매달려 있는 모습을 보면 어렵지 않게 그 이유를 알 수 있다.

4. 제철 과일

달콤한 과일의 용도는 디저트에 한정되지 않는다. 물론 과일은 식후에 먹는 파이, 크리스프, 소르베 같은 디저트류에 주로 쓰이기는 하지만, 셰프들은 과일을 생으로 또는 졸여서 과일 콩포트나 퓌레, 소스로 만들어 앙트레에 곁들이기도 한다. 짭짤한 메인 요리에 새콤달콤한 풍미를 더하기 위해서다. 채소와 마찬가지로 지역에 따라 과일의 종류와 자라는 시기는 많이 다른데, 각 과일의 제철을 다음 도표에 표시하였다. 대체로 딸기, 체리, 복숭아 같이 얇은 껍질을 가진 연약한 과일은 봄, 여름에 좋고, 사과, 오렌지, 배, 감, 자몽 같이 단단하고 껍질이 두꺼운 과일은 가을과 겨울에 좋다고 기억하면 쉽다.

> **보너스 1+1**
>
> 주기적으로 또는 과식 후에 소화불량 증세로 고생한다면 파파야나 파파야 알약을 (약국에서 판매한다.) 먹어보자. 과일 효소인 파파인 성분이 소화를 돕는다. 고기를 부드럽게 하는 데에도 잘 쓰인다.

과일의 제철

과일	제철	과일	제철
감(persimmon)	가을, 겨울	바나나(banana)	연중
구아바(guava)	봄, 여름	배(pear)	가을, 겨울, 봄
넥타린(nectarine)	봄, 여름	복숭아(peach)	봄, 여름
딸기(strawberry)	봄, 여름	블랙베리(blackberry)	여름
라임(lime)	봄, 여름	블루베리(blueberry)	봄, 여름
라즈베리(raspberry)	여름	사과(apple)	가을, 겨울
레몬(lemon)	봄, 여름	석류(pomegranate)	가을
리치(lychee)	여름	수박(watermelon)	여름
망고(mango)	봄, 여름	아보카도(avocado)	겨울, 봄
멜론(melon)	여름, 가을	오렌지(orange)	가을, 겨울, 봄
모과(quince)	가을, 겨울	자두(plum)	봄, 여름
무화과(fig)	여름, 가을	자몽(grapefruit)	연중

체리(cherry)	여름	패션푸르트(passionfruit)	여름, 가을
크렌베리(cranberry)	가을, 겨울, 봄	파인애플(pineapple)	여름, 가을
키위(kiwi)	가을	포도(grape)	연중
탠저린(tangerine)	겨울, 초 봄	포멜로(pomelo)	겨울
파파야(papaya)	봄, 여름		

5. 허브와 아로마

짧게 이야기하자면, 허브는 특정 식물의 생 또는 말린 잎과 줄기이고, 스파이스는 생 또는 말린 꽃이나 과일, 씨앗, 나무 껍질, 뿌리다. 레스토랑에서 쓰이는 강렬한 향을 가진 허브와 스파이스는 집 찬장에 있는 다 부스러진 먼지 내 나는 허브, 스파이스와 비교가 불가능하다. 농산물과 마찬가지로, 셰프는 자금이 허용하는 한 가장 향이 좋은 최상급의 상품을 입수해서 과감하게 사용한다. 그리고 허브나 스파이스가 중요한 역할을 하는 요리라면 보통 메뉴 설명에 쓰여져 있다. 프랑스 요리든 동남아 요리든, 익숙한 향이든 이국적인 향이든, 특이한 향신료가 많이 들어갔다고 해서 무조건 피하지는 말자. 그런 향신료가 파인 다이닝 레스토랑에서 많은 돈을 내고 먹는 이유다. 향신료는 요리에 깊이와 풍미를 더해서 집에서는 흉내내지 못할 맛을 낸다. 또한 파인 다이닝 레스토랑에서는 메뉴에 화려한 향신료를 과시하기도 한다. 일반 요리라도 이국적이고 독특한 향신료를 사용하면 매력적인 고급 요리로 보이기 때문에 평범한 '허브 스파이스 치킨'에 비싼 가격을 매길 수 있다.

■ 전통적인 모둠 허브

에르브 드 프로방스herbes de provence는 생 또는 말린 타임, 로즈마리, 펜넬 씨앗, 라벤더, 마조람, 월계수잎, 바질, 세이지, 세이보리를 믹스한 것으로, 그릴 요리에 주로 쓰인다.
파인즈 허브fines herbes는 다진 허브로, 전통적으로 파슬리, 처빌, 타라곤, 차이브 모둠을 가리킨다. 고기 양념이나 소스, 버터, 볶은 채소, 계란 요리를 만들 때 쓴다.

부케 가르니bouquet garni는 소스나 스톡에 향을 내기 위해 넣는 허브 묶음으로, 파슬리, 타임, 월계수 잎이 주로 쓰인다. 이탈리아 셰프는 여기에 세이지와 로즈마리를 더하기도 한다.

콰트르 에피스quatre epices는 네 가지 스파이스라는 뜻으로, 백후추, 넛멕, 생강이나 계피, 클로브를 섞은 것이다. 주로 로스트, 가금류 요리, 겨울 뿌리 채소나 디저트에 쓰인다.

커리 파우더curry powder는 커민, 고수, 호로파 씨앗, 터메릭, 후추, 고추, 계피, 생강, 카르다몬, 넛멕, 올스파이스, 마늘, 딜, 셀러리 씨앗 등을 블렌딩한 것이다.

가람 마살라garam massala는 계피, 월계수, 커민, 고수, 카르다몬, 페퍼콘, 클로브, 메이스(육두구)를 섞은 인도의 스파이스 믹스다.

둑카dukka는 참깨, 볶은 병아리콩, 고수, 커민, 민트를 블렌딩한 것으로, 전통적인 이집트 요리에 사용한다.

오향五香은 중국에서 사용하는 향신료로, 사천요리에 쓰이는 페퍼콘(통후추), 계피, 클로브(정향), 스타 아니스(팔각), 펜넬(회향)을 블렌딩한 것이다.

보너스 1+1

일본 요리에는 허브와 스파이스가 거의 쓰이지 않는다. 마늘, 생강, 고추가 드물게 사용되기는 하지만 보통은 자연스러운 맛을 살리고는 한다. 일본 셰프는 갖가지 향신료 없이 재료 자체의 풍미가 최대한 살도록 조리하는 것을 선호한다.

CHAPTER 8

치즈 코스

SAY FROMAGE

치즈와 크래커는 이제 그만, 카망베르 치즈와 레이즌 월넛 브레드와도 작별 인사를 하자. 이제는 전통 유럽 파인 다이닝의 정수인 치즈 코스를 즐겨 보자. 와인을 좋아하는 사람들이 테루아르라는 용어에 흥분하는 것처럼, 이제 많은 사람들이 프로마주에 열광하고 있다. 고급 치즈를 탐닉하는 것이 식도락가의 새로운 사명이 되고 있다.

그러나 와인에서도 그러했듯이, 치즈에 대한 사랑에도 궁금증이 많이 따를 것이다. 고르곤졸라와 로크포르가 둘 다 블루치즈라면, 차이점은 대체 무엇일까? 다섯 가지의 독특한 치즈에 한 가지 와인을 곁들일 수 있을까? 두툼한 치즈 메뉴판에 적혀 있는 수많은 치즈를 하나도 모르겠다면 어떻게 해야 하는가? 치즈 껍데기도 먹는 것인가?

미국에는 치즈 코스가 비교적 최근 도입되었기 때문에 프랑스인처럼 배가 꽉 차는 일곱 가지 코스 뒤에 치즈로 마무리한다거나, 앙트레가 나오기도 전에 진하고 기름진 치즈로 식사를 시작하고자 마음먹는 것은 그리 쉽지 않다. 하지만 이번 장을 통해 그런 편견을 버릴 수 있었으면 한다. 이번 장에서는 제조 방법에 따른 다양한 치즈 종류와 좋아하는 치즈를 고르고, 균형 잡

> **향연의 역사**
>
> 치즈를 뜻하는 이탈리아의 포르마지오와 프랑스의 프로마주는 치즈를 만들 때 응고된 우유를 받치는 버드나무 바구니를 뜻하는 그리스어의 '포르모스(formos)'에서 유래되었다. 치즈 제조 기술을 예술적 경지로 끌어 올린 나라는 프랑스이지만, 최초의 치즈 제조 기록은 기원 전 3천 년경 메소포타미아 지역(현재 이라크 지역)으로 거슬러 올라간다.

힌 치즈 보드를 구성하고, 고른 치즈에 잘 어울리는 와인 고르기를 배울 수 있다. 집이나 레스토랑에서 치즈를 먹을 때 유용한 기술들이다. 이 장을 다 읽고 나면 치즈가 길고 화려한 코스 요리에 어울릴 뿐만 아니라 치즈 자체만으로도 훌륭한 식사가 된다는 것을 이해할 수 있을것입니다.

'치즈'를 뜻하는 여섯 개국 언어

치즈(cheese) - 영어
프로마주(fromage) - 프랑스어
퀘조(queso) - 스페인어
포르마지오(formaggio) - 이탈리아어
카제(kase) - 독일어
치즈(チズ) - 일본어

---

1. 치즈를 만드는 우유

대부분의 치즈는 소, 염소, 양의 우유로 만든다. 어떤 우유로 만들어졌는지 치즈 메뉴나, 이름, 라벨에 표기되어 있는 경우가 종종 있기 때문에, 각 동물을 프랑스어, 스페인어, 이탈리아어로, (관심이 있다면 라틴어까지) 어떻게 부르는지 알아 두면 치즈 선택에 도움이 된다.

우유를 만드는 동물

한글	영어	프랑스어	스페인어	이탈리아어	라틴어
소	카우(cow)	바슈(vache)	비카(vaca)	무카(mucca)	바카(vacca)
염소	고트(goat)	셰브르(chèvre)	카브라(cabra)	카프라(capra)	카프라(capra)
양	쉽(sheep)	브르비(brebis)	오베하(oveja)	페코라(pecora)	오비스(ovis)

> "제가 가장 좋아하는 치즈는 언제나 양 치즈입니다. 양 치즈는 버터 지방이 매우 높기 때문이죠. 아주 아주 진해요."
>
> – 배리 킹, 2005 executive director, 미국치즈협회(American Cheese Society)

■ 치즈 : 살아있는 치즈, 죽은 치즈

살균에 대한 문제를 언급하지 않고 치즈를 진지하게 논할 수 없다. 정말 맛있는 치즈는 살균하지 않은 생우유로 만들어지지만, 미국 식약청U.S. Food and Drug Administration은 60일 이상 숙성되지 않은 생우유 치즈를 수입하거나 파는 것을 금지하고 있다. 체다, 파르미지아노 레지아노, 그뤼에르 같이 4개월에서 6개월 동안 숙성하는 단단한 생우유 치즈는 금지 규정에서 제외된다.

> **기억하세요**
> 1파운드의 치즈를 만드는 데에는 10파운드의 우유가 필요하다.

그렇지만 이 규정 때문에 유럽에 가지 않는 한, 프랑스에서 제조되는 정말 맛있는 브리, 카망베르, 크로탱 드 샤비뇰(염소 치즈)을 미국에서는 맛볼 수 없다. 미국에서 판매하기 위해서는 숙성을 하지 않은 어리고 부드러운 치즈는 반드시 살균 과정을 거쳐야 하기 때문이다. 박테리아를 죽이기 위해 가열을 해야 하는 것이다. 진짜 프랑스산 카망베르와 살균 과정을 거친 카망베르를 둘 다 맛본 사람이라면 누구라도 생치즈와 살균된 치즈의 차이를 극명히 느낄 수 있다. 치즈를 살균하는 것은 필레 미뇽을 전자레인지로 조리하는 것과 마찬가지다. 살균은 쉽고 빠르지만 그 과정에서 깊은 풍미, 향과 질감을 잃는다. 민감한 사람이라면 최고의 생우유 치즈에서 생산지 특유의 클로버, 허브, 야생 꽃, 풀 향을 맡을 수 있다. 치즈 마니아들은 우유를 가열하면 치즈의 독특한 지역적 풍미가 없어진다고들 말한다.

> "살균을 하지 않은 치즈는 살아 있습니다. 살아 있는 치즈는 맛이 좋을 뿐만 아니라 더 향기롭습니다. 보존 기간도 더 길지요."
>
> – 맥스 맥칼맨, 치즈지배인, 이타저널(Artisanal, New York City, The Cheese Plate)의 저자

2. 치즈가 만들어지는 과정

모든 치즈는 우유를 모으는 데에서 시작한다. 대량 제조 시에는 여러 농장으로부터 우유를 모으고, 소규모로 치즈를 생산하는 장인들은 근교 작은 농장들이나 단일 농장의 우유를 사용한다. 우유가 모이면 살균을 한다. (60일 이상 숙성하는 생우유 치즈는 살균하지 않는다.) 그런 다음 연쇄상구균이나 유산균 같은 박테리아를 포함한 초기 배양체를 첨가한다. 그러면 배양체가 우유의 락토스와 반응하여 젖산이 되고, 여기에 레닛^{remet}을 첨가하면 우유 단백질이 응고해서 커드^{curd}가 된다. 레닛을 첨가한 후에는 만들고자 하는 치즈의 종류에 따라 우유 온도를 조정한다. 우유가 굳어서 형태를 잡기까지는 30분에서 두 시간 가량이 소요되는데, 자를 수 있을 만큼 단단해지면 치즈 종류에 따라 가늘게 혹은 굵게 자른다.

그 다음에는 커드에서 유장을 걸러낸다. 가장 쉽게 이해하려면 커드가 스폰지와 같다고 생각하라. 스폰지(커드)가 작다면, 물(유장)을 머금을 수 있는 용량이 작다. 스폰지가 크다면 물을 더 많이 머금을 수 있을 것이다. 그래서 작고 가는 커드는 체다 같이 단단하고 건조한 치즈가 되고 크고 굵은 커드는 모차렐라나 브리같이 부드러운 치즈가 된다.

일단 커드를 자른 후에는 만드는 치즈의 스타일에 따라 압착하고, 조리하고, 소금을 치고, 제분하고, 흔들고, 늘리고, 실을 뽑아내는 등 다양한 방법으로 유장을 걸러내고 커드를 처리하게 된다. 예를 들어 체다같이 가는 커드는 뜨거운 물에 데친 다음 제분한다. (이 과정을 '체다링^{cheddaring}'이라고 한다. 유장을 걸러내기 위해 커드를 계속 자르고 겹겹이 쌓는 과정도 이 과정 중 하나다.) 그런 다음 커드를 빼고 소금을 뿌린 후 큰 틀에 넣어 압착한다. 파르미지아노 레지아노 같이 단단한 숙성 치즈의 경우 커드를 조리 후 압착하여 만든다. 모차렐라 치즈는 커드를 뜨거운 끓는 물 탱크에 담근 후 바닥에 가라앉은 커드를 늘리고 잡아당겨 공 모양 치즈로 성형하여 만든다.

마지막으로 커드에 소금을 첨가하여 배양체를 활성화시키고 치즈 숙성 정도를 조절하게 된다. 소금을 첨가하는 방법에는 다음 네 가지가 있다.

향연의 역사

블루치즈! 치즈 전설에 의하면 로크포르 치즈의 배양 박테리아인 페니실리움 로크포르티는 양치기가 점심 식사를 지하에 두고 깜박한 뒤에 발견되었다고 한다. 곰팡이 난 호밀 빵이 치즈 커드와 만나 그 유명한 강렬하고 짭짤한 양 우유 치즈, 로크포르가 탄생하였다.

(1) 커드에 직접 소금을 넣어 섞거나 (2) 커드를 소금물에 넣었다 빼거나 (3) 커드 표면을 소금으로 문지르거나 (4) 소금물을 적신 천으로 커드를 닦아낸다.

치즈를 성형하거나 틀에 넣어 압축한 후에는 숙성을 하게 된다. 숙성을 한 후에는 치즈에 따라 맥주나 와인으로 씻어내기도 하고, 우유 버터 지방이 치즈에 골고루 퍼지도록 로스트하기도 한다. 블루치즈 종류는 소금을 첨가한 후 구멍을 뚫어서 공기가 스며든 곳에 박테리아가 자라 청록색 반죽이 되도록 한다. 이러한 과정을 거친 후 마침내 보잘 것 없던 커드가 습도와 온도가 조절되는 창고에서 박테리아라는 자연의 힘에 의해 치즈로 재탄생하게 된다.

3. 치즈 분류법

모든 치즈는 같은 원료에서 시작한다. 바로 우유다. 그러나 만드는 방법에 따라 결과는 천차만별이다. 톡 쏘면서 부스러지기도 하고, 크리미하면서 쭉 늘어나거나, 말랑말랑하거나, 코를 찌르는 냄새가 나는 등 끝없는 가능성이 있다. 치즈는 일단 우유 종류에 따라 분류하고(소, 양, 염소), 또 질감과 외관에 따라 (맛이 아닌) 여덟 가지 카테고리로 구분한다. 하나의 치즈는 한 가지 이상의 카테고리에 해당되기도 하는데, 일단 치즈의 분류 기준을 파악하고 나면 우유, 스타일, 질감, 풍미 등이 다른 다양한 치즈 코스를 선택하는 방법을 알게 될 것이다.

생치즈fresh cheese 셰브르chèvre(염소 치즈), 코티지 치즈cottage cheese, 리코타ricotta, 프로마주 블랑fromage blanc 같은 생치즈는 익히지 않은 치즈로, 대부분 숙성을 거치지 않은 커드인 경우가 많다. 크림치즈, 리코타, 페타feta 같은 종류는 체에 받쳐서 유장이 빠질 수 있도록 하고, 로비올라Robiola나 크리미하고 달콤한 마스카르포네Mascarpone는 체에 거르지 않는다.

소프트 라이픈드 치즈soft-ripened cheese 바깥에서 안쪽 순으로 숙성하여, 얇고 하얀 복숭아 껍질 같은 외피가 부드럽고 말랑한 치즈를 감싸고 있기 때문에 블루미 치즈bloomy cheese라고도 불린다. 브리Brie, 카망베르Camembert, 생 탕드레Saint André, 익스플로라퇴르 Explorateur, 그라트 페유Gratte-Paille, 브리야 사바랭Brillat-Savarin, 가프롱Gaperon 등이 이 치즈에 해당된다.

워시드 린드 치즈washed-rind cheese 세미소프트 치즈로, 소금물, 맥주, 와인, 그레이프머스트(포도시럽) 같은 액체로 커드를 문지르거나 씻어서 바깥에 곰팡이를 피우고, 바깥에서 안쪽으로 숙성을 시키는 종류다. 이 치즈로는 탈레지오Taleggio, 로비올라 롬바르디아 Robiola Lombardia, 에푸아스Epoisses, 퐁르베크Pont L'Eveque, 마홍Mahon, 고르곤졸라Gorgonzola, 르블로숑Reblochon, 리바로Livalot 등이 있다.

왁스드 린드 치즈waxed-rind cheese 역시 세미소프트 치즈로, 먹을 수 없는 왁스에 담가 표면을 코팅한 종류이며 보통 매끄럽고 순한 것이 특징이다. 폰티나fontina, 벨 파에제Bel Paese, 고다Gauda, 에담Edam이 이 치즈에 해당한다.

브러시드 린드 치즈brushed-rind cheese 내추럴 치즈라고도 불리며 외피가 적거나 없고, 가볍고 신선한 셰브르 치즈를 제외하고는 다른 치즈보다 숙성 기간이 길고 맛이 농후하다. 내추럴 치즈에는 스틸턴Stilton, 콩테Comté, 그뤼에르Gruyère, 에멘탈Emmental, 만체고 Manchego, 로마노Romano, 파르미지아노 레지아노Parmigiano-Reggiano 치즈가 있다.

블루치즈blue-veined cheese 메이택Maytag, 로크포르Roquefort, 고르곤졸라, 카브랄레즈 Cabrales, 스틸턴 같은 톡 쏘는 블루치즈는 치즈 안에 초록색, 파란색, 때로는 보라색 무늬가 있어서 구분해 내기 쉽다.

언쿡트, 프레스드 치즈uncooked, pressed cheese 가능한 한 많은 유장을 제거할 수 있도록 가열을 하지 않은 커드를 압착해서 단단하게 만든다. 체다Cheddar 만체고, 모비에르Morbier, 페코리노 로마노Pecorino Fomano가 이 종류에 해당된다.

쿡트, 프레스드 치즈cooked, pressed cheese 가열한 후 압착한 커드로, 단단한 질감을 가지고 있다. 고다, 칸탈Cantal, 그뤼에르, 파르미지아노 레지아노, 아펜젤러Appenzeller, 에멘탈, 부룬카스Boerenkaas가 쿡트 치즈에 해당된다.

□ **기억해 두어야 하는 치즈 용어**

레닛rennet 우유를 만드는 동물 새끼의 위에 있는 성분으로, 키모신chymosin이라는 효소가 들어 있어 젖산과 반응하여 우유를 응고시킨다.

메트르 드 프로마주/프로마제maître de fromage/fromager 치즈 메뉴를 다루는 레스토랑 직원으로, 메뉴에 있는 치즈에 대해 상상 이상으로 많은 정보를 제공해 줄 수 있는 사람이다. 치즈와 어울리는 와인을 추천해 주기도 한다.

아티자날artisanal 전통적인 기술을 사용하여 적은 양만 수제 가공한 치즈나 식품을 의미한다.

아피나주affinage 치즈를 닦고, 털고, 회전시키는 등 판매 가능한 상태가 될 때까지 아티자날(수공예) 치즈를 천천히 섬세하게 돌보고 다듬는 과정을 말한다.

아피뇌르affineur 치즈를 저장하고 숙성시키고 '완성' 하는 장인. 작은 낙농장이나 치즈장수가 숙성되지 않은 치즈를 형태만 잡아 아피뇌르에게 보내면, 아피뇌르가 치즈를 완성한다.

유장whey 커드를 자르고 누르면 빠져 나오는 물 같은 액체.

커드curd 레닛을 첨가한 후 응고되거나 반고체 상태가 된 우유. 굳어진 커드는 만드는 치즈의 스타일에 따라, 작거나 크게 혹은 중간 크기로 자른다.

크뤼cru 살균을 하지 않은 생우유로 만든다.

톰, 토메, 토마tome, tome, toma 한 군데 이상의 농장에서 가져온 우유로 만들어진다.

페이스트paste 치즈 바깥쪽 껍데기와 반대로, 치즈 안쪽의 먹을 수 있는 부분.

4. 식사에 치즈를 추가하는 방법

지금까지 치즈와 크래커를 항상 애피타이저로 먹어 왔다는 사실은 잊자. 파인 다이닝 레스토랑에서는 치즈 코스를 보통 유럽 스타일로 메인 코스 후나 디저트 전에 (또는 디저트를 대신하여) 제공한다. 식사 후에 치즈 덩어리가 나오는 것이 상상만으로도 부담스러울 수도 있다. 그러나 너무 걱정하지 말자. 유럽에 비하면 양이 아주 적고, 식사 후 부담을 가중시키기보다는 식사를 기분 좋게 마무리 할 수 있도록 특별히 선택된 치즈가 제공된다.

> "진한 맛의 송아지 볼 요리로 식사를 시작하지 않고, 가벼운 게살 샐러드로 식사를 마무리 하지 않듯이, 진한 치즈 코스도 애피타이저가 아닙니다. 식사를 할 때에는 가벼운 맛에서 강렬하고 진한 맛으로 순차적으로 먹는 것이 좋죠. 치즈는 맛이 강하면서 입맛을 개운하게 해주기 때문에, 전통적으로 파인 다이닝에서는 치즈가 고기 코스 다음에 제공됩니다."
>
> – 토드 그레이, 셰프&오너, 이퀴녹스(Equinox, Washington, D.C.)

또한, 각 코스와 어울리는 치즈를 고르기 위해 수백 종의 치즈를 모두 외울 필요는 없다. 사실 특제 치즈는 정성스러운 관리가 많이 필요하기 때문에, 대부분의 레스토랑에서는 세 가지에서 다섯 가지 정도의 무난한 치즈만을 구비하고 있다.

■ 믹스 앤 매치 치즈 보드

치즈 보드를 주문하면, 대부분의 프로마제는 다양한 종류의 질감, 풍미, 우유를 대표하는 치즈를 고를 것을 추천한다. 소, 염소, 양 우유 치즈를 하나 이상 고르고, 질감에 따라 소프트, 세미소프트, 단단하거나 딱딱한 치즈가 적당히 섞이도록 선택하는 것이다. 어린 치즈와 숙성된 치즈, 부드러운 풍미의 치즈와 강렬한 풍미의 치즈가 어우러지면 더욱 좋다. 고급스러운 조합을 원한다면 치즈의 원산지를 보고 프랑스의 생 탕드레, 스페인의 만체고, 영국의 스틸턴같이 다양한 지역의 치즈를 선택하자. 아니면 특정 지역의 치즈만 집중적으로 선택하는 것도 방법이다. 예를 들면 파르미지아노 레지아노, 탈레지오, 고르곤졸라 같이 모두 이탈리아 치즈를 고르는 것이다. 두툼한 치즈 리스트를 보유하고 있는 레스토랑이라면 이런 모든 것을 자세히 설명해 줄 수 있는 직원이 대기하고 있다.

> "뉴욕이나 샌프란시스코의 레스토랑에서는 긴 치즈 리스트를 종종 볼 수 있습니다. 그러나 나머지 지역에서는 대부분이 하나나 세 개, 다섯 개 정도의 치즈로 이루어진 무난한 치즈 코스만을 제공합니다. 사실 치즈를 주문하는 것은 겁이 나기도 하고 많은 추측을 요구하지만 우리는 손님들이 두려워하지 않고 주문했으면 합니다."
>
> –킴 바덴호프, 셰프&오너,
>
> 랑데부 인 앤 레스토랑(Rendezvous Inn and Restaurant, Fort Bragg, California)

■ 치즈 서비스

레스토랑의 셀렉션에 따라, 또 당신이 시킨 음식에 따라 다르겠지만, 치즈 코스는 보통 하나에서 다섯 종류의 치즈로 이루어진다. 그 이상은 과잉이다. 치즈 플레이트cheese plate를 제공하는 레스토랑도 있다. 치즈 플레이트는 치즈를 일 인분 크기, 즉 1~2온스 (둘째 손가락 크기 정도) 정도로 잘라, 개인 접시에 순한 맛에서 강한 맛 순서대로 배열하여 제공하는 것이다. 이것저것 돌아 가며 먹기보다는 배치된 순서대로 먹는 것이 좋다. 강한 치즈의 풍미가 순하고 미묘한 치즈의 풍미를 압도하지 않게 말이다.

치즈 플레이트와 달리 치즈 보드cheese board는 일행과 함께 공유하는 것으로, 큰 덩어리 치즈가 도마나 대리석 위에 올려져 제공된다. 순한 치즈에서 강한 치즈 순으로, 개인 나이프를 이용하여 한입 크기로 잘라 먹으면 된다. 포크를 이용해도 되는데, 그냥 보드에서 치즈를 곧바로 손가락으로 집어서 먹기도 한다. 만약 치즈 보드와 함께 포크와 나이프가 제공된다면 치즈를 먹을 때 그 도구들을 사용하는 것이 좋다. 부드럽고 크리미한 치즈를 포크로 찍어 먹기 힘들다면 빵을 한입 크기로 떼어서 그 위에 치즈를 올려 먹어도 되지만, 단단한 치즈는 빵 없이 포크로 찍어 먹는 편이 좋다. 딱딱한 격식이기는 하지만 최고급 레스토랑에서는 포크와 나이프를 꼭 사용하는 것이 좋다. 치즈의 냄새와 기름기가 손가락에 배어서 와인 잔과, 셔츠, 데이트 상대자에게까지 옮지 않도록 말이다.

치즈 코스는 보통 바삭한 빵 조각, 말린 과일이나 생과일, 꿀, 견과류, 올리브, 과일 페이스트 같은 서비스 음식과 함께 제공된다. 이런 보너스 음식들은 치즈를 먹는 중간중간 입 안을 깔끔히 해주는 역할을 하는데, 치즈를 진정으로 즐기는 자들은 한 가지 치즈만 먹어야 치즈의 풍미를 온전히 느낄 수 있다고들 말한다.

■ 치즈 외피는 먹어야 할까

파라핀에 특별한 애정이 있지 않다면, 파라핀 왁스를 먹지는 말자. 파라핀을 제외한다면, 나머지는 사실 취향의 문제다. 뛰어난 아티자날 치즈 외피의 톡 쏘는 맛과 질감을 좋아하는 사람이 있는 반면, 어떤 사람은 브리 치즈를 먹을 때 속만 다 파먹고 하얀 벨벳 같은 껍

> **기억하세요**
>
> 염소 치즈 크로탱 드 샤비뇰(Crottin de Chavignol)에서 크로탱(crottin)은 프랑스어로 '말 똥'을 뜻한다. 물론 맛이 아니라 모양과 크기를 비유한 것이다.

데기 가죽은 남기기도 한다. 그러나 치즈에 따라서는 밤 잎에 싸여 있거나 재나 솔잎, 허브가 잔뜩 묻어 있어서 외피가 아주 쓴 맛이 나기도 한다. 조심해서 먹도록 하자.

5. 와인과 치즈를 곁들이는 세 가지 방법

와인과 치즈는 환상적인 짝궁이다. 두 가지 모두 정성을 들여 발효하고 숙성하는 식품이기 때문이다. 예산이 한정되어 있더라도 멋진 치즈 코스를 주문하면서 와인 대신 물을 마시지는 말자. 물과 치즈를 함께 먹으면 소화 불량이 일어난다.

    와인과 치즈의 조합은 완벽한 결혼처럼 둘이 조화롭게 균형을 이루어서 서로의 장점을 끌어낼 수 있을 때에 가장 행복하다. 강렬한 블루치즈인 스페인의 카브랄레즈 치즈가 새콤한 소비뇽 블랑과 만나 서로 부딪치거나, 크리미하고 흙내음이 나는 토마가 달고 가벼운 독일 리슬링을 만나 풍미의 깊이를 잃는 것은 원하지 않는다. 그렇다면 성격이 분명히 다른 다섯 가지의 치즈와 어울리는 와인을 고르려면 어떻게 해야 할까?

방법 하나 : 각 치즈마다 다른 와인을 곁들일 것

와인 치즈 페어링의 참 맛을 느낄 수 있는 가장 좋은 방법으로, 당연하게도 가장 비싼 방법이다. 이 방법으로 페어링을 하고자 한다면 소믈리에와 프로마제가 큰 도움이 될 것이다. 예산이 빠듯하다면 가격이 좀 더 저렴한 테이스팅 사이즈 와인을 주문하고, 치즈를 다섯 종류가 아닌 세 종류만 주문하자.

방법 둘 : 같은 지방의 치즈와 와인을 곁들일 것

농업 지리 공부가 취미가 아니라면 같은 지방의 와인과 치즈를 쉽게 알기는 어렵다. 소믈리에나 프로마제에게 좋은 조합을 물어 보거나 아니면 직접 찾아 보자. 컴퓨터 앞에서 게임으로 몇 시간을 보내는 대신 20분만 투자해서 당신이 좋아하는 세 가지 치즈의 원산지를 찾아 보고 그 지역 인근에서 생산되는 와인을 찾아 보자. 프랑스, 이탈리아, 스페인의 치즈와 와인이라면 좋은 조합을 어렵지 않게 찾아낼 수 있다.

예를 들어 이탈리아의 톡 쏘는 세미소프트 소젖 치즈인 탈레지오는 가볍고 산뜻한 이탈리아 와인 피노 그리지오와 잘 어울린다. 프랑스 부르고뉴 지방 인근에서 만들어지는 고소한 콩테 드 그뤼에르Gruyère de Comté는 코트 뒤 론이나 부르고뉴와 잘 어울린다. 흐를 정도로 아주 부드러운 스페인 양젖 치즈 토르타 델 카사르Torta del Casar는 스페인의 레드 와인 리베라 델 두에로Ribera del Duero를 곁들이면 좋다.

> "와인이 조금 남았다면, 그 와인과 잘 어울리는 치즈를 하나 주문해서 모두 마셔 버리세요."
> – 매트 파커, The Cheese Stands Alone의 저자(Chicago)

방법 셋 : 치즈의 스타일과 와인의 스타일을 맞출 것
치즈의 식감과 맛은 그 치즈의 제조 방법에 따라 결정된다. 그것이 치즈의 분류 기준이기도 하다. 다음은 와인 페어링 시에 흔히 사용되는 분류 기준들이다.

□ 스타일 : 숙성되지 않았고, 외피가 없으며, 갓 만들어진 종류
치즈 셰브르, 페타, 로비올라, 리코타
어울리는 와인 드라이 리슬링, 피노 블랑, 피노 그리, 푸이 퓌메, 상세르, 보졸레, 슈냉 블랑, 부브레

□ 스타일 : 부드럽게 숙성된, 블루미 외피
치즈 생 탕드레, 브리야 사바랭, 익스플로라퇴르 같은 트리플 크림치즈, 브리, 카망베르, 토마
어울리는 와인 샤블리, 드라이 리슬링 또는 슈냉 블랑, 프루티한 피노 누아르 또는 보졸레, 보르도 또는 바롤로라면 톡 쏘는 카망베르의 풍미를 압도하지 않을 것이다.

□ 스타일 : 워시드 린드
치즈 에푸아스, 리바로, 탈레지오, 마홍, 뮌스테르Muster, 퐁르베크
어울리는 와인 화이트 부르고뉴, 스패트레제 리슬링, 비오니에, 그뤼너 벨트리너, 피노 그리, 보졸레, 키안티, 바롤로, 바바레스코

□ **스타일 : 내추럴 린드**

치즈 그뤼에르, 파르미지아노 레지아노, 만체고, 에멘탈, 로마노, 라클레트^{Raclette}, 체다

어울리는 와인 피노 누아르, 레드 부르고뉴, 시라, 보졸레, 코트 뒤 론, 바롤로, 바바레스코, 피노 그리지오, 슈냉 블랑

□ **스타일 : 블루치즈**

치즈 스틸턴, 카브랄레즈, 메이택 블루, 로크포르, 고르곤졸라

어울리는 와인 소테른, 토니 또는 빈티지 포트, 셰리, 마데이라, 무스카텔, 레이트 하비스트 리슬링

CHAPTER 5

원어로 알아두어야 하는 용어
파인 다이닝과 모던 퀴진의 언어

LOST IN TRANSLATION

Avez-vous faim pour plus? (아직 더 알고 싶으세요?) 맛있는 음식은 만국 공통어이지만, 파인 다이닝 레스토랑에서 어려운 메뉴를 보고 있자면 종종 벙어리 외국인이 된 것 같다. 토박이나 아니면 적어도 교양을 갖춘 여행자처럼 보이려면, 음식과 관련된 용어를 숙지해야 한다. 즉, 프랑스어를 조금 알아야 하는 것이다. 고급 포도와 환상적인 와인은 물론, 감탄을 자아내는 고급 레스토랑 음식도 프랑스 덕이 크다. 오늘날의 유명한 셰프들을 이끈 조리 기술은 카트린 드 메디시스Catherine de Médicis가 재정비한 프랑스 왕정 요리, 에스코피에Escoffier의 〈르 기드 퀼리네르(요리 입문서)Le Guide Culinaire〉, 몽타녜Montagné의 〈라루스 가스트로노미크(요리 백과사전)Larousse Gastronomique〉 같은 프랑스 요리에 근거를 두고 있는 경우가 많다. 얼마 전까지만 해도 (뉴욕타임스의) 별 네 개짜리 레스토랑과 최고급 파인 다이닝 레스토랑은 모두 전통 프렌치 레스토랑에만 한정되기도 했다.

그렇지만 무언가 빠진 것처럼 보이기도 한다. 솔직히 말하자면 프랑스를 제외한 나머지 다른 나라들이 빠져 있다. 태국, 멕시코, 베트남, 카리브 해, 중국, 인도 요리를 하는 고급 레스토랑은 없는 것일까? 있기는 하지만, 예외적이다. 타이 레스토랑을 예를 들어 보면, 시카고에 있는 아룬Arun's만 파인 다이닝 레스토랑이고 그 외에는 수천 개의 저렴한 타이 레스토랑들이 있을 뿐이다. 뉴욕의 아쿠아빗Aquavit이 고급 스웨덴 음식으로 최고의 명성을 자랑하지만, 그런 고급 요리를 제공하는 스웨덴 레스토랑은 미국 전역에서 아쿠아빗 하나뿐이다. 샌프란시스코의 슬랜티드 도어The Slanted Door는 베트남 왕족 요리를 선보이지만, 역시 유일무이하다. 셰프 릭 베일리스Rick Bayless가 시카고에 토폴로밤포Topolobampo를 열기 전까지는 파인 다이닝 멕시칸 레스토랑은 전혀 없었다. 일반적으로 에스닉 음식을 선보이는 레스토랑은 대부분 캐주얼하고 격식을 차리지 않는 경우가 많다.

그러나 파인 다이닝 세계에 변화의 바람이 불고 있다. 턱시도를 갖춰 입은 딱딱한 메트르 디, 크리스탈 핑거 볼, 스무 개의 식기로 이루어진 테이블 세팅은 지난 날의 유물이 되어가고 있다. 보수적인 유럽 요리에 한정되어 있던 요리의 장르도 바뀌어 가고 있다. 고급 레스토랑이 다양한 세계 요리를 수용하고 있는 추세이며, 최고의 서비스와 음식을 유지하면서 경직된 형식을 타파한 캐주얼 파인 다이닝이라는 개념이 등장하고 있다. 이국적인 에스닉 레스토랑도 파인 다이닝 세계에 점차 발을 들이는 추세다. 특히 위에 언급한 것처럼 전통적인 프랑스 요리의 영향에서 벗어난 혁신적인 고급 레스토랑들이 존재하지만, 요리의 기술과 전통 측면에서 가장 큰 명성을 올리고 있는 장르는 뭐니뭐니 해도 일식이다.

초보자가 파인 다이닝을 자신감 있게 즐기기 위해서는 기본적으로 전통 프랑스 요리에 대한 이해가 필수적이다. 고급 요리와 고급 서비스의 중심지는 프랑스이기 때문이다. 그러나 오늘날에는 일식 요리와 에티켓에 대해서도 알아두는 것이 좋다. 프랑스 요리만큼이나 일식도 복잡하고 격식을 차리며 혼란스럽기 때문이다. 더불어 새롭게 떠오르는 비전통적인 요리 장르까지 섭렵하게 되면, 이제 파인 다이닝에 대한 공부를 거의 마무리 짓게 된다.

1. 전통적인 프랑스 요리에 사용되는 기본 용어

프렌치 레스토랑의 메뉴는 당신이 플레미시(네덜란드 플랑드즈 지방의) 또는 알사시안(프랑스 알자스 지방의) 스타일의 음식이 무엇인지 잘 안다는 전제로 쓰여진 경우가 많다. 프렌치가 아닌 다른 장르의 레스토랑 메뉴도 대부분 마찬가지다. 그러나 다음을 알아 두면 걱정이 없다. 다음 단어나 문구가 메뉴에 나오면, 그 단어가 가리키는 프랑스와 유럽 지방의 식재료와 조리 기술을 바탕으로 요리가 준비된다고 생각하면 틀림이 없다.

■ 프랑스의 조리 스타일 분류

알 라 리오네즈 à la lyonnaise '(프랑스) 리옹 지방 스타일로' 라는 뜻으로, 양파를 강조하는 조리법을 의미한다. 리오네즈 소스는 화이트 와인과, 볶은 양파, 데미글라스로 만든다.

알 라 노르망드 à la normande '(프랑스) 노르망디 지방 스타일로' 라는 뜻이다. 버섯과 송로버섯을 곁들인 생선이나 조개, 새우 요리를 가리킨다. 노르망드 소스는 생선 육수로 만든 벨루테 소스다.

알 라 니수아즈 à la niçoise '(프랑스) 니스 지방 스타일로' 라는 의미다. 블랙 올리브, 마늘, 안초비, 토마토를 곁들여 제공하는 뜨겁거나 차가운 요리를 가리킨다.

알 라 부르기뇬 à la bourguignonne '(프랑스) 부르고뉴 지방 스타일로' 라는 뜻으로, 레드 와인 소스에 브레이즈한 고기 요리를 의미한다.

알 라 페리구르딘 à la périgourdine '(프랑스) 페리고르 지방 스타일로' 라는 의미로, 송로버섯으로 장식하거나 맛을 낸 요리를 가리킨다. 페리귀외 소스는 마데이라 와인과 송로버섯으로 만든다.

알 라 프로방살 à la Provençal '(프랑스) 프로방스 지방 스타일로' 라는 뜻이다. 보통 마늘, 토마토, 올리브 오일을 사용하는 요리를 의미하는데, 양파, 올리브, 버섯, 안초비, 가지 등을 사용하기도 한다.

알 라 플라망드 à la flammande '(네덜란드) 플랑드르 지방 스타일로' 라는 뜻으로, 보통 앙트레에 브레이즈한 양배추, 당근, 터닙, 감자, 또는 소시지를 곁들이는 것을 가리킨다.

알 라 플로렌틴 à la Florentine '(이탈리아) 피렌체 지방 스타일로' 라는 뜻이다. 음식을 조리한 시금치 위에 올린 후 화이트 소스를 뿌려서 제공하는 것이다.

알 랄자셴 à l'alsacienne '(프랑스) 알자스 지방 스타일로' 라는 뜻이다. 사우어크라우트, 감자, 소시지를 곁들인 브레이즈한 고기 요리를 가리킨다.

알 랑글레즈 à l'anglaise '영국 스타일로' 라는 의미로서, 재료를 데치거나 삶거나 혹은 빵가루에 묻혀서 튀기는 것을 가리킨다.

■ 프랑스어로 된 조리 용어

전통 프렌치 레스토랑뿐만 아니라 여러 곳의 메뉴에서 다음과 같은 조리 용어들을 볼 수 있다. 대부분의 셰프들이 프랑스 조리법을 적용하거나 응용해서 다양한 장르의 요리에 사용하기 때문이다. 게다가 메뉴에 '패스트리로 감싼' 이라고 쓰는 것보다 '슈미제' 라고 쓰는 편이 훨씬 세련되고 매력적으로 보이기도 한다.

갈라틴galantine 고기, 생선, 닭에서 뼈를 발라내고 속을 채우고 말아 다발로 묶는다는 점에서 발로틴과 비슷하나, 포치하여 차갑게 내는 것이 특징이다.
그라탱gratin 치즈나 버터를 바른 빵가루를 올려 노릇노릇하게 구운 것
글라스 드 비앙드glace de viande 육즙을 끓여서 만든 글레이즈
라구ragout 되직한 고기, 생선, 닭, 채소 스튜
루roux 정제 버터 또는 기름에 밀가루를 섞어서 잠깐 몇 분 볶으면 화이트 루, 노란색이 될 때까지 볶으면 블론드 루, 황갈색이 될 때까지 볶으면 브라운 루가 된다.
루유rouille 매운 칠리, 마늘, 빵가루, 올리브 오일 페이스트로, 주로 생선 육수에 넣는다. 생선 요리나 부야베스 같은 스튜에도 고명으로 쓰인다.
룰라드roulade 얇은 고기에 속을 채우고 말아서 끈으로 묶거나 이쑤시개로 고정하여 강한 불에 노릇하게 구운 다음 베이크하거나 브레이즈하는 것
마로marrow 뼈 가운데 들어 있는 지방질이 많은 골수 부분
마리니에르marinière 와인과 허브를 곁들인 생선이나 생선 육수로 만든 소스를 말한다.
마르미트marmite 카술레나 포토푀 같이 천천히 조리하는 스튜를 만들 때 쓰는 조리 도구. 또는 이 조리 도구에 조리해서 내는 요리를 뜻하기도 한다.
메종maison 파테 메종이나 소시송 메종 같은 식으로 레스토랑에서 직접 준비한 특선 요리
뫼니에르meunière 양념한 밀가루를 가볍게 묻혀서 버터에 소테한 것
무스mousse 휘핑 크림이나 거품 낸 계란 흰자를 넣어 부드럽고 폭신하게 만든 달콤하거나 짭짤한 요리나 소스
미르푸아mirepoix 당근, 양파, 셀러리를 깍둑썰기 하여 버터에 소테한 것. 소스, 수프, 스튜에 맛을 낼 때 쓰인다.

발로틴ballotine 고기나, 생선, 닭고기에서 뼈를 발라내고 속을 채워 말아서 묶은 후 브레이즈하거나 로스트한 요리

브로슈broche 또는 **앙 브로셰트**en brochette 꼬챙이에 끼워서 로스트한 요리

브륄레brûlé 태웠다는 의미. 크렘 브륄레 위에 올려져 있는 태운 설탕 같은 것을 말한다.

볼로방vol-au-vent 퍼프 패스트리로 성형한 작은 용기와 뚜껑. 보통 고기와 크림 소스를 채운다.

소시송saucisson 훈제한 소시지

슈미제chemisé 패스트리로 재료를 말거나 재료를 소스로 코팅하는 것

시베civet 양파, 버섯, 레드 와인을 넣은 야생 고기 스튜. 보통 토끼를 사용한다.

시포나드chiffonade 말 그대로 하자면 '조각을 모아 만든'이라는 의미로, 채소를 가늘게 채쳐서 생으로 또는 소테하여 장식으로 쓰는 것을 가리킨다.

아 푸앙à point 고기를 미디엄으로 조리하는 것. 또는 아스파라거스를 데친 후 찬물에 담근다든지, 파스타 국수를 알 덴테로 조리하는 것처럼 음식을 가장 맛있는 정도까지만 익히고 조리를 중단하는 것을 의미하기도 한다.

앙트르코트entrecôte 말 그대로 하자면 '갈비뼈 사이의'라는 뜻으로, 전통적으로 아홉 번째와 열한 번째 갈비뼈 사이의 부드러운 스테이크 부위를 의미한다.

오 푸아브르au poivre '후추를 뿌려서'라는 뜻. 스테이크 오 푸아브르는 겉을 후추로 코팅한 스테이크를 의미한다.

쥐jus 고기, 과일, 채소의 즙으로, 고기를 '오 쥐au jus'로 내는 것은 고기 자체의 육즙에 담아 내는 것을 말한다.

쥘리안julienne 성냥개비 사이즈로 자른 것

카술레cassoulet 천천히 조리한, 전통적으로 흰 콩을 곁들인 소시지, 돼지고기, 또는 오리고기 요리

코코트cocotte 또는 **앙 코코트**en cocotte 딱 맞는 뚜껑을 덮은 원형이나 타원형 카세롤 용기에 조리하는 것

코킬coquille 가리비 껍데기나 조개 껍데기처럼 생긴 그릇에 내는 것

콩소메consommé 침전물이나 뿌연 기운을 없애서 맑게 만든 고기나 생선 육수

콩카세concassé 거칠게 다져서 섞는 것

콩포트compote 설탕 시럽에 천천히 조리한 채소와 과일

콩피confit 고기를 소금에 절인 후 고기 자체의 기름으로 천천히 조리한 다음 용기에 넣고 기름을 덮어 보존하는 고기 요리

콩피튀르confiture 채소나 과일을 천천히 조리해서 만든 잼이나 프리저브를 말한다.

쿠르 부용court bouillon 채소 육수. 생선을 포치할 때 주로 쓴다.

쿨리coulis 되직한 퓌레, 소스 또는 수프

크로캉croquant 아삭하거나 바삭한 것

크루트croûte '크러스트'를 뜻하는 프랑스어로, 앙 크루트en croûte는 패스트리로 재료를 감싸서 굽는 것을 뜻한다. 또는 속을 파낸 둥근 빵에 담아 제공하는 요리 혹은 토스트하거나 튀긴 빵을 가리킨다.

파테pâté 양념한 돼지고기, 간, 송아지 고기, 생선, 채소를 부드러워질 때까지 잘게 다지거나, 굵게 썰어서 (컨트리 파테의 경우) 조리하는 것

파트 브리제pâte brisée 달콤하거나 짭잘한 키시, 파이, 타르트 등을 만드는 데 사용하는 쇼트 패스트리나 크러스트

파트 아 슈pâte à choux 계란으로 만든 퍼프 패스트리

파피요트papillote 또는 **앙 파피요트**en papillote 양피지(역주: 최근에는 종이를 사용한다.)로 봉투를 만들어 재료를 넣고 봉한 후 조리하는 것

페야르paillard 고기를 가늘게 썰어 그릴하거나 소테한 것(보통 송아지 고기, 소고기, 닭고기)

푀유타주feuilletage 퍼프 패스트리. 파트 푀유테pâte feuilletée라고도 한다.

퓌메fumet 생선이나 버섯으로 만든 농축 육수

포타주potage 퓌레한 수프. 보통 크림이나 계란 노른자로 되직하게 만든다.

■ 고전적인 프렌치 소스

고급 요리에 곁들이는 프렌치 소스는 모두 복잡하고 어려운 이름을 가진 데다 종류도 수없이 많다. 그러나 에스파뇰, 벨루테, 베샤멜, 알르망드 같은 대표적인 기본 소스 몇 가지만 알고 있으면 테이블에서 충분히 아는 행세를 할 수 있다.

베샤멜béchamel 화이트 루, 우유, 미르푸아, 허브로 만든 화이트 소스. 모르네Mornay는 베샤멜 소스에 스위스 치즈나 파르메산 치즈를 넣은 것을 말한다.

벨루테velouté 화이트 루와 송아지 고기 육수로 만든 화이트 소스. 소스 슈프림은 벨루테에 크림을 넣은 것. 다른 소스를 만들기 위해 벨루테를 닭 육수나, 생선 육수로 만들기도 한다.

뵈르 누아르beurre noir '블랙 버터' 소스로, 갈색이 나도록 끓인 버터에 식초 또는 레몬, 케이퍼, 파슬리를 넣어 만든다.

뵈르 블랑beurre blanc '화이트 버터' 소스로, 와인, 식초, 샬롯, 버터로 만든다.

알르망드allemande 또는 **파리지엔느**parisienne 벨루테 소스를 계란 노른자로 되직하게 만든 것

에스파뇰espagnole 소고기 육수, 브라운 루, 미르푸아, 허브, 토마토, 와인으로 만든 브라운 소스다. 보르들레즈bordelaise 소스는 에스파뇰에 레드 와인, 샬롯, 허브를 더한 것이고, 데미글라스demi-glace는 에스파뇰에 셰리, 포트나 마데이라 와인을 넣고 졸인 것이다.

오랑데즈hollandaise 버터, 계란 노른자, 레몬으로 만든 에멀전으로, 엄격하게 말하면 기본 소스는 아니지만, 다른 몇몇 소스의 베이스로 쓰인다. 베아르네즈는 오랑데즈에 레몬 대신 식초를 넣고 타라곤과 다른 생 허브로 맛을 낸 소스다.

> "파인 다이닝 레스토랑에서는 항상 프랑스 요리의 영향을 볼 수 있지만, 점차적으로 세계 각국 요리의 영향력이 커지고 있습니다. 특히 재료 그대로의 풍미를 살리는 일본 요리의 정교한 기술은 고급 요리에 큰 영향을 주고 있습니다."
> – 피터 캐스러스키, 공동소유주, 시소(Sea Saw, Scottsdale, Arizona)

2. 일식 파인 다이닝의 신 조류

예전에는 서양인에게 있어 극동 아시아 지역의 음식은 별나고 신기한 것에 지나지 않았다. 눈알이든 뭐든 다 포함되어 있는 기괴하고 이상한 생물에 혀가 얼얼하도록 매운 무시무시한 소스를 뿌려 먹는다든지, 물컹한 생선회를 두려움을 무릅쓰고 먹는 이미지를 떠올린 것이다. 그러나 요즈음에는 이전 세대가 경멸하였던 그러한 음식들이 고급 프랑스 요리와 어깨를 겨루며 영광을 얻고 있다. 물론 아직도 캘리포니아 롤이나 새우 튀김 정도 단계에 머물러 있는 사람들도 있지만, 많은 사람들이 성게, 장어, 복어 같이 처음 대면하는 미지의 음식에 과감히 도전하고 있다. 그러나 일식의 세계에서 초보자이든 아니면 용감한 도전자이든, 당신은 '가이진かいじん', 즉 외국인이다. 그 나라의 문화와 에티켓, 요리의 이모저모에 대해 배워야 한다.

■ 전통 일본 요리

'스시'는 일본 음식을 총칭하는 단어가 아니다. 일본 요리에는 튀김, 그릴 요리에서부터 생선회, 냄비 요리까지 다양한 종류가 있다. 일본에 있는 식당들은 대부분 한두 가지 스타일의 요리만 특화해서 운영하기도 하지만, 일본 외의 나라에 있는 일식당에서는 다양한 요리를 모두 찾아볼 수 있는 경우가 많다.

오쓰마미 おつまみ 맥주와 곁들이는 스낵이다. 말린 오징어나 한치, 말린 와사비 콩 같이 조금씩 집어 먹을 수 있는 짭짤한 음식이라면 무엇이든 오쓰마미가 될 수 있다.

데판야키 てっぱんやき 고기나 채소를 철판에 그릴한 것이다.

스시 すし 여러 가지 방법으로 준비될 수 있으나, 항상 쌀 식초로 간을 한 밥을 곁들이는 것이 특징이다. 마키まき 또는 노리마키のりまき는 해산물, 채소 등의 재료를 밥과 김(노리のり)으로 만 다음 자른 것이다. 두꺼운 것(후토마키ふとまき), 중간 것(주마키ちゅうまき), 가는 것(호소마키ほそまき) 세 종류가 있다. 데마키てまき는 김에 밥과 생선, 채소 등을 올리고 아이스크림 콘 모양으로 감싼 것이다. 니기리にぎり는 우리가 흔히 스시라고 말하는 것으로, 엄지손가락만한 밥 위에 와사비를 올리고 생선회 같은 것을 얹은 것이다. 지라시ちらし는 밥 위에 생선회와 채소, 계란, 버섯 등을 올린 것이다. 오시おし는 틀에 밥을 넣어 해물을 올려 누르고 작은 조각으로 자른 것이고, 이나리いなり는 밥과 채소를 유부로 싼 유부 초밥이다. 정확하게 말해서 사시미さしみ는 날 생선을 썬 것으로, 밥과 같이 나오는 것이 아니기 때문에 스시라고 할 수 없다.

덴푸라てんぷら 채소나 해산물에 가벼운 튀김 반죽을 입혀 튀겨낸 것이다.

소바そば와 **우동**うどん 국수 종류로 해물, 생선, 채소, 고기, 계란 등을 곁들여 차갑거나 뜨겁게 해서 낸다. 소바는 메밀로 만들어지는데 두껍거나 가는 종류가 있고, 우동은 밀가루로 만들며 보통 두껍다.

야키도리やきとリ 고기와 채소를 꼬치에 끼워 그릴에 구운 것이다.

가쓰カツ와 **구시아게**くしあげ 고기나 해산물에 팡코パンこ(일본식 빵가루)를 입혀 튀겨낸 것이다. 가쓰나 돈가쓰는 보통 돼지고기에 빵가루를 입혀 튀긴 것을 가리키고, 구시아게는 해물이나 채소 꼬치에 빵가루를 입혀 튀겨낸 요리다.

가마메시かまめし 닭고기, 새우, 굴, 버섯, 죽순과 같은 고기 종류나, 생선, 또는 채소 중 원하는 것을 골라 밥과 함께 찌는 솥밥 요리다.

나베모노なべもの 냄비 요리로, 스스로 조리해 먹는 DIY 요리라고 할 수 있다. 테이블 위에 가스레인지를 놓고 냄비에 육수를 끓여서 다양한 생고기와 채소를 넣어서 익혀 먹는 것이다. 샤부샤부와 스키야키가 나베모노 스타일의 요리다.

로바다야키ろばたやき 또는 줄여서 **로바다**ろばた 일본식 고기, 채소, 생선, 해물 꼬치 요리로, 소금과 후추 또는 시치미를 뿌려서 뜨거운 숯불에 구워 먹는다.

■ 스시 마니아 되기

일식당에서는 다른 곳에서는 할 수 없는 특별한 경험을 할 수 있다. 바로 스시 바에 앉아 셰프가 조리하는 모습을 지켜보는 것이다. 일본 음식에 대해 배우고, 어떤 재료가 신선한지 보고, 서비스 음식도 가끔 제공 받고 싶다면, 반드시 스시 바의 첫 열에 앉아야 한다. 일식에 대해 진지하고 모험심이 있다는 것을 보여주려면, 그리고 무엇보다 셰프에게 경의를 표하고 싶다면 다음과 같이 하면 된다.

얕은 지식으로 셰프에게 아는 체 하지 말 것

겸손한 태도로 호기심을 보여라. 셰프가 조리하는 것을 지켜 보면서 "정말 멋지네요. 그것이 무엇인가요?" 또는 "방금 그 요리 한 번도 먹어 본 적이 없는데 만들어 주시겠어요?"같이 말해 보자.

분위기를 형성할 것

단골손님이라면 더 좋겠지만 혹시 첫 방문이더라도 메뉴에 없는 특선 요리가 있는지 셰프에게 물어 보자. 셰프의 요리에 찬사의 말을 건네면서 맥주나 사케를 권해 보아도 좋다. 그러나 특별 대우를 기대하는 마음에서 셰프에게 접근하는 것은 금물이다. 순수하게 셰프의 작품에 경의와 감사를 표해 보자.

> **보너스 1+1**
>
> 일어로 애정을 전해 보자. "고맙습니다."라는 말을 셰프에게 간단히 전할 때에는 고개를 살짝 끄덕이며 "도모(どうも)."라고 하면 된다. 더 많이 고마울 때에는 "도모 아리가토 고자이마스(どうもありがとうございます)."라고 해도 좋다. 셰프나 웨이터에게 결례를 범했거나 물의를 일으켰을 때 "미안합니다."라는 말은 "도모 스미마센(どうもすみません)."이라고 하면 된다.

사시미를 가장 먼저 주문하고, 스시는 한 번에 조금씩 주문할 것

스시는 셰프의 손을 떠나자마자 먹는 것이 가장 이상적이다. 그러나 대부분의 레스토랑에서는 실제로 그렇게 하기가 힘들다. 따라서 만드는 데에 20분, 먹는 데에 20분이 걸리는 거대한 모둠 스시보다는 한 번 주문할 때에 한 사람 앞에 두세 개씩만 주문하는 것이 훨씬 좋다.

일본어 생선 이름을 안다면 일어로 주문할 것

메뉴를 보면 보통 일어가 함께 나와 있는 경우가 많다. 좋아하는 생선의 이름 정도는 다음 리스트를 보고 외워 두자.

생 와사비를 공손하게 요청할 것

생 와사비는 대부분의 일식당이 내고 있는 코를 자극하는 초록색 와사비 반죽보다 단맛이 돌며 자극도 덜하다. 돈을 추가 지불할 만한 가치가 충분히 있다. 당신이 아마추어가 아니라는 것을 나타내기도 한다.

후루룩 소리를 낼 것

소리를 조금도 내지 않고 국물에 담긴 국수를 먹는 것은 불가능하다. 게다가 일본 셰프는 후루룩 소리를 오히려 칭찬으로 여긴다. 손이나 밥이나 수프 그릇을 들고 입 가까이에 가져가서 먹는 것도 결례가 아니다.

일요일이나 월요일에는 스시 주문을 재고할 것

생선 시장은 보통 일요일에 닫기 때문에 적어도 하루 이상 지난 생선일 가능성이 크다.

일본어로 생선 이름 말하기

스시 이름을 정확히 외워서 말하는 것은 셰프의 관심과 더불어 서비스 음식까지 얻을 수 있는 좋은 방법이며 진지한 스시 광이 되는 길이기도 하다. (크림치즈, 땅콩버터, 마요네즈로 채워진 아메리칸 롤을 피하는 것도 생선 이름을 외우는 것 못지않게 도움이 된다.) 시간을 몇 분만 내서 자주 주문하는 생선의 이름을 외워 보자.

가쓰오 かつお 가다랑어	아마에비 あまえび 날새우
가니 かに 게	아오야기 あおやぎ 일본 붉은 조개
가이바시라 かいばしら 큰 가리비	아와비 あわび 전복
고바시라 こばしら 작은 가리비	아카가이 あかがい 피조개
도로 とろ 참치 뱃살	에비 えび 익힌 새우
도리가이 とりがい 일본새조개	우나기 うなぎ 민물장어
마구로 まぐろ 참치	우니 うに 성게 알
미루가이 みるがい 대합조개	이카 いか 오징어
마사고 まさご 열빙어 알	이쿠라 いくら 연어 알
사바 さば 고등어	타이 たい 참돔, 붉돔
사케 さけ 술	타코 たこ 문어
스즈키 すずき 바다 농어	토비코 とびこ 날치알
시로마구로 しろまぐろ 알바코어	하마치 はまち 방어
아나고 あなご 바닷장어	히라메 ひらめ 광어

"간장에 와사비를 섞지 마세요! 일본 음식, 특히 스시는 매우 담백하고 가볍기 때문에, 와사비나 간장을 너무 많이 찍으면 생선의 풍미가 죽습니다. 뒷맛이 달짝지근한 진짜 생 와사비는 곁들여도 괜찮습니다. 맛에 살짝 활력을 불어넣기 때문이죠. 그러나 아주 맵거나 짠 것을 곁들이면 생선의 풍미가 날아가므로 주의하세요."

– 후쿠다 노부오, 셰프, 시소(Sea Saw, Scottdale, Arizona)

■ 젓가락과 받침대 예절 : 일본식 에티켓

다음은 외국인이 저지르기 쉬운 실수다. 실수를 저지른다고 레스토랑에서 쫓겨나는 것은 아니지만, 셰프를 존중한다는 의미에서 기본적인 에티켓을 기억해두자. 일본식 테이블 매너에 대해 알아 둔다면 더욱 좋다.

- 나무 젓가락을 비비지 말 것. 젓가락의 가시는 손으로 떼어내자.
- 밥에 젓가락을 꽂거나 젓가락에서 젓가락으로 음식을 옮기지 말 것. 그런 행위는 장례식 때나 하는 것이다.
- 테이블이나 바에 젓가락을 내려놓지 말 것. 젓가락 끝이 왼쪽을 향하도록 받침대에 내려 놓거나 간장 종지 위에 가로질러 올려 놓으면 된다.
- 사시미는 젓가락으로 집고, 스시는 엄지와 중지, 검지 손가락을 이용하여 잡을 것.
- 간장에 와사비를 풀지 말 것. 생선에 와사비를 바로 묻혀서 먹는 것이 좋다.
- 스시를 간장에 찍을 때에는 밥 말고 생선에 찍을 것.
- 폰즈같은 전용 소스나 쪽파같은 것이 뿌려져 나오면 그대로 먹는다. 와사비와 간장을 듬뿍 묻히는 것은 프랑스 요리에 케첩을 잔뜩 뿌리는 것과 같다. 셰프가 준비해 주는 그대로 믿고 먹자.
- 스시는 한 입에 먹을 것. 너무 클 경우에는 한 입을 먹은 다음 바로 연이어 나머지를 먹는다. 반만 먹은 스시를 접시에 내려 놓지 말자.

□ 물수건

대부분의 고급 일식당은 식사 전 손님에게 오시보리라고 부르는 따뜻한 젖은 수건을 낸다. 수건으로 얼굴을 닦지 말자. 식사 전에 손을 닦고 스시를 먹는 손 근처에 접어 놓았다가 마키나 니기리 스시 등을 집어 먹은 후에 손가락을 닦는 데 사용하면 된다.

■ 셰프에게 찬사를

모험심이 생긴다면 오마카세おまかせ를 주문하자. 오마카세는 '위임하다' 라는 뜻으로, 일식당에서는 '셰프를 믿는다' 라는 의미로 쓰인다. 셰프가 자신 있게 선보이는 생선 요리와 특선 요리를 코스로 제공하는 것이다. 어떤 일식당에서는 그만 달라고 요청할 때까지 요리가 끊임없이 나오기도 한다.

보너스 1+1

스시 프로처럼 보이고 싶다면 셰프에게 우니, 즉 성게 알이 어디 산인지 정중히 물어 보자. 미국의 경우는 산타바바라 것을 최고로 쳐준다. (역주 : 일본에서는 홋카이도 산을 최고로 친다.)

한편 가격대를 고르는 경우도 있는데, 가격대에 따라 셰프가 사용하는 생선 종류는 달라질 수 있지만 코스 개수에 영향을 주지는 않는다. 단골손님이 아니거나 셰프가 당신의 취향을 모른다면, 오마카세를 주문할 때에는 적어도 하루나 이틀 전에 미리 일식당에 일러두는 것이 좋다. 그렇게 해야 셰프가 특별 요리를 준비하거나 평상시에는 다루지 않는 흔치 않은 생선을 준비할 수 있다.

심각한 음식 알레르기가 있다면 예약 시 이야기하는 것을 잊지 말자. 그러나 심각한 문제가 아니라면 평소 고등어나 오징어를 싫어한다 해도 그 날만은 시도해 보도록 하자. 셰프가 아무 제약 없이 요리 마법을 부릴 수 있도록 말이다.

■ 일본 요리의 향연

가이세키かいせき 요리는 셰프 테이스팅 메뉴와 비슷한 매우 전통적인 일식 코스 요리다. 원래 가이세키는 다도에서 제공되는 가벼운 스낵이었지만, 일본 셰프들이 모여서 각 지역의 지형이나 자연적인 요소, 계절, 특산물을 뽐내며 공들여서 만드는 다섯 개에서 열다섯 개의 작은 코스 요리로 점차 발달하였다. 대부분의 일본인 셰프는 전통적인 가이세키를 만들 수 있도록 훈련 받았지만, 워낙 준비하는 데에 비용과 시간이 들기 때문에 메뉴에는 올라

와 있지 않은 경우가 많다. 사실 외국인들이 가이세키가 무엇인지 잘 모르기 때문이기도 하다. 단골이거나 특별한 일이 있다면 셰프에게 가이세키를 부탁해 볼 수 있다. 적어도 일주일 전에는 이야기하는 것이 좋고, 특별 프리미엄을 지불해야 한다.

3. 사케에 대해 알아야 하는 모든 것

사케さけ가 쌀로 만들어진다는 사실은 아마 잘 알고 있을 것이다. 그러면 사케는 어떤 술 종류로 분류할 수 있을까. 와인 같은 발효주? 아니면 맥주 같은 곡물주? 아니면 위스키 같은 증류주? 다 아니다. 사케는 증류를 하지 않으므로 증류주는 아니다. 사케는 쌀을 발효시켜서 만들기 때문에 와인과 맥주 중간 정도라고 할 수 있다. 발효를 한다는 점에서 와인과 같고, 곡물로 만든다는 점에서 맥주와 비슷하다.

사케를 만들려면 일단 발효 전 쌀을 도정하거나 제분해야 한다. 이 과정을 '세이마이せいまい'라고 부른다. 사케의 품질은 쌀이 얼마나 도정되었는지에 달려 있다고 해도 과언이 아니다. 지방, 단백질, 아미노산이 몰려 있는 쌀 바깥 부분은 사케의 맛과 향취를 손상시킬 수 있으므로 깎아낸다. 쌀 낟알의 중앙으로 갈수록 발효가 일어나는 녹말 함량이 높다.

> **향연의 역사**
>
> 구치가미자케(くちかみざけ)라고 부르는 최초의 사케는 기원전 3백년경의 일본으로 거슬러 올라간다. 구치가미자케는 마을 전체의 도움으로 만들어졌는데, 사람들이 쌀, 도토리, 조를 씹어서 통에 뱉으면 침에 들어 있는 소화효소와 으깨진 곡물이 삭아서 당분으로 분해되고, 발효되어 술이 되었다. 요즘에는 '고지'라고 하는 효소를 사용하는데, 고지는 침 같이 쌀의 녹말을 당분으로 분해하는 역할을 한다.

예외는 있지만 쌀을 많이 도정할수록 더 정제된, 품질 좋은 사케를 얻을 수 있다. 최고 등급의 사케의 경우, 적어도 쌀의 70%를 도정해서 만든다. 와인을 만드는 포도가 다양한 것처럼, 사케를 만드는 쌀에도 여러 종류(약 65종)가 있고, 품질 좋은 쌀을 생산하는 것으로 유명한 지역이 따로 있다. 좋은 사케를 주문하고 싶다면, 다음 네 종류의 프리미엄 사케를 눈여겨 보자. (일반 사케는 이 네 가지 분류 이외에 해당하며, 후츠슈ふつうしゅ 또는 산조슈さんぞうしゅ라고 불린다.)

프리미엄 사케

명칭	최소도정율	알코올 첨가 여부	품질
긴죠슈(吟釀酒) 다이긴죠슈(大吟釀酒)	60% 50%	예	과일 향, 라이트~미디엄 바디, 부드럽고 정제됨
준마이 긴죠(純米吟釀) 준마이 다이긴죠(純米大吟釀)	60% 50%	아니오	향취가 좋고 복잡미묘함 미디엄~풀 바디
준마이슈(純米酒)	70%	아니오	새콤하고 강렬함 풀 바디 풍미
혼죠조(本釀造)	70%	예	가볍고 부드러우며 향기로움

■ 따뜻하게 마실 것인가, 차갑게 마실 것인가

대부분의 프리미엄 사케는 차갑게 제공된다. 사케에 따라 상온이나 따뜻한 온도가 좋은 것들도 있지만 (절대 뜨겁게는 먹지 않는다), 미국에서 따뜻하게 제공되는 사케는 보통 품질이 낮은 것이다. 병입 및 발효 기술이 발전하기 전인 1900년대 초반에는 사케를 나무 탱크에서 양조했기 때문에 술에서 나무의 거친 풍미가 풍겼다. 사케를 데우면 거친 향을 조금은 잠재울 수 있었다. 오늘날에는 사케를 나무가 아닌 세라믹이나 유리에서 발효시킨다. 오늘날의 프리미엄 사케의 미묘한 맛과 꽃 향기는 차갑게 마실 때 가장 좋다.

> **보너스 1+1**
>
> '슈(しゅ)'는 일어로 '사케'라는 의미다. 대부분의 서양 사람들은 '사키'라고 발음하지만 일본인들은 '사케'라고 발음한다. 준마이라는 단어가 붙은 것은 쌀로만 만들었다는 의미다. 알코올이 첨가되지 않았다는 것이다. '다이(たい)'는 일어로 '훌륭한'이라는 의미로, 다양한 종류의 사케 앞에 접두어로 붙여진다. '다이'가 사케 이름에 붙으면 쌀이 적어도 50% 이상 도정되었다는 의미로, 좋은 사케라는 것을 뜻한다.

> "사케를 작은 나무 잔인 마스에 담아 먹는 오랜 전통은 사케를 나무 탱크에서 양조하고 나무통에 담아 나르던 시기로 거슬러 올라갑니다. 그러나 오늘날에는 나무 잔이 프리미엄 사케의 향과 맛을 죽이기 때문에, 긴죠 사케를 마실 때에는 마스를 피하는 것이 좋습니다."
>
> – 존 곤트너, *The Sake Handbook*의 저자

4. 퓨전 요리

세계 문화와 정치는 정복과 지배의 역사였지만, 다행히도 요리에 있어서는 조화와 융합이 대세다. 모험심이 강한 사람들은 이국적인 음식을 기꺼이 환영하는데, 새롭고 별난 음식들에 대한 그런 열광은 사실 전혀 새로운 것이 아니다. 예전에도 향신료, 과일, 채소, 조리법, 조리도구를 교환하면서 서로 다른 문화권 음식 사이에 유대가 있어왔기 때문이다. 현 시대에는 그런 음식의 융화를 '퓨전' 이라는 화려한 이름으로 부르는 것뿐이다.

퓨전 요리는 다양한 요리 장르의 조리 기술과 재료들을 섞는 것에 지나지 않는다. 당연하게도 고급 레스토랑은 조금 더 심사숙고해서 세련되게 음식을 섞겠지만, 사실 원 의미대로 하자면 밀가루 토르티야에 칠면조 고기를 넣어 샌드위치를 만든 것도 퓨전의 일종이다. 그러면 왜 이렇게 퓨전 요리에 대해 말들이 많은 것일까? 퓨전 요리에는 괴상야릇한 것이 많기 때문이다. 퓨전 요리 셰프들은 특이하고 강렬하고 서로 반대되는 맛을 조합하여 손님을 놀라게 하곤 한다. 그들은 당신이 지금 먹는 요리가 대체 무엇인지, 어떻게 만든 것인지 생각하게 되기를 바란다. 당신이 생전 처음 들어보는, 생전 처음 먹어보는 요리를 소개하여 당신이 깜짝 놀라서 감동하기를 바라는 것이다.

사실 퓨전 요리 중에는 이론으로만 좋고 실제로는 별로인 경우도 있지만, 식도락가라면 훌륭한 퓨전 요리를 낳는 혁신적인 요리 철학을 환영할 것이다. 동양이 서양을 만나고, 북부 지방이 남부 지방을 만나는 등 상상 가능한 모든 요리의 융합이 가능하다. 그러나 딜레마 역시 존재한다. 상상에 한계가 없고 지역적인 경계가 없기 때문에, 퓨전 요리의 광범위한 영역을 한마디로 정의 내리기가 어렵다는 것이다. 새로운 음식에 대한 시도나 제멋대로 조합해 놓은 메뉴에 대해 확신이 없다면 다음 조언을 참고하자.

퓨전 요리를 주문할 때에는,

특별한 날에는 시도하지는 말 것
당신이 프렌치 아시안 음식을 좋아하지 않는다거나 라이스 페이퍼 라비올리를 먹으면 방귀가 나온다는 사실을 생일이나 기념일에 알아야 할 필요는 없을 것이다.

미리 공부할 것

베트남 요리에 대해 전혀 모른다면 베트남 멕시칸 레스토랑에 가기 전에 10분만 시간을 내어 인터넷에서 기본적인 정보를 찾아 보자.

다른 테이블을 살펴 볼 것

조심스럽게 레스토랑을 돌아보면서 다른 사람들은 무엇을 먹고 있는지 살펴 보자. 요리를 눈으로 보고 주문하면 어떤 것이 나올지 대강 알 수 있어서 요리가 나왔을 때 덜 놀란다.

묻고, 묻고, 또 물을 것

차요테(아열대 채소 중의 하나)나 곰부(다시마)가 무엇인지 모른다고 해서 웨이터가 당신을 깔보지는 않는다.

이야기하고, 이야기하고, 또 이야기할 것

매운 음식이나 고수를 잘 먹지 못한다면 싫어하는 음식과 좋아하는 음식에 대해 솔직하게 이야기하라. 웨이터가 당신이 좋아할 만한 음식을 추천해 줄 것이다.

걸음마부터 할 것

확신이 없다면 하나의 메인 메뉴를 주문하기보다는 스몰 플레이트나 애피타이저를 주문하는 것이 좋다.

디저트를 먹어 볼 것

고급 퓨전 레스토랑이라면, 고전적인 디저트 메뉴를 보통 한두 개는 찾을 수 있다.

다시 시도, 또 시도해 볼 것

한 종류가 마음에 들지 않았다고 해서 퓨전 요리를 모두 포기하지는 말자.

5. 분자 요리

기존의 파인 다이닝 레스토랑이 음식 세계의 루브르 박물관이라면, 이 새로운 장르의 고급 레스토랑은 아티스트의 작업실이다. 수많은 고전적인 레스토랑들이 전통을 지키면서 정해진 법칙에 따라 움직이는 것에 반해, 이 새로운 물결은 기존의 관습을 버리고 음식의 현재와 미래에 대한 예술가 셰프의 비전을 선보이고 있다. 오늘날의 오트 퀴진은 고급 요리에 대한 최첨단 시도로, 요리인 동시에 과학이다. 또한 화학이기도 하고 조리 기술이기도 한, 이 세계적인 요리 장르는 과학 기술과 창의성, 다문화 식재료와 조리 기술을 집대성한 결과다. 스테이크 거품, 폭발하는 라비올리, 동결 건조한 푸아그라, 파르메산 공기, 훈제 베이컨과 계란 아이스크림 등 생각지도 못했던 음식을 가능케 하는 혁신적이고 새로운 시도다.

> **기억하세요**
>
> 분자요리(molecular gastronomy)라는 용어는 1980년대에 프랑스 과학자 에르베 디스(Hervé This)와 영국 옥스포드 대학교의 물리학 교수 니콜라스 커티(Nicholas Kurti)가 붙인 것이다.

이런 요리를 처음 시도하여 분자 요리의 아버지로 불리는 사람은 미쉐린 3스타 레스토랑인 스페인의 엘 불리El Bulli의 주인이자 광적인 과학자 셰프 페란 아드리아Ferran Adria다. 그리고 그에게 영향을 받은 그의 제자와 일부 요리 급진 분자들이 현재 세계 곳곳의 주방 실험실에서 분자요리를 시도하고 있다. 몇 명만 예를 들어 보자.

미국 뉴욕 시 wd-50의 와일리 뒤프렌Wylie Dufresne, 시카고 얼리니어Alinea의 그랜트 애커츠Grant Achatz와 모토Moto의 호마로 칸투Homaro Cantu, 영국 브레이에 있는 미쉐린 3스타 레스토랑 팻 덕The Fat Duck의 독학 셰프 헤스턴 블루먼솔Heston Blumental 등이 있다. 패션계의 오트 쿠튀르처럼, 실험적이고 전위적인 요리 트렌드는 대부분 쉽게 사라지지만, 이 셰프들에 의해 창조된 새로운 기술과 시도들은 요리계에 길이 남을 것이다.

■ 요리 실험실

분자 요리를 하는 셰프는 예상치 못한 방식으로 재료를 해체하여 초현실적인 요리를 시도한다. 토마토를 젤리로 만드는 전통적인 조리 기술을 사용하거나 맛을 낸 식품 염료를 잉크젯 프린터에 넣어 먹을 수 있는 그림을 만드는 식으로 완전히 새로운 방법을 개척하기도 한다. 다음은 분자 요리 메뉴에 종종 등장하는 용어들이다.

거품foam 액체나 갈거나 걸러서 액체로 만들 수 있는 재료라면 어떤 재료로도 만들 수 있다. 액체를 질소 충전 휘핑크림기에 담아서 차갑게 한 다음 스프레이하면 만들어진다.

인퓨전infusion 차를 우리는 것과 같은 방식이다. 허브, 스파이스, 과일, 채소 등의 재료를 뜨거운 액체, 물이나 육수, 기름, 소스 등에 담가 풍미를 우려낸다.

에멀전emulsion 두 가지 재료가 완전히 섞여 되직하고 매끄러운 소스가 되도록 두 재료를 조금씩 빠르게 섞어서 만든다. 기름과 식초를 섞은 비네그레트가 에멀전의 일종이다.

젤리gelee, jelly 재료를 갈거나 말려서 가루로 만든 다음, 물이나 육수 등의 액체에 개고 젤라틴을 넣어 섞은 후 굳혀서 만든다.

베이퍼vapor 음식을 고온으로 가열할 때 방출되는 반 가스 상태의 에센셜 오일을 의미한다. (타서 연기가 나지 않을 정도로 가열해야 한다.) 셰프는 밀폐 용기에 그런 베이퍼를 '잡아 두었다가' 요리를 낼 때 정교한 프레젠테이션으로 손님에게 방출한다.

수비드sous-vide 프랑스어로 '진공 하에' 라는 뜻으로, 음식을 진공 포장하여 저온의 물에서 조리하는 방법을 가리킨다. 이 방법은 기존의 조리 방법에 비해 재료의 수축이 적고 식감이 자연스러우며 풍미가 높아지고 영양소의 손실이 적어지는 효과가 있다.

> "전통적인 파인 다이닝에서는 격식이 중요한 부분을 차지합니다. 그러나 피자 같은 요리가 나오면 격식이나 에티켓에 대한 생각은 사라져버리죠. 심지어 때로는 적절한 도구를 제공하지 않기도 합니다. 우리는 최상의 재료와 조리에 대해서 항상 신경을 쓰지만, 일단 요리를 손님에게 제공한 후에는 손님이 최대한 음식을 즐길 수 있었으면 합니다."
> – 호마로 칸투, 셰프, 모토(Moto, Chicago)

■ 소수 마니아를 위한 음식

다행히도 이런 종류의 레스토랑에서는 고상한 격식을 지켜야 한다는 부담감에서 조금은 벗어날 수 있다. 음식 조리법에서 요리 프레젠테이션에 이르는 모든 것이 기존의 틀에서 벗어나기 때문이다. 당신이 브레이즈한 피자나 히아신스 베이퍼를 모른다고 해서 비웃을 웨이터는 아무도 없다. 셰프와 웨이터는 오히려 당신이 약간의 모험을 감행하기를 바란다. 분자 요리는 음식인 동시에 엔터테인먼트다. 음식으로 장난도 치며 재미있게 즐기려는 자세가 필요하다. 이런 실험적인 식사를 할 때에는 다음을 주의하자.

특이한 음식에 놀라거나 두려워하지 말 것

음식을 심하게 가리는 사람도 요주의다. 코스 요리는 모두 셰프가 정하게 되어 있으니 메뉴를 직접 고르고 싶어하는 고객과도 동행하지 말자. 또한 할머니나 어린이와는 같이 가지 않는 것이 좋다. 그들은 다른 사람이 음식을 가지고 노는 것을 가만히 보고만 있지 않을 것이다.

채식주의자거나 특정 음식에 알레르기가 있다면 주의할 것

즉석에서 다른 요리로 바꾸는 것이 보통 가능하기는 하지만, 그래도 예약할 때 미리 이야기해 두는 것이 더 좋다. 레스토랑 측에서 미리 다른 재료를 준비할 수 있는 여유를 준다면 더 나은 대우를 받을 수 있을 것이다.

임의로 코스 요리를 바꾸지 말 것

재료를 임의로 빼거나 다섯 코스 메뉴의 요리를 열 코스 메뉴에 포함되어 있는 더 좋아 보이는 요리로 바꿀 수는 없다. 아예 물어 보지도 말자. 보통 고급 레스토랑은 사소한 요구라면 대부분 들어주기는 하지만, 테이스팅 메뉴에 주재료로 강조되어 있는 비트나 양곱창을 다른 것으로 바꾸어 달라고 조르는 것은 잘 받아들여지지 않을 것이다.

> "우리에게 질문을 한다고 당신을 성가시다거나, 세련되지 않다고 생각하지는 않습니다. 손님들이 우리의 요리를 보고 난해하게 생각할까 걱정이 되기는 하지만, 사실 요리에 들어가는 재료나 맛은 전통적인 것과 다를 것이 없습니다. 보이기에만 새로울 뿐입니다."
> – 와일리 뒤프렌, 셰프, *wd-50(New York City)*

미각 훈련하기

오감의 사용

PALATE PREP

파인 다이닝 레스토랑에 갈 준비를 해 보자. 고급스러운 옷, 조금은 불편한 정장 구두, 신용 카드, 와인 잔과 포크 사용법에 대한 상식…. 여기에 더 필요한 것이 무엇일까? 바로 당신의 오감이다. 프랑스 조리 기술이나 고상한 에티켓을 아무리 많이 알고 있어도 일단 테이블 앞에 앉았다면 오직 미각에만 집중하라. 테이블 세팅이나 와인 리스트, 옆 테이블에 앉은 보톡스 맞은 사람들에게 신경 쓸 필요는 없다. 이제 불안감은 날려보내자.

보통 분위기에 빨리 적응을 하고 싶어서, 또는 아마추어처럼 보이기 싫어서 비싸기만 하고 그저 그런 와인을 주문하거나 질문 하나 없이 급하게 메뉴를 고르기 일쑤다. 그러고 나면 곧 속았다거나 실망한 기분이 들고는 한다. 파인 다이닝은 진행 페이스가 느리다. 레스토랑도 당신이 시간을 가지는 것을 당연하게 생각한다.

그러니 서두르지 말고 모든 감각을 집중하라. 다이닝 룸의 모습, 직원들, 다른 테이블에 있는 음식, 유리잔이 부딪치는 소리, 무릎 위에 올린 면 냅킨의 빳빳한 감촉 등 온 감각을 모아서 온갖 세세한 부분을 느껴 보자. 실수도 적어질 뿐만 아니라 더 많은 것을 얻을 수 있을 것이다. 이것이 바로 파인 다이닝을 마스터하는 진짜 비밀이다.

1. 맛과 풍미의 차이

와인 페어링 기술을 연마하거나 복잡 미묘한 요리를 이해하려면 맛taste과 풍미flavor의 차이에 대하여 알아야 한다. 맛을 느끼는 미뢰는 혀의 작고 우둘투둘한 유두에 밀집하고 있다. 원칙적으로 혀는 오직 단맛, 짠맛, 쓴맛, 신맛, 이렇게 네 가지 맛만을 감지한다. 감칠맛umami은 논란의 여지가 있는 다섯 번째 맛으로, 'savory'라고 하기도 하며 고기, 아스파라거스, 치즈, 토마토, 가공 식품에서 주로 느낄 수 있는 맛이다.

지난 세기 동안 사람들은 혀에 맛 지도, 즉 특정 맛을 감지하는 특정 부분이 있다고 믿어 왔다. 쓴맛은 혀 뒷쪽에서, 신맛은 혀 중앙에서, 짠맛은 혀 앞 쪽에서, 단맛은 혀 가장 끝 부분에서 느껴진다는 것이다. 그러나 이는 근거 없는 이론일 뿐이다. 연이은 연구에 따르면, 혀의 부분에 따라 민감도의 차이는 있지만 기본적으로 혀 전체에서 모든 맛을 느낀다고 한다.

사람마다 맛을 느끼는 정도에도 차이가 있다. 소위 말하는 절대미각은 전체 인구의 약 25%에 해당하는데, 이들은 쓴맛에 민감하며 달고, 쓰고, 신맛을 더 강하게 느낀다. 절대미각은 혀에 미뢰가 더 많이 밀집되어 있어서 (특히 혀 끝 부분에) 맛에 민감한 사람이 많다. 따라서 음식에 까다로운 사람일 확률도 크다. 인구의 50%에 해당하는 일반미각은 절대미각처럼 민감하지는 않다. 마지막으로 약 25%의 인구는 쓴맛이나 매운맛을 별로 못 느낀다고 한다.

■ 풍미 느끼기

감지해 낼 수 있는 맛이 네다섯 가지밖에 없는데 어떻게 레몬과 라임, 핫도그와 필레 미뇽을 구분할 수 있는 것일까? 풍미는 보통 맛과 똑같은 개념으로 생각하기 쉽지만, 사실 다음 세 가지 감각을 합한 개념이다.

맛, 냄새, 촉감이다. 쓰고, 달고, 짜고, 신 맛은 혀에서 느낀다. 촉감은 샴페인의 거품, 고추의 욱신거리는 화끈함, 생 버터의 크리미한 풍부한 맛, 카베르네 소비뇽의 탄탄한 구조감같이 신체적인 감각과 입에서 느껴지는 음식의 질감을 가리킨다.

냄새는 두 가지 방법으로 느끼는데, 코로 직접 맡거나 아니면 음식을 먹는 동안 음식

냄새가 입에서 비강의 후문으로 들어가 맡게 된다. (음
식을 먹을 때 코를 막으면 음식의 풍미가 약해지는 이
유는 이때문이다. 또한 심한 감기에 걸리면 레스토랑
예약을 취소하는 것이 좋다.) 육즙이 풍부한 스테이크
를 먹거나, 난생 처음 굴을 먹을 때 뇌는 위의 세 가지
감각을 작동시킨다. 그런데 바로 이때 네 번째 감각,
즉 감정 요소가 끼어든다. 의식적이든 아니든, 풍미는
뇌에 저장되어 있던 개인의 감정 정보를 끄집어낸다.

> **향연의 역사**
>
> 절대미각의 약 3분의 2가 여자이
> 며, 여자가 남자보다 냄새를 잘 맡
> 는다. 임신 중에는 이런 감각이 한
> 층 더 민감해진다. 한 이론에 따르
> 면 여자의 감각은 원시 사회에서
> 독이 든 쓴 채소와 열매 등을 가
> 려내려는 생존 본능에 의해 발달
> 되었다고 한다.

　예를 들어 뒤뜰에서 고기 바비큐를 했던 기억은 "스테이크는 맛있다."라고 생각하게
한다. 또는 굴의 흐물흐물 거리는 모양과 짠 바다 내음은 캘리포니아 바닷가에서 먹었던
정체가 불분명한 생선 타코에 대한 안 좋은 기억을 떠올리게 하여 "굴은 이상한 음식"이라
고 생각하게 될 수도 있다.

2. 미식 향연의 즐거움

맛에 대한 감수성은 유전적인 부분이 크지만 타고난 부분을 제외한다면 음식에 대한 감정
과 기억이 많은 영향을 끼친다. DNA나 음식에 대한 각인된 기억은 노력으로 바꿀 수 있
는 것이 아니기 때문에 맛이나 풍미에 대한 감수성을 의도적으로 바꾸는 것은 어렵다. 그
러나 미국 필라델피아의 '모넬화학감각센터'의 감각 과학자, 마르시아 펠채트 박사에 의
하면, 몇 가지 방법을 통해 감각을 높이고 미각을 개발할 수 있다.

- 상상하고 회상하라. 맛있게 식사를 즐기려면 음식에 대한 좋은 기억을 만드는 것이 중요
  하다. 식사 전에는 식사를 상상하고, 식사 후에는 먹은 음식에 대해 자세히 떠올려 봄으로
  써 좋은 기억을 쌓아나갈 수 있다. 예약 시 예약 관리자에게 특별한 날이라고 이야기하라.
  옷을 잘 차려 입고, 친구들에게 계획을 알리자. 식사 후에는 친구에게 이메일을 보내거나
  간단한 일지를 작성하라. 식전 기대감과 식후 회상은 식사 자체만큼이나 의미가 있다.

- 배고플 때 갈 것. 아침과 점심은 가볍게 먹자. 살짝 배가 고프면 식사에 대한 기대가 높아지고, 더욱 맛있게 즐길 수 있다.
- 맛의 조화를 시험해 보자. 입으로 들어가는 한입 한입의 음식은 입 안에 들어 있던 음식의 맛에 의해 영향을 받는다. 각기 다른 맛은 희한하고도 놀랍게 어우러진다. 실험을 더 많이 해 볼수록 와인 페어링에 능숙해지고, 풍미의 조화와 대비가 맛있게 이루어지는

맛 제조 공식

레드 와인과 호두를 같이 먹으면 호두가 쓰게 느껴지거나, 쓴 채소에 소금을 뿌리면 쓴 맛이 덜해지기도 한다. 단맛, 짠맛, 쓴맛, 신맛 등의 특정한 맛을 조합하면 맛에 뜻밖의 변화가 생긴다.

단맛 + 단맛 = 덜 단맛
드라이 와인을 마실 때에 아주 단 디저트를 한 입 먹으면 와인에 남아 있던 단 맛이 싹 사라지고 신 맛이 두드러진다. 같은 원리로, 디저트 와인을 크렘 브륄레나 과일 타르트 같은 달콤한 디저트를 곁들이면 덜 달게 (잘 어울리게) 느껴진다.

단맛 + 쓴맛 = 덜 쓴맛
자몽에 소금을 뿌리면 자몽의 쓴 맛이 줄어들고 더 달게 느껴진다. 프리제나 라디치오 같이 쓴 맛이 도는 잎채소에 소금을 뿌리면 얼얼한 쓴맛이 줄어든다. 소금은 쓴 맛을 약화시킨다.

신맛 + 신맛 = 덜 신맛
비네그레트 같은 신 음식을 먹은 다음 새콤한 소비뇽 블랑을 마시면, 와인의 맛이 밋밋하게 느껴진다.

신맛 + 짠맛 = 더 짠맛
간을 약간만 한 생선 필레에 신 레몬즙을 뿌리면 간이 더 세게 느껴진다. 신맛이 짠 맛을 돋우기 때문이다.

메뉴를 주문할 수 있게 된다.
- 음식 냄새를 맡아 보자. 어떤 연구자들은 치즈 버거와 피자가 인기가 많은 이유에 대해 따뜻하고 향기로운 음식을 코 바로 앞으로 가져가서 먹기 때문이라고 말한다. 냄새는 풍미를 증진시키는 마력을 가지고 있다.
- 음식을 씹으면서 숨을 쉴 것. 꿈결 같은 카망베르 치즈를 음미하거나, 부드러운 고베 소고기 한 조각을 먹을 때에는 숨쉬는 것조차 잊어버리기 쉽다. 그러나 씹으면서 코를 통해 숨을 쉬면 비강의 후문을 통해 더 많은 향을 느낄 수 있다. 많은 향은 곧 더 큰 풍미를 의미한다.
- 천천히 씹을 것. 음식을 충분히 씹으면서, 입 안의 모든 감각 하나하나가 음식의 풍미와 식감을 한껏 느낄 수 있게 하라.
- 번갈아 가면서 먹을 것. 계속 같은 음식을 먹으면 미각이 둔해질 수 있으므로, 다른 음식으로 번갈아 가면서 먹는 편이 좋다. 돼지고기를 먹은 후에는 구운 양파를 한 입 먹고, 그 다음에는 으깬 감자를 먹는다. 다른 음식을 왔다 갔다 하면서 먹으면 입과 코에서 다양한 질감, 맛, 향을 즐길 수 있다.
- 다양한 질감을 즐기자. 단단하고 차가웠던 아이스크림이 입 안에서는 녹으면서 부드러워지듯이, 입안에서 음식의 질감이 대비되면 입이 한층 더 즐겁다. 셰프들은 음식을 조리하고 배열하면서 다양한 질감의 오케스트라를 준비한다. 부드러운 속을 감싸고 있는 바삭한 튀김 옷이나 뿌리 채소 퓌레 위에 구운 연어를 올리고, 그 위에 다시 바삭한 파르메산 와퍼를 올린 요리를 상상해 보라. 어떤 사람들은 본능적으로 질감의 대비를 스스로 만들어 먹기도 한다. 포크로 스테이크를 한 조각 찍고, 그 다음 다시 소테한 버섯을 찍어 먹는 식이다. 소스에서 사이드 음식까지 접시 위의 모든 것이 맛, 질감, 향의 심포니다. 과감하게 음식을 연주하면서, 한입 한입 먹을 때마다 다양한 질감 대비를 느껴 보자.

3. 머리와 입의 연관성

지금까지 '맛'과 '풍미'에 대해 살펴보았지만, 먹는 행위를 화학적이고 신체적인 반응 이상으로 만드는 마지막 결정적인 요소는 바로 당신의 감정과 태도다. 파인 다이닝이라고 할지라도 맛을 감상하고 이해하는 것이 전부가 아니다. 식사는 음식을 나누는 공동 의식이고 삶의 한 부분이다. 맛있는 식사를 즐기기 위해 미식가의 뛰어난 미각이 필요한 것은 아니다. 즐기고자 하는 마음만 있으면 아무런 문제가 없다.

식도락 마니아를 위한 정보

파인 다이닝에서 항상 요구되는 관례

WHAT THE FOOD SNOBS KNOW

음식은 그림이나, 음악, 정치같이 마니아적인 관심사다. 가끔 먹고 마시는 것에 광적으로 집착하는 마니아들을 찾아볼 수 있다. 그들은 새로운 레스토랑에 가기 위해서라면 수시간 운전을 마다 하지 않고 기꺼이 대양을 횡단한다. 또한 유행을 따르고 셰프를 쫓아다니는 열광적인 팬으로, 저녁 식사에 기꺼이 큰 돈을 지불하기도 한다. 특히 지방 특산 요리의 광팬으로, 세계 최고의 요리가 있는 곳이라면 어디든지 찾아간다. 쌀국수, 송아지 고기, 소 정강이요리, 크렘 브륄레 등 어떤 음식이라도 말이다. 그들은 삶 자체를 먹는 것 중심으로 계획하는 사람들이며 먹거리에 대한 숨은 역사나 레스토랑과 업계 사람들에 대한 내부 정보를 속속들이 안다는 것에 자부심을 느낀다. 그런 사람들 축에 속하려면 사실 음식에 심취하여 수년 이상의 시간을 보내야 한다. 그러나 파인 다이닝계를 선도하는 레스토랑의 이름과 내력, 미식가들의 최신 유행을 섭렵하면 그들과 어느 정도는 어깨를 견줄 수 있을 것이다.

1. 음식 역사 동향

전통 파인 다이닝에는 확립된 관습이 있다. 풀 먹인 테이블 보, 콧수염을 양 갈래로 기른 메트르 디, 전형적인 프랑스식 메뉴는 대부분의 레스토랑이 따르고 지키려고 애쓰는 오랜 전통의 일부다. 그러나 가끔은 혁신의 바람이 분다. 극단적으로 앞서 나가는 몇몇 사람들이 기존의 보수파들에게 새로운 시사점을 제공하는 것이다. 그들이 주도하는 변혁의 움직임은 기존 관행에 큰 영향을 주고 있다. 최근 30여 년 사이의 파인 다이닝계의 동향에 대해 살펴보자.

오트 퀴진 Haute cuisine 이름만큼이나 화려하다. 오트 쿠튀르 디자이너들이 휘황찬란하고 값비싼 옷을 만드는 것처럼 셰프들은 최상의 재료를 사용하여 최고로 세련되고 예술적이며 대담한 요리를 만든다. 물론 가격은 싸지 않다. 파인 다이닝 분야에서 성공한 셰프는 혁신가이며, 완벽주의자이며, 존경 받는 장인이다. 지금은 작고한 프랑스 라 코트 도르la Côte d'Or 레스토랑의 셰프 베르나르 루아조Bernard Loiseau가 대표적이다. 그의 요리 중 267달러나 되는 유명한 송로버섯을 채운 닭 요리, 이름하여 '풀라르드 알렉상드르 뒤멘'Poularde Alexandre Dumaine' 은 구식인 듯 하지만 세련되고, 고상하지만 도를 지나치는 고전적인 프랑스 오트 퀴진의 완벽한 예다.

누벨 퀴진 Nouvelle cuisine 프랑스어로 '새로운 요리' 라는 의미로, 1970년대에 등장하기 시작한 가벼운 프랑스 요리 스타일을 가리킨다. 누벨 퀴진 셰프들은 무겁고 진하며 크리미한, 온 정성을 다하여 만들어야 하는 고전적인 프랑스 요리에서 벗어나 재료의 순수한 풍미와 간단한 조리법에 초점을 맞춘다. 소스 조리 시 기존 조리법대로 버터와 밀가루에 의지하기보다는, 육즙, 육수, 인퓨전, 리덕션을 사용한다. 또한 채소 조리 시에는 무거운 스튜나 브레이즈에 넣어 푹 끓이기보다는 재빨리 데치거나 로스트해서 천연의 풍미를 살리기도 한다. 누벨 퀴진의 영향으로 인해 거대한 접시에 어처구니 없이 적은 양의 음식을 담는 경향이 생겨난 것은 사실이지만, 가공을 덜한 순수한 재료를 보다 자연스럽게 조리해서 제공하고자 하는 누벨 퀴진의 탄생 철학은 오늘날에도 여전히 남아 있다.

그린 퀴진 Green cuisine 누벨 퀴진에서 파생되었지만, 음식에 보다 가볍고 심플한 접근을 추구하고 레스토랑을 벗어나 자연 환경에까지 그 범위를 확대하였다. 그린 퀴진은 수제 식재료나 유기농, 환경친화적 방법으로 근교에서 키우고 재배한 식재료의 미덕을 강조함으로써 미식을 계몽하고 건강, 웰빙, 안전하고 행복한 세계에 이르는 길을 제시하고 있다. 그린 퀴진은 파인 다이닝계에서 오트 퀴진이나 누벨 퀴진만큼 확립된 개념은 아니지만, (아직도 '그래놀라(납작 귀리로 만든 아침용 건강식품) 요리'라든지 '환경 보호 운동가의 음식'이라는 오명이 붙어 다니곤 한다. 오늘날의 요리 현장에서 당당히 인정 받는 운동 중 하나다.

2. 셰프, 그들은 누구인가?

미식가들이 앨리스Alice나 장 조르주Jean-Georges를 가족이나 친구인 것처럼 친숙하게 이야기하는 것을 들어본 적이 있는가? 그들은 바로 오늘날의 아이콘 셰프들이다. 뛰어난 요리로 업계에 공헌하여 유명해진 셰프가 있는 반면, 그저 악명만 높은 셰프도 있다. 레스토랑 업계는 끊임없이 변화하고 레스토랑과 셰프는 언제나 등장과 퇴장을 반복하지만, 몇몇 셰프는 다이닝계에 큰 영향을 미쳤다. 그들이 누구이고, 무엇으로 유명해졌고, 어디에서 일했는지에 대한 정보다.

세기의 셰프들

셰프	지역	레스토랑	이유
페란 아드리아	스페인 로제즈	엘 불리 (역주: 2011년에 폐업하였다)	바닷가재 거품이나 폭발하는 라비올리 같은 독특한 요리를 개발한 열정적인 셰프로, 분자 요리라는 새로운 장르를 개척하였다.
마리오 바탈리	미국 뉴욕시	밥보, 루파, 포	세련된 이탈리아 요리의 마스코트이지만, 어울리지 않게 라드(돼지기름)와 이탈리아 북부 지방을 사랑하는 것으로 유명하다.

릭 베일리스	미국 시카고	토폴로밤포, 프론테라 그릴	현대 멕시칸 요리를 파인 다이닝 수준으로 격상시킨 셰프이다.
폴 보퀴즈	프랑스 리옹	로베르주 뒤 퐁 콜로뉴	누벨 퀴진의 아버지로, 미쉐린 3스타를 부여 받았으며 '세기의 셰프'로 불린다.
데이비드 불레이	미국 뉴욕시	불레이	르 시르크에서 셰프로 일했으며, 다뉴브를 통해 오스트리아 요리를 주류로 끌어올린 셰프이다.
다니엘 불뤼	미국 뉴욕시	다니엘, DB비스트로 모데른, 카페 불뤼	수상 경력이 있는 프랑스 셰프로, 르 시르크에서 경력을 닦았으며, 일찍이 제철, 근교 재배 재료를 지지하였다.
앤서니 보댕	미국 뉴욕시	레 잘	프렌치 비스트로 요리로 유명한 미국의 악동 셰프로, 주방 상황을 있는 그대로 그린 것으로 유명해진 회고록 〈키친 컨피덴셜〉의 저자이다.
알랭 뒤카스	프랑스 파리	알랭 뒤카스 오 플라자 아테네	프랑스에서 레스토랑을 운영하며 미쉐린 스타를 휩쓴 명성 높은 프랑스 셰프이다.
보비 플레이	미국 뉴욕시 라스베가스	바 아메리칸	미국 남서부 요리를 파인 다이닝으로 끌어 올린 셰프로, 케이블 TV 푸드 네트워크 채널을 통해 일약 유명해졌다.
토마스 켈러	미국 캘리포니아주, 뉴욕시, 라스베가스	프렌치 런드리, 퍼 세, 부숑	시내 중심지와 멀리 떨어진 그의 레스토랑은 그 자체로 목적지가 되었으며, 그의 테이스팅 메뉴는 전설적이다.
에미릴 라가시	미국 뉴욕시, 라스베가스, 뉴올리언스주	에미릴스 델모니코, 놀라	라드(돼지 기름)에 대한 애착과 "뱀(BAM)!"이라는 감탄사로 인해 케이블 TV 푸드네트워크 채널에서 인기를 얻은 셰프이다.
마츠히사 노부	미국 뉴욕시,	마츠히사, 노부, 넥스트 도어 노부	세계 여러 나라에서 운영 중인 레스토랑에서 전통 일식과 미국 남부

	라스베가스, LA, 영국 런던		요리를 융화시킨 장르를 선보이고 있다. (영화배우 로버트 드 니로가 파트너인 것으로 유명하다.)
대니 메이어	미국 뉴욕시	유니언 스퀘어 카페, 그래머시 태번, 일레븐 매디슨 파크	일찍이 파머스 마켓 재료를 사용한 데일리 스페셜 요리를 주창하였다. 기존의 고급 서비스와 고급 요리에서 딱딱한 격식을 제거한 캐주얼 파인 다이닝 레스토랑을 선보인 장본인.
릭 무넨	미국 뉴욕시	레스토랑 rm	안전하고 지속 가능한 해산물을 사용하는 것을 사명으로 여기는 셰프.
모리모토 마사하루	미국 필라델피아 주	모리모토	노부 레스토랑 출신으로, 아이언 셰프 일식 시리즈에서 세 번째 (그리고 마지막) 셰프로 출연했다.
찰리 파머	미국 뉴욕시	오레올	미국 진보 요리의 선구자로서, 미국의 수제, 장인(artisanal) 재료를 사용하여 고전적인 프랑스 요리를 만든다.
자크 페팽	미국 뉴욕시		미국에서 칭송 받는 프랑스 셰프로, 줄리아 차일드와 함께 텔레비전 프로그램을 진행하였다. 현재는 뉴욕시의 프렌치 요리 학교(FCI)의 교장으로 재직 중이다.
볼프강 퍽	미국 LA, 라스베가스, 샌프란시스코, 하와이 마우이	컷, 스파고, 베르, 시누아	고급 할리우드 레스토랑에서 구어메 피자를 선보인 오스트리아 출신 셰프로, 이제는 그의 이름이 세계적인 브랜드가 되었다.
에릭 리페르	미국 뉴욕시	르 베르나르댕	굉장히 멋진 요리 프리젠테이션으로 유명하다. 높이 칭송 받는 프랑스 해산물 레스토랑의 주방을 진두지휘한 경력을 가지고 있다.
마커스 새뮤엘슨	미국 뉴욕시	마커스	고급 스칸디나비안 요리의 선구자이다.
다카야마 마사요시	미국 뉴욕시	마사	그의 레스토랑 마사는 뉴욕타임스 최초로 별 네 개를 수여 받았다.

			(그 당시 일식 파인 다이닝으로서는 큰 도약이었다.)
자크 토르	미국 뉴욕시로 LA	르 씨르크 2000	수상 경력이 있는 프랑스 페스트리 셰프, 미스터 초컬릿으로 불린다. 디저트를 예술로, 예술을 디저트로 바꾸는 셰프로 평가 받는다.
찰리 트로터	미국 시카고		칭송이 자자한 그의 19년 된 레스토랑에 절대 쇠퇴란 없다. 전통적인 메뉴에서 이제는 유기농, 제철의 에어룸 메뉴로 진화하고 있다.
장 조르주 본게리크텐	미국 뉴욕시, 라스베가스, 중국 홍콩, 상하이	장 조르주, 조조, 봉, 스파이스 마켓, 머서 키친	유행을 선도하는 셰프로, 그가 고전적인 프랑스 요리를 재해석하는 능력은 경외와 칭송을 불러 일으킨다.
앨리스 워터스	미국 캘리포니아주 버클리	셰 파니스	유기농, 근교 재배, 지속 가능한 방법으로 재배한 음식 운동의 어머니 셰프이다.

■ 파인 다이닝의 선조

미국 헌법을 만든 사람들로 벤 프랭클린과 토마스 제퍼슨이 있다면 파인 다이닝에는 이들이 있다.

앙투안 보비예 Antoine Beauvilliers 1782년에 라 그랑드 타베른 드 롱드르La Grande Taverne de Londres라는 파리 최초의 본격적인 레스토랑을 연 프랑스 셰프다. 1814년에 그가 펴낸 〈라르 드 퀴지니에(주방의 예술)L'Art de Cuisinier〉는 조리 과학, 레스토랑 경영, 서비스를 다룬 고전 중의 하나다. 또 앙투안 카렘과 함께 〈라 퀴진 오르디네르(평범한 요리)La Cuisine Ordinaire〉를 공동 집필하기도 했다. 그의 이름을 본 딴 프랑스 아몬드 케이크도 있다.

장 앙텔름 브리야 사바랭 Jean Anthelme Brillat-Savarin 변호사에서 미식가로 탈바꿈한 프랑스인으로, 1825년에 출판된 〈미식예찬The Physiology of Taste: Or, Meditations on Transcendental

Gastronomy〉에서 조리 문화와 과학을 저술하였다. 역사와 개인적인 이야기, 음식에 대한 날카로운 관찰력, 핵심 조리 역학(화학, 해부학, 약학, 물리학)이 조화된 이 책은 음식 분야에서 기념비와 같은 명작으로 추앙을 받는다. 이 책은 "무엇을 먹는지 알려주면 그가 어떤 사람인지 알려주겠다.Show me what a man eats and I will show you who he is." 같이 자주 인용이 되는 명언들로 가득 차 있다.

> **보너스 1+1**
>
> 브리야 사바랭은 유명 미식가의 이름을 딴 크리미한 소젖 치즈의 이름이기도 하다. 그가 "치즈가 빠진 식사는 외눈박이 미인과도 같다."라고 한 것도 무리가 아니다.

마리 앙투안 카렘 Marie-Antoine Carême 그랑드 퀴진grand cuisine(16세기에 시작하여 19세기의 화려한 연회에서 꽃을 피웠던 프랑스 고급 요리)의 개척자로, 최초의 진정한 셀레브리티 셰프다. 셰프이자 파티시에였던 그는 1800년대 초반에 건축에 대한 지식과 열정을 이용하여 부자를 위한 연회에서 쓰일, 장식만을 목적으로 하는 세련된 구조의 음식 전시품을 만들었다. 패스트리를 쌓아 만든 기둥에 설탕으로 만든 다리를 놓은 기발한 예술 작품들이었다. 오늘날 몇몇 고급 레스토랑에서 볼 수 있는 중력에 저항하듯 높게 쌓아 올린 요리나 고급스러운 가니시, 극적인 소용돌이 무늬의 소스 같이 먹기 아까울 정도로 예쁜 요리에는 그의 기여가 크다.

조르주 오귀스트 에스코피에 George August Escoffier 런던의 럭셔리 호텔 레스토랑, 사보이와 칼튼을 통솔한 것으로 유명한 영향력 있는 프랑스 셰프로, 모든 셰프의 가슴 속에 자리잡고 있는 책, 〈르 기드 퀼리네르(요리 입문서)Le Guide Culinaire〉의 저자다. 〈르 기드 퀼리네르〉는 현대 프랑스 요리의 레시피와 조리 기술을 자세하고 정확하게 기술한 책으로, 1903년에 처음 출간되었다. 오로라 소스에 무엇이 들어가는지 알고 싶거나 '캥 지방 스타일의 소 내장 요리'를 셰프가 어떻게 만드는지 알고 싶다면 이 책이 적격이다.

프로스페르 몽타녜 Prosper Montagné 1938년에 출판된 기념비적인 〈라루스 가스트로노미크(요리 백과사전)Larousse Gastronomique〉를 저술한 것으로 잘 알려진 전설적인 프랑스 셰프다. 이 책은 정기적으로 계속 업데이트되고 있으며 영어로 번역되기 때문에 음식 문화와 역사에 깊은 관심이 있는 사람에게는 더할 나위 없이 귀중한 정보원이다.

■ 미국 출신 인물

파인 다이닝의 태동에는 프랑스인들의 공이 크지만, 미국에도 요리 영웅이 몇 있다.

제임스 비어드^{James Beard} 미국 요리의 아버지다. 1950년대에 저술과 교육, 요리 활동을 통해 미국 요리를 세상에 알리고 지위를 높였다. (당시만 해도 제2차 세계대전 후에 횡행하였던 밍밍한 캔 제품이나 인스턴트 제품이 미국 요리의 전부라고 여길 때다.) 오늘날 제임스비어드재단(www.jamesbeard.org)은 요리사가 되기 위해 공부하는 사람들에게 장학금을 수여하고 레스토랑, 셰프, 작가 등 음식 분야의 전문가에게 매년 상을 지급함으로써 미국 요리의 전통을 보존하고 발전시켜나가고자 노력하고 있다.

M.F.K. 피셔^{M.F.K. Fisher} 브리야 사바랭의 작품에 크게 영향을 받은, 카리스마가 넘치는 열정적인 음식 작가다. 1949년에 브리야 사바랭의 책 〈미식예찬^{The Physiologie du Gout}〉을 영어로 번역한 이후, 〈미식의 예술^{The Art of Eating}〉, 〈늑대 요리하는 법^{How to Cook a Wolf}〉 같이 위트가 넘치고 날카로운 요리 관련 에세이나 음식을 주제로 한 자서전적이거나 역사적인 글들을 저술하였다. 그녀가 남긴 많은 음식 관련 격언 중 하나를 소개한다. "음식을 다른 사람과 나누어 먹는 것은 친밀한 행위이므로 가볍게 여겨서는 안됩니다."

줄리아 차일드^{Julia Child} 1961년, 요리책 〈프랑스 요리 마스터하기^{Mastering the Art of French Cooking}〉를 통해 일반 미국인에게 프랑스 요리법을 소개하면서 데뷔하였다. 그 후, 1963년 텔레비전 프로그램 〈프렌치 셰프^{The French Chef}〉에 출연하면서, 그녀 특유의 우렁찬 목소리와 꾸밈 없고 대담한 스타일로 유명세를 타기 시작했다. 〈요리에 이르는 길^{The Way to Cook}〉을 포함한 서너 권의 요리책을 저술하였고 수년 간 여러 개의 텔레비전 요리 프로그램을 진행하였다. 그녀는 프랑스 요리에 대한 접근성을 높여서 미국인의 미각을 다양화했다는 평을 받는다.

3. 요리 학교와 기관들

FCIFrench Culinary Institute 전통 프랑스 조리 기술 및 현대 미국 요리를 가르치는 요리 및 패스트리 학교다. 자크 페팽Jacques Pepin과 자크 토르Jacques Torres 같은 셰프 교수진의 노력으로 미국 최고의 셰프를 배출해내고 있다. 레콜L'Ecole은 이 학교의 레스토랑으로, 일반인에게 공개되어 있으며, 프리 픽스 메뉴와 계절 단품 메뉴는 학생들에 의해 (감독 하에) 준비된다. 파인 다이닝 기술을 연마하기에 이상적인 환경이다. (역주: ICC로 이름이 바뀜)
www.frenchculinary.com

CIACulinary Institute of America 1946년에 설립된 미국에서 가장 오래된 요리 학교로, 뉴욕 하이드 파크 지역의 허드슨 강에 자리잡고 있다. 분교인 CIA 그레이스톤CIA at Greystone은 캘리포니아 주의 세인트 헬레나 지역에 위치하고 있다. 졸업자로는 〈구르메Gourmet〉잡지의 에디터인 새러 몰튼Sara Moulton, 앤서니 보댕Anthony Bourdain, 릭 무넨Rick Moonen, 로코 디스피리토Rocco DiSprito가 있다.
www.ciachef.edu

르꼬르동블루Le Cordon Bleu 세계에서 가장 오래되고 명성이 높은 요리 학교 중 하나로, 1895년 프랑스 파리에서 설립되었다. 15개국에 25개의 국제 학교가 있으며, 미국에서는 요리 및 호텔 관련 학교 13군데에서 수료 프로그램을 운영 중이다. 줄리아 차일드가 파리에서 이 학교를 졸업하였다.
www.cordonbleu.net

슬로 푸드 Slow Food 1986년에 이탈리아에서 카를로 페트리니Carlo Pertini에 의해 설립된 슬로 푸드는 상업화된 농업과 대량 식품 생산에 의해 위협 받는 토착 전통 식품, 즉 수제 치즈, 수제 가공 식품, 헤리티지 가축 품종, 에어룸 과일, 채소 등을 지지, 홍보하는 국제적인 기관이다.
www.slowfood.com

친환경 식탁 Sustainable Table 미국의 소비자 교육 캠페인 기관으로, 유기농이나 친환경적인 방법으로 생산된 식품에 대한 인지도를 향상시키는 데 목적을 두고 있다. 친환경적인 방법으로 생산된 소고기, 닭고기, 달걀, 낙농제품, 농산물을 판매하는 레스토랑과, 농장, 시장에 대한 정보를 담은 온라인 가이드 〈잘 먹기 위한 가이드Eat Well guide〉를 출간하고 있다.
www.sustainabletable.org

셰프조합Chef's Collaborative 근교에서 재배한 제철, 수제 음식의 장점을 일반인과 전문인에게 알리고자 노력하는 미국 셰프들의 모임이다. 소비자와 셰프가 레스토랑에서 더 올바른 선택을 할 수 있도록 친환경적인 〈해산물 가이드Sustainable Seafood Primer〉와 〈셰프조합의 레스토랑 가이드Chef's Collaborative Restaurant Guide〉를 출간하고 있다.
www.chefcollaborative.org

4. 고급 레스토랑 가이드

유명한 고급 레스토랑을 찾고 있다면, 다음 가이드 북들을 참고하라.

미쉐린 레드 가이드 Michelin Red Guide 〈미쉐린 레드 가이드〉는 유럽의 자동차 여행자를 위한 호텔과 레스토랑 가이드다. 1900년에 프랑스 타이어 업계의 거물 앙드레 미쉐린에 의해 자동차 타이어를 빨리 닳게 하기 위한 마케팅 도구로써 처음 출간되었다. 이 가이드는 유럽 각지의 수천 개의 레스토랑을 비평하기 위해 작은 규모의 익명의 조사관을 은밀하게 각 레스토랑에 보낸다. 각 평가는 두세 줄의 요약문으로 간략히 정리되고, 가이드 특유의 참조 기호가 곁들여진다. 포크와 나이프가 교차된 그림이나 미쉐린 맨 같은 기호들이다. 그러나 레스토랑과 손님들의 관심사는 뭐니뭐니해도 1스타, 2스타, 3스타 평가에 있다.
　제작 배경에 충실하게도 미쉐린의 스타 평가 시스템은 자동차 여행 콘셉트와 맞닿아있다. 1스타는 여행 중 '들러볼 만한 곳', 2스타는 '우회하더라도 들러볼 만한 곳', 3스타는 '여행의 목적이 되는 곳'을 의미한다. 그러나 스타 개수에 너무 좌우되지는 말자.

스타를 얻거나 잃는 것에 따라 레스토랑의 흥망성쇠가 바뀐다고 알려져 있지만, 평가 대상이 되는 무려 1만8천 개가 넘는 레스토랑 가운데 별을 한 개라도 부여 받은 곳은 10퍼센트도 되지 않는다.

〈미쉐린 가이드〉에서 유럽 외 지역을 다루고 있는 가이드는 2005년에 처음 출간을 시작한 뉴욕 시 가이드다. 이후 현재는 샌프란시스코를 비롯한 미국 여러 도시와 일본 도쿄, 중국 홍콩 편이 나와 있다.

사소한 상식 하나! 오동통한 미쉐린 맨의 이름은 비벤덤이다.

www.viamichelin.com

고미요Gault et Millau**와 가요**Gayot 〈미쉐린 가이드〉보다 조금 더 자세하고 과감한 비평을 하며, 세계 여러 나라의 고급 레스토랑 순위를 매긴다. 서비스나 인테리어, 분위기가 아니라 음식의 질만을 토대로 평가하는 것이 특징이다.

사소한 상식 하나! 〈고미요〉는 앙리 고Henri Gault와 크리스티앙 미요Christian Millau, 〈가요〉는 앙드레 가요Andre Gayot에 의해 만들어졌다. 이들은 누벨 퀴진이라는 신조어를 개발한 음식 비평가들이다.

www.guides-gaultmillau.fr / www.gayot.com

자갓 서베이 Zagat Survey 돈을 받는 전문 평가자의 비평이 아닌 실제 손님의 비평이라는 점이 특징이다. 그래서 참신하지만 때로는 혹독한, 솔직한 비평들로 가득 차 있다. 주로 미국 도심 지역 및 해외 레스토랑의 음식, 인테리어, 서비스, 가격에 대해 평가를 하는데, 서베이에서 무작위로 뽑은 직접적인 인용어구로 된 레스토랑 비평은 조금 어색하지만 참고하면 심하게 속물적이고 비싸며 과대평가된 레스토랑을 피할 수 있다. 또한 지역별, 요리 장르별, 특징 (예를 들어 벽난로, 테이스팅 메뉴, 유명 셰프 레스토랑 등)에 대한 참조 리스트도 있다.

사소한 상식 하나! 1979년에 첫 출간된 〈자갓 서베이〉는 미국 뉴욕 시 레스토랑만을 다루었지만, 오늘날은 70개 도시 이상을 다루며 약 25만 명의 사람들이 투표를 하고 있다.

www.zagat.com

이티켓

레스토랑에서 식사할 때 궁금한 것들 FAQ

EATIQUETTE

Q 레스토랑에 가면 청바지, 스니커즈에서 시퀸에 나비 넥타이까지 의상이 다양하더군요. 데이트 상대나 친구들과 함께 고급 레스토랑에 갈 때, 옷도 깨끗하고 돈을 낼 능력도 있는데 어떤 옷을 입는지가 그렇게 중요한가요? 캐주얼한 옷을 입으면 안되나요?

A 비싼 음식 값은 낼 수 있는데 단추 달린 셔츠나 단정한 바지를 살 돈은 없는지? 질문에 굳이 답을 드린다면, 당신이 생각하고 있는 캐주얼 의상은 고급 레스토랑에 적합하지 않다. 파인 다이닝 레스토랑에서 식사를 할 때는 자신이 유명 인사의 고급스러운 집에 초대를 받은 손님이라고 생각하라. 그리고 거기에 어울리게 옷을 갖춰 입기 바란다. 반대로 생각해서, 만약 당신이 식사 초대를 준비하는 데 돈을 아끼지 않았다면, 손님들이 '캐주얼'한 옷을 입기 보다는 조금 더 차려 입고 오기를 바라지 않겠는가?

 옷을 어떻게 입고 가야 할지 잘 모르겠다면, 미리 전화해서 남자의 경우 재킷과 넥타이를 꼭 갖추어야 하는지 물어 보라. 그러면 그들의 드레스 코드 수준에 대해 파악할 수 있다. 패션 감각이 부족하다거나 유명 브랜드 옷이 없다고 걱정할 필요는 없다. 그저 정장 스커트나 바지에 칼라가 있는 셔츠를 입고 정장 구두를 신으면 된다. 결혼식에 갈 때 입는 복장이면 어느 것이든 좋다. 입장을 원한다면 드레스 코드를 맞추어야 한다.

Q 별 네 개짜리 레스토랑(역주: 뉴욕타임스의 별을 말함. 네 개가 만점)에 귀여운 우리 아기, 유치원생을 데려가고 싶어요. 우리 아기는 정말 깜찍하고 예쁘든요. 레스토랑 측에서는 아이를 데리고 가는 것에 대해 어떻게 생각하는지요?

A 당신의 소중한 자녀를 데리고 오지 말라고 말할 레스토랑은 거의 없다. 그러나 레스토랑에 어린이 메뉴가 없다는 것은 아이를 환영하지는 않는다는 의미다. 사실 아이가 레스토랑을 난장판으로 만드는 일 없이 외출을 잘 감당할지 판단하는 것은 당신의 몫이다. 잘 운다거나 혹은 입맛이 까다로워서 기존의 메뉴에서 주문하기가 쉽지 않다면, 당신의 귀염둥이를 집에 두고 오라. 별 네 개짜리 레스토랑의 셰프에게 치킨 너겟을 준비해 달라고 주문할 수는 없으니까 말이다. 아이를 돌보아 줄 사람을 부르고 아이에게 피자를 시켜주는 편이 레스토랑에서 비싼 요리를 시켜주는 것보다 돈이 적게 들 뿐만 아니라 혹시라도 다른 손님에게 끼칠 피해에 대한 걱정도 덜 수 있다. 물론 당신의 평화로운 식사도 보장될 것이다.

　아이가 아무리 천사 같아도 레스토랑에 아이를 데리고 간다고 미리 이야기해 두는 것이 좋다. 레스토랑이 당신을 배려할 수 있도록 말이다. 아이에게 좋은 경험을 시켜주고 싶고 싶다면, 아이가 그것을 받아들일 준비가 되어 있는지 확인하라.

Q 유난스럽지 않게 테이블을 옮겨달라고 하려면 어떻게 해야 하나요? 단체 손님 옆에 앉는 것은 참을 수가 없습니다. 그들은 대체로 매우 시끄럽거든요. 그러나 다른 테이블로 옮기면서 야단법석 하는 것도 싫습니다.

A 테이블에 앉은 다음에 유감스럽게 다른 자리로 옮기지 않으려면, 예약 시 자리에 대한 취향을 미리 밝히도록 하자. 호스트나 메르트 디가 미리 테이블을 잘 선정해 놓도록 말이다. 미리 이야기를 못했다고 해도 안 좋은 자리로 안내를 받은 경우, 침묵을 유지하며 고통스러워 할 필요가 없다. 웨이터에게 이야기를 하되, 다른 난처한 부탁과 마찬가지로 모든 것은 어떻게 말하느냐에 달려 있다.

옆 테이블의 남자가 술에 취해 술잔을 제대로 잡지 못하고 비틀거린다거나 의자가 풍수지리에 맞지 않게 배열되어 있는 것은 웨이터의 잘못이 아니다. 소음, 담배 연기, 바람, 햇빛 등 어떤 이유든 간에 자리를 바꾸고 싶다면, 그것이 얼마나 쓸데없고 웃기는 일인지 알고 있는 것처럼 말해야 한다. "죄송하지만 자리를 바꾸는 것이 가능할까요?"라고 이야기하고 웨이터에게 그 이유를 조용히 설명하라. 그런 다음 웨이터가 문제를 해결할 기회를 주어야 한다.

레스토랑에 사람이 얼마나 찼는지에 따라, 또 당신이 자리를 바꾸고 싶은 정도에 따라 (팁도 고려해야 한다.) 레스토랑은 당신의 요청을 들어주고자 할 것이다. 레스토랑이 꽉 차서 다른 자리로 옮기는 것을 기대하기는 힘들더라도, 불편한 점에 대해 웨이터에게 이야기하고 최선의 해결책을 기대해 보라. 원만히 상황을 해결하기 위해 애피타이저나 디저트를 무료로 제공해 줄지도 모른다.

Q 고급 레스토랑에서 식사할 돈을 겨우 마련했는데, 알프스 눈더미 녹은 물에 20달러를 쓰고 싶지는 않습니다. 웨이터가 "미네랄 워터나 스파클링 워터 중에 어떤 것으로 하시겠어요?^{flat or sparkling}"라고 물을 때 "수돗물이요.^{tap}"라고 답하면 구두쇠처럼 보일까요?

A 수돗물이든 화장실 물이든 당신이 주문한다면 웨이터는 공손하게 따라줄 의무가 있다. 무엇을 주문하든 돈을 내는 것은 당신이다. 만약 웨이터가 "펠레그리노(스파클링 워터의 하나)를 권해드려도 될까요? 입맛을 깔끔하게 하는 데에 뛰어납니다." 또는 "우리는 생수밖에 제공하지 않습니다."라고 말하며 병에 담긴 생수 판매를 강요한다면, 그런 거만한 서비스에 대해서는 팁을 깎아도 좋다.

Q 저는 최대한 많은 메뉴를 먹어보고 싶은데 예산이 요리 비평가처럼 충분하지 않습니다. 레스토랑 요리의 양이 많은 편이기 때문에 저는 보통 반으로 나누어 달라고 해서 일행과 나누어 먹거나 일행의 요리를 한입씩 먹어 보곤 합니다. 나누어 먹는 것이 교양에 어긋나는지요? 또 레스토랑은 음식을 나누어 먹는 사람을 싫어하나요?

A 예산 때문이든 아니면 이득 본다는 생각 때문이든 요리를 하나만 주문해서 모든 일행이 나누어 먹는다면 웨이터나 레스토랑이 좋게 볼 리 없다. 특히 바쁜 금요일이나 토요일 밤이라면 더 그렇다. 최소 두 사람 이상 앉을 수 있는 비싼 자리를 차지하고 앉아 요리를 하나만 시키면 웨이터나 레스토랑에게는 손해이기 때문이다. 그러나 요리를 나누어 달라는 요청을 거절할 레스토랑은 거의 없다. (어떤 레스토랑은 나누어 담는 것에 대해 요금을 조금 더 받기도 한다.) 단순히 일행의 양고기 요리를 조금 맛보고 싶다거나, 요리를 두 개 주문해서 반씩 나누어 두 가지 요리를 모두 맛보는 것은 전혀 문제될 것이 없다. 어떤 경우이든 "요리를 나누어 먹고 싶습니다."라고 웨이터에게 이야기하라. 주문한 요리가 두 접시에 반씩 나뉘어져 나온다면 성공이다.

엄밀히 이야기해서 다른 일행의 음식을 바로 집어 먹는 것은 바람직하지 않다. 요리가 반으로 나뉘어져 나오지 않았다면 아마 웨이터가 접시를 하나 더 제공해 주었을 것이다. 그 접시를 사용하라. 일행의 음식을 먹을 만큼 잘라서 옮겨 담아 먹으면 된다. 계산서에 서비스 요금이 추가되지 않았다면, 정교하게 준비된 요리를 둘로 나누어 주고 하찮은 부탁에도 좋은 서비스를 제공한 점을 높이 사서 팁을 좀 더 주면 좋을 것이다.

Q 저는 음식에 시거나 매운 소스를 곁들이지 않으면 모든 음식의 맛이 다 똑같이 느껴져요. 다행히 소스류는 좋아하는데 사람들은 웨이터에게 케첩이나 우스터 소스를 요청하는 것을 용서받지 못할 음식 범죄로 여깁니다. 대체 무엇이 문제인가요?

A 미식가들이나 에티켓을 매우 중시하는 사람들은 누군가의 집에 저녁 식사 초대를 받았을 때 테이블 위에 놓여져 있지 않은 소스나 양념을 요청하는 것을 터부시 한다. 그러나 돈을 내고 먹는 식사라면 그렇게 딱 잘라 이야기할 수 없다. 일단 테이블 위에 접시가 놓여진 후에는 당신이 요리의 주인이다. 셰프는 자신의 걸작품에 손님이 핫소스를 잔뜩 뿌린다는 생각에 얼굴을 찡그릴 테지만, 더 만족스러운 식사를 위해 추가 양념이 필요하다고 생각된다면 요청하도록 하라. 그러나 실례가 되지 않도록 요청 전에 먼저 음식을 맛보도록 하자. 일단 먹어보면 셰프의 작품에 다른 추가적인 소스가 필요없다고 느낄지도 모른다.

Q 레스토랑에 따라서는 테이블의 모든 일행에게 음식을 제공하려면 주방에서 테이블까지 몇 번이나 왔다 갔다 해야 하는 경우가 있더군요. 그런 상황에서 모든 일행의 음식이 다 나올 때까지 기다리는 것이 합리적이지 않은 것 같습니다. 제 음식이 식어 버리는 것도 싫거니와, 다른 사람 음식도 금방 나올 거잖아요. 음식이 나오자마자 먹기 시작하면 무례한 것인가요?

A 고급 레스토랑이라면 전 일행에게 음식을 한 번에 제공해서 이런 고민이 생기지 않도록 해야 한다. 당신의 요리가 다른 이들의 요리보다 몇 초에서 몇 분 일찍 나왔다면, 모든 음식이 제공될 때까지 기다리는 것이 관행이다. 식사의 호스트나 높은 사람 또는 데이트 상대자나 친구가 당신이 다른 사람의 요리가 나오기를 기다리고 있는 것을 눈치채고, "저 기다리지 마세요. 먼저 드시지요."라고 말한다면 먹기 시작해도 좋다.

한편 당신이 호스트이거나 높은 사람인데 다른 일행의 음식이 아직 나오지 않은 상황이라면, 적어도 다른 한 명의 음식이 나올 때까지 포크와 나이프에 손을 대지 말자. 일행이 "저희를 기다리지 마세요."라고 하더라도 혼자 식사를 시작하면 안된다. 물론 당신은 첫 번째 코스인 애피타이저를 주문했는데 일행은 첫 번째 코스를 주문하지 않은 경우에는 이러한 규칙이 해당되지 않는다. 그런 경우에는 첫 번째 코스를 주문한 사람의 음식이 모두 나오면 바로 먹기 시작해도 좋다.

Q 고급 레스토랑에서 손으로 먹어도 괜찮은가요? 로스트 치킨 반 마리를 주문했는데 포크와 나이프로 살을 발라내어도 여전히 살이 뼈에 붙어있다면, "정말 정말" 다리나 날개를 손으로 집어서 뜯어먹고 싶거든요. 원시인처럼 보이고 싶지는 않지만 가장 맛있는 부위를 남기는 것도 말이 안 되는 것 같습니다.

A 파인 다이닝 레스토랑에서는 보통 립이나, 날개, 프라이드 치킨 같이 흘리기 쉽거나 손에 묻기 쉬운 음식은 잘 제공하지 않는다. 만약 레스토랑이 이런 전형적인 피크닉 음식을 세련되게 바꾸어 선보이거나 닭, 비둘기나 다른 작은 가금류를 통째로 로스트하여 제공한다면, 가능한 한 포크로 뼈 부분을 잡고 나이프로 살을 최대한 발라내어 먹어야 한다. 그리

고 나서 마지막에 남은 살은 엄지와 검지로 뼈를 잡고 조금씩 뜯어 먹어도 실례가 아니다. 손으로 움켜 잡고 덥석 뜯어 먹거나 뼈를 입에 넣고 갉아 먹지는 말라.

포터하우스 스테이크나 포크 찹 같이 뼈가 포함되어 있는 고기의 경우, 아무리 뼈 주위에 나이프로 발라 먹기 어려운 맛있는 부분이 남아 있어도 절대 들고 뜯어 먹으면 안된다. 뼈에서 살을 발라낼 때에는 항상 포크와 나이프를 이용하라. 다만, 한 가지 예외가 있다. 랙 오브 램 요리처럼 뼈가 드러나도록 손질한 경우다. 그렇게 고기를 손질하는 이유는 보기에 깔끔할 뿐만 아니라 손으로 집기 좋은 깨끗한 손잡이를 만들기 위함이기 때문이다.

손으로 먹는 것이 허용되는 다른 음식으로는 아티초크 잎, 바삭한 베이컨, 소스를 뿌리지 않은 아스파라거스 줄기, 올리브, 절인 오이, 통 옥수수, 잎이 붙은 딸기, 바닷가재나 게 껍데기(속살은 손이 아닌 포크로 먹어야 한다.)가 있다. 물론 이런 음식들도 포크와 나이프로 먹을 수 있다면 도구를 사용하는 것이 좋다. 한편, 아스파라거스나 감자 튀김 같이 길쭉한 음식을 통째로 포크로 찍어 입으로 베어 먹는 것도 예의가 아니다. 한입에 넣을 수 없는 음식이라면 포크에 얹어서 입으로 가져가지 말자.

Q 저는 주로 고기를 미디엄 웰이나 웰던으로 주문하는데, 스테이크를 잘라 보면 핑크빛이 너무 많이 도는 경우가 많습니다. 불평을 하면 주방에서 보복을 할 것 같아서 음식을 돌려보내기는 싫습니다. 처음 주문이 망쳐졌을 때 완전히 다른 메뉴로 새로 주문하면 안되나요?

A 레스토랑에 난처해지거나 논쟁이 날 수 있는 불만을 토로할 때에는 다음 한 가지를 명심하라. 채찍보다는 당근이 효과적이다. 웨이터에게 소리를 지르거나 꾸중을 하거나 주방 직원이 당신의 요리를 일부러 망친 것처럼 행동하지 말라. 스테이크(또는 다른 음식이나 와인)를 반 정도 먹은 다음 돌려보내지 말라. 실망했다고 해서 안 좋은 태도를 보이는 것은 가뜩이나 안 좋은 상황을 파국으로 치닫게 한다. 웨이터가 미안해져서 공짜 음료나 디저트로 보상해 주기를 바랄 테지만, 웨이터에게 흥분하거나 대들어서는 절대 그런 일은 일어나지 않을 것이다.

예의를 갖추어 요점을 바로 짚어야 한다. 예를 들어 "귀찮게 해드리기 싫지만 이 참치

> **정당한 반품**
>
> 레스토랑은 다음과 같은 정당한 문제 제기에 대해 새로 바꾸어 주거나 돈을 받지 않음으로써 해결해 주어야 한다.
>
> - 코르키드 되거나 산화된 와인
> - 주문한 정도보다 덜 익거나 더 익은 고기
> - 혐오스럽거나 정체 불명의 이물질이 들어 있는 음식
> - 주문 실수 (예를 들어, 소스 없이 달라고 주문했는데 소스가 끼얹져 있는 경우)
> - 뜨겁게 나와야 하는 음식이 차게 나온 경우, 또는 그 반대의 경우
> - 메뉴 설명에 써 있지 않았지만, 알레르기를 일으키거나 혐오하는 재료가 포함된 경우

스테이크가 덜 익은 것 같습니다. 미디엄 웰로 주문했었거든요."라고 말하라. 더 이상 이야기하지 말라. 왜 당신이 덜 익은 생선이나 고기를 싫어하는지, 왜 항상 이런 일이 생기는지에 대해 장황하게 늘어놓지 말라. 그렇게 하지 않아도 웨이터는 사과를 하고 접시를 가져가서 문제를 고쳐서 다시 제공해 주거나 계산서에서 금액을 제외해 줄 것이다. 보통은 (예를 들어 생선을 조금 더 조리한다든지) 쉽게 고칠 수 있는 문제이기 때문에, 음식이 상하거나 타거나 알레르기 유발 재료로 뒤덮이는 등 심각하게 잘못될 일은 없으므로 다른 메인 메뉴를 새로 주문하지 말라.

이런 정도 수준의 레스토랑이라면 정당한 불만을 제기한다고 해서, 당신의 음식으로 바닥을 훔치거나 퉁명스러운 부주방장이 음식에 침을 뱉을 염려는 없다. 음식이 너무 짜다거나 맵다는 다른 불만 사항을 이야기하는데 웨이터가 그 요리는 항상 조리되는 대로 잘 조리된 것이라고 한다면 어떻게 해야 할까? 그래도 더 친절하게 대응해라. 싹싹하고 침착하게 불만을 이야기할수록 웨이터가 당신을 만족시키기 위해 노력할 것이다.

그러나 당신이 음식이나 와인을 돌려보내는 이유가 예상했던 맛이랑 다르다거나 할라피뇨가 그렇게 매운지 몰라서였다면, 즉 레스토랑의 실수가 아니라 당신의 실수라면, 음식을 돌려보내고 다른 메뉴를 새롭게 주문해도 된다. 다만 레스토랑이 돌려보낸 음식의 가격

을 제해 주리라고 기대하지는 말자.

Q 고급 레스토랑에서는 각 코스마다 웨이터가 포크, 나이프, 접시를 치우고 새 것으로 바꾸어주는 것이 당연하다고 생각했는데, 어떤 곳은 포크, 나이프를 테이블 위에 그대로 두더라고요. 식기를 언제 그냥 두고 언제 치우는지 어떻게 알 수 있나요?

A 고전적인 파인 다이닝에서는 한 코스를 마치고 나면 사용한 식기를 모두 치우고 다음 코스에 맞는 적절한 식기로 새로 세팅해 주는 것이 정석이다. 그러나 오늘날에는 서비스와 음식은 최고 수준을 유지하되 분위기를 조금 더 느슨하게 바꾼 캐주얼 파인 다이닝이 등장했다. 캐주얼 파인 다이닝은 재킷과 넥타이를 꼭 해야 한다든지, 각 코스마다 모든 식기를 교체해야 한다는, 기존 파인다이닝의 딱딱한 격식을 줄인 것이 특징이다. 헷갈릴 수 있지만 식기에 관한 문제는 간단히 해결할 수 있다. 식사를 마치면 접시 위에 포크 날은 위쪽, 칼날은 안쪽을, 손잡이는 5시 방향을 향하도록 놓으면 된다. 그러면 그 다음은 웨이터가 알아서 처리할 것이다.

Q 어떤 레스토랑은 테이스팅 메뉴에 포함된 요리가 너무 많아서 식사에 거의 네다섯 시간은 족히 걸린다고 하던데요. 저는 한 자리에 한 시간 이상 앉아 있으면 안절부절 못 하는 성미인 데다가 담배도 피웁니다. 코스 중간 중간에 자리를 비우는 것이 무례한 행동인가요?

A 레스토랑은 식사 중간에 흡연을 하거나 화장실을 가는 것을 똑같이 본다. 두 가지 모두 당신이 즐거이 식사를 하기 위해 충족해야 하는 생리적인 부분이다. 에티켓에 있어 기본 중의 기본은 다른 사람들이 편안하고 만족스럽도록 행동하는 것이다. 엉덩이가 배기거나 발이 저려서, 또는 담배를 한 모금 피우고 싶어서 자리에서 안절부절 못한다면 당신만이 아니라 보는 사람도 불편할 것이다. 매 5분마다 테이블을 뛰쳐나오는 것이 아니라면 어떤 이유에서이든 테이블에서 잠시 빠져 나와도 좋다. 다만 담배를 피우거나 어슬렁거리는 당

신을 위해 웨이터가 알아서 식사 제공을 잠시 멈추리라 기대하지는 말자. 담배를 피우러 나간다면 웨이터에게 이야기해 두고 음식이 도착하면 불러달라고 부탁하면 된다.

Q 테이블에서 휴대폰을 받거나 트림을 하면 안 된다는 것은 알겠지만, 립스틱을 바르거나 코를 살짝 푸는 것 같이 더 조심스러운 행동도 하면 안되나요? 그런 것들은 눈 깜짝할 사이에 할 수 있을 뿐더러, 양해를 구하고 화장실에 가는 편이 더 폐가 될 것 같아서요.

A 보는 사람이 있든 없든, 또 아무리 빠르고 조심스럽게 할 수 있다고 해도, 테이블 앞에서 절대로 해서는 안될 일이 있다. 냅킨으로 입술이나 손가락을 가볍게 두드려 닦는 것을 제외하고는 옷 매무새를 가다듬거나 화장을 고치고, 피부를 닦거나 긁고, 코를 푸는 행위는 테이블과 일행이 보이지 않는 곳에서 해야 한다. 예외는 없다. 재채기를 할 것 같거나 딸꾹질에 걸렸다거나, 매무새를 고쳐야 하는 상황이라면, 즉시 양해를 구하고 자리에서 나오도록 하라. 입 냄새를 확인하거나 이 사이에 시금치나 후추가 끼지는 않았는지 확인할 수 있는 기회라고 긍정적으로 생각하자.

Q 레스토랑 음식은 양이 매우 많아서 남기게 되는 경우가 종종 있습니다. 그렇게 맛있고 비싼 음식이 버려지는 것이 너무 싫은데, 남은 음식을 싸달라고 해도 되나요? 아니면 그런 좋은 것들도 때로는 포기해야 하는 순간이 있는 것일까요?

A 대부분의 셰프는 자신들의 걸작품이 쓰레기통에 버려지는 것보다는 스티로폼 박스에 담기는 것을 선호할 것이다. 그러나 한두 개 남은 가리비나 한 조각 남은 베이비 램이 냉장고에 들어가기 전까지 상하지 않을지 반드시 생각해 보아야 한다. 또, 큰 스테이크 조각과 매시트 포테이토는 괜찮을지 몰라도, 다시 조리하면 그다지 맛이 좋지 않은 음식도 많다. 게다가 만약 고객이나 상사 등 좋은 인상을 남기고자 하는 사람들과 식사를 했다면 남은 음식이 가득 든 큰 가방을 들고 레스토랑을 나서는 것은 아무래도 당신이 추구하는 기품 있

는 이미지와 잘 맞지 않을 것이다. 보통은 함께 식사를 하는 일행을 따라 하라. 아무도 남은 음식을 포장해 가지 않는다면 당신도 그렇게 하는 것이 좋다.

Q 상류층이나 갑부들은 괜찮을지 몰라도 저는 레스토랑 화장실에서 시중드는 사람들이 영 불편합니다. 저는 누가 손수 핸드 타월을 건네주고 옷의 먼지도 털어줄 만큼 그리 부자도 아니고 특권층도 아닙니다. 그런 것쯤은 제가 스스로 할 수 있습니다. 문제는 핸드 타월을 직접 뽑아 쓰고 헤어 스프레이를 쓰거나 민트를 건네 받지 않았다면 그들에게 팁을 줄 이유가 없어진다는 것입니다. 그렇게 되면 이상하게 기분이 좋지 않고 인색해진 기분이 듭니다. 또 현금이 수중에 없는 경우에는 어떻게 해야 하나요?

A 이것은 좋은 업을 쌓는다거나 교양에 대한 문제이지 꼭 지켜야 하는 절차의 문제는 아니다. 화장실 직원은 당신에게 미소를 건네고 빗이나 핸드 타월을 건네줄 뿐만 아니라 화장실을 빛나도록 깨끗하게 유지하는 일을 한다. 팁을 주는 사람만을 위해 청소를 하는 것은 아니다. 바구니에 1달러를 던져준다고 해서 파산하지는 않는다. 지갑이나 핸드백을 자리에 놓고 왔다면 레스토랑을 나갈 때 다시 들러서 팁을 주도록 하자. 지금 당장 그들의 서비스나 물품을 사용하지 않았더라도 나중에 혹시라도 그들이 절박하게 필요한 순간을 위해 투자한다고 생각하라. 바지 가랑이에 음식을 떨어뜨려 얼룩졌거나 입안에 마늘 냄새가 가득할 때 그들의 서비스가 너무나 감사할 것이다. 기억하자. 바지의 지퍼가 내려갔거나 구두 밑창에 화장실 휴지가 붙었다는 것을 알려줄 사람은 바로 그들이다. 그들에게 그렇게 인색하게 대하고 싶은가?(역주: 우리나라에서는 레스토랑에서 화장실 직원에게 팁을 주어야 하는 경우는 없다.)

Q 우리 주위에는 너무 인색해서 팁을 적게 남기는 사람도 있고, 팁을 적게 남길 구실을 찾기 위해 웨이터의 실수를 하나하나 기억해 두는 사람도 있지요. 반면 웨이터들은 무언가 크게 잘못하지 않았다면 언제나 20퍼센트의 팁을 바라고 있는 것 같습니다. 저는 10에서 15퍼센

트의 팁이 일반적이고, 서비스가 아주 좋았다면 20퍼센트를 주는 것으로 알고 있었는데요. 어느 정도 팁을 주는 것이 적당한 거죠?

A 누구나 각자 팁에 관한 이론과 철학을 가지고 있지만, 파인 다이닝 수준이라면 15에서 20퍼센트의 팁이 일반적이다. 파인 다이닝 레스토랑의 웨이터들은 대부분 고도로 훈련되어 있고 요리나 와인에도 박식하기 때문이다. 그들은 보통 10퍼센트의 팁을 받으면, 식사에 무언가 이상이 있었다고 판단한다. 그러나 식사 중간에 음식이나 서비스에 대해 문제 제기가 없었다면, 웨이터는 당신이 인색한 사람이었다고 결론 내릴 것이다.

만약 웨이터가 무시하거나 깔보거나 무례했다면 팁을 깎는 것이 당연하다. 마찬가지로 열악한 서비스와 음식을 제공한 후, 문제를 시정할 시도도 하지 않고 사과나 이성적인 설명도 없었다면 인색하게 팁을 주어도 괜찮다. 그러나 불편함이 있다면 식사 중에 반드시 이야기해서 웨이터가 해결할 기회를 주어야 한다. 빈 물잔이나, 음식에 대한 긴 기다림, 보이지 않는 웨이터, 잘못된 주문 등은 최고의 레스토랑에서도 일상적으로 일어나곤 하는 실수들이다. 웨이터가 그런 문제들을 어떻게 시정하느냐에 따라 팁을 줄일지의 여부를 결정해야 한다. 웨이터가 적극적으로 상황을 설명하고 사과하며 불편을 끼친 점에 대해 진심으로 보상해 주고자 한다면, 팁을 제하는 것은 가혹한 처사다. 또한, 메뉴 가격은 서비스가 아닌 음식에 대한 값이라는 것을 기억하자. 서비스가 아닌 요리 자체에 대한 불만은 주방의 문제이지 웨이터의 문제가 아니다.

인덱스

INDEX

A
A.Q. _____ 50
AOC _____ 88, 89
appellation of origin _____ 88
AVAs _____ 88

C
CIA _____ 189

D
DO _____ 89
DOC _____ 89
DOCa _____ 89
DOCG _____ 89

F
FCI _____ 189

M
M.F.K. 피셔 _____ 188
market price _____ 50

Q
QbA _____ 89
QmP _____ 89

V
VDQS _____ 89

가
가금류 _____ 121
가니 _____ 165
가람 마살라 _____ 142
가르가네가 _____ 92
가르드 망제 _____ 28
가마메시 _____ 163

가메	91, 98
가쓰	163
가쓰오	165
가요	191
가이바시라	165
가이세키	167
가프롱	148
갈라틴	158
갈레트	47
강화 와인	61
거위	122
거품	173
게브르츠트라미너	67, 75, 81, 91, 98
계절 디저트	57
고기 굽기 정도	120
고기의 등급	105
고다	148
고르곤졸라	148, 154
고미요	191
고바시라	165
고베 소고기	110
과일 브랜디	65
구세계 와인	88
구스타티오	51
구시아게	163
굴	128
귀부병	67
그라탱	158
그라트 페유	148
그랑 크뤼 클라세	100
그랑드 퀴진	187
그랜트 애커츠	172
그뤼너 벨트리너	97
그뤼에르	148, 154
그르나슈	91, 94, 98
그린 퀴진	182
그릴	51
그릴드 믹스드 베지터블	47

글라스 드 비앙드	158
기니헨	122
꿩	123

나

나베모노	163
내러갯싯	107
내추럴	107
내추럴 린드	154
내추럴 치즈	148
냅킨	34
네비올로	92, 98
노 쇼	39
노팔 선인장	138
논빈티지	103
논빈티지 와인	99
뇌조	122
누벨 퀴진	182
뉴욕 스트립	109
니트	61

다

다니엘 불뤼	184
다카야마 마사요시	185
단델리온	139
닭	121
당도	77
대니 메이어	185
대비 페어링	80
더티	61
데미글라스	161
데이비드 불레이	184
데판야키	162
덴푸라	163
델모니코	109
도로	165

도리가이	165
돼지고기	113
돼지고기 부위 정보	113
두	103
둑카	142
둘치	48
뒤보네	62
드라이	61, 77
드라이 에이징	112
드레스드 피시	125
드로 히메네스	65
드미 섹	79, 103
디너 나이프	36
디너 포크	36
디저트 식기	37
디저트 와인	67
디제스티프	64
디캔팅	87

라

라 그랑드 타베른 드 롱드르	186
라 플라	47
라구	158
라디치오	139
라루스 가스트로노미크	155, 187
라르 드 퀴지니에	186
라마스 미에트	35
라운드 팁	110
라이	61
라이트	72
라이트 바디 와인	75
라인	93
라 퀴진 오르디네르	186
라클레트	154
라투르	100
라피트 로실드	100
락 코니시 게임 헨	121

랑그 드 뵈프 알 라 부르주아즈	120
랙 오브 램	115
램	115
램스 텅	139
램프	138
러시아 스타일 서빙	37
런던 브로일	110
럼	61
레 정트르메	47
레닛	146, 148
레드	72
레드 와인 잔	37
레어	120
레이트 하비스트	67
레콜	189
로마노	148, 154
로바다	163
로바다야키	163
로비올라	147, 153
로비올라 롬바르디아	148
로스트	51, 105
로인	108, 113
로인 찹	115
로컬	134
로크포르	148, 154
로티쇠르	28
론디넬라	92
루	158
루유	158
룰라드	158
르 기드 퀼리네르	155, 187
르 프로마주	47
르꼬르동블루	189
르블로숑	148
리 다뇨	120
리 드 보	120
리듀스	51
리무쟁	78

리바로	148, 153	만체고	148, 154
리베라 델 두에로	98	말로솔	126
리슬링	67, 73, 75, 76, 79, 81, 91, 93, 96	말바시아	94
리오하	76	말바시아 비안코	92
리오하, 화이트	94	말벡	91
리저브	100	맘지	66
리제르바	100	맛 제조 공식	178
리조토	47	머스코비	122
리코타	147, 153	머튼	115
리쿼	61	메뉴	119
리큐어	61	메달리온	109, 113
릭 무넨	185	메를로	73, 75, 76, 81, 91, 97
릭 베일리스	156, 184	메리티지	95
릴레	62	메이택	148
립	108	메이택 블루	154
립 로인	113	메종	158
립 찹	115	메탈릭	130
립아이	109	메트르 도텔	25
		메트르 드 프로마주/프로마제	149
		메트르 디	25
		멜론 향	130

마

마구로	165	모르네	161
마그레 드 카나르	122	모리모토 마사하루	185
마데이라	61, 66	모비에르	148
마로	158	모젤	93
마르고	100	목초사육	107
마르미트	158	몰리나라	92
마리 앙투안 카렘	187	몽타녜	155
마리니에르	158	뫼니에	91
마리오 바탈리	183	뫼니에르	158
마사고	165	뫼르소	76
마살라	61, 66	무르베드르	91
마송	91	무살충제	107
마스카르포네	147	무쇠	102
마츠히사 노부	184	무순	139
마커스 새뮤엘슨	185	무스	158
마홍	148, 153	무스카데	75
만자냐	65	무스카텔	94, 97

무스카트	97
무통 로실드	100
무통 카데 보르도	95
무항생제	107
물라르	122
물숨	51
뮈스카델	67, 91
뮌스테르	153
뮐러 투르가우	93
므뉘 데귀스타시옹	48
미국식 마티니	62
미농무부 인증유기농	106
미디엄	120
미디엄 레어	120
미디엄 바디 와인	75
미디엄 웰	121
미루가이	165
미르푸아	158
미를리통	139
미쉐린 레드 가이드	190
미식예찬	186
미정 부테유 오 샤토/오 도멘	100

바

바디	75
바롤로	76, 81, 92, 98
바르돌리노	75, 92
바르베라	75, 92
바바레스코	76, 92, 98
바비큐	51
바욘	114
바이너 슈니첼	116
바텐더	26
발도스타나	116
발로틴	159
발폴리첼라	75, 92
뱅 드 타블	100
뱅 드 페이	100
버라이어탈 와인	96
버번 레드	107
버본	61
버터플라이	51
버터플라이 찹	113
버티칼 테이스팅	82
베르나르 루아조	182
베르데유	66
베르무트	61
베르지네	66
베리	126
베리 레어	120
베샤멜	161
베스트팔렌 햄	114
베이비 램	115
베이비 시금치	139
베이크	51
베이퍼	173
벨 파에제	148
벨루가	126
벨루테	161
벨리니	63
벨베티	77
보드카	61
보르도	75, 76, 80, 81
보르도, 레드	91
보르도, 화이트	91
보르들레즈	161
보비 플레이	184
보알	66
보완 페어링	79
보졸레	75, 91
보졸레 빌라주	81
보트리티스 시네리아	67
볼로방	159
볼프강 퍽	185
뵈르 누아르	161

뵈르 블랑 161
뵈프 부르기뇽 47
부룬카스 148
부르고뉴 75
부르고뉴, 레드 91
부르고뉴, 화이트 91
부르댕 누아르 119
부세카 118, 119
부주방장 28
부케 가르니 142
분자 요리 172
브라이니 129
브랜디 61, 65
브러시드 린드 치즈 148
브레이즈 51
브로슈 159
브로일 51
브로코플라워 138
브로콜리 라베 138
브로콜리니 138
브루넬로 디 몬탈치노 92, 98
브루스케타 47
브뤼 103
브뤼 네이처 103
브뤼 소비지 103
브륄레 159
브리 148, 153
브리야 사바랭 148, 153
브린 51
블랑 드 누아르 102
블랑 드 블랑 102
블랙 포레스트 햄 114
블랜치 51
블렌드 와인 96
블뢰 120
블루미 치즈 147
블루치즈 146, 148, 154
비오니에 76, 97

비우라 94
비프 카르파치오 110
빈티지 99, 103
빈티지 포트 64
빈티지 포트 와인 81
빌 스칼로피니 116
빌 피카타 48
빵 접시 35

사

사바 165
사케 165, 168
산도 76
산조슈 168
산지오베제 92, 98
살팀보카 48, 116
상그리아 63
상세르 75, 76, 80, 81, 91
샐러드 나이프 36
샐러드 포크 35
생 탕드레 148, 153
생선 포크 36
생치즈 147
샤르도네 73, 75, 76, 91, 96
샤르퀴테리 47
샤블리 75, 76, 80, 81, 91
샤토 디켐 67
샤토뇌프 뒤 파프 76, 91
샤토브리앙 109
샴페인 80, 91, 101
샴페인 잔 37
샹보르 61
서브프라이멀 컷 105
서플 77
설로인 108
세기의 셰프들 183
세나 51

세르시알	66	수퍼 토스카나	95
세미소프트 치즈	148	수페리오레	100
세미용	67, 91, 97	수프 스푼	36
세브루가	126	쉬페리외르	100
세이마이	168	슈냉 블랑	97
세콘디	48	슈미제	159
세쿤다에 멘사에	51	슈피크	128
센터컷 로인	113	스몰 플레이트	49
셀러리악	138	스미스필드	114
셀렉트급	106	스시	162
셀처	61	스위트	77, 130
셰리	61, 63, 65, 79, 94	스즈키	165
셰리 잔	37	스카치	61
셰브르	147, 153	스테이션 셰프	28
셰프 드 파르티	28	스테이크	105, 125
셰프조합	190	스테이크 나이프	36
소고기	108	스테이크 타르타르	110
소고기 부위 정보	108	스텔렛	126
소렐	139	스튜	51
소몽 앙 파피요트	47	스트레이트 업	61
소믈리에	26	스틸턴	148, 154
소바	163	스팁	51
소비뇽 블랑	67, 73, 75, 76, 80, 81, 91, 96	스파이시	72, 78
소시송	159	스파클링 와인	101
소시에	28	스페셜 디저트	57
소아베	75, 76, 92	스펙	114
소테	51	스푸만테	102
소테른	67, 79, 81, 91	스피릿	61
소프트	72	슬로 푸드	189
소프트 라이픈드 치즈	147	시라	73, 76, 98
솔 뫼니에르	47	시라즈	73, 76, 98
솔티	130	시로마구로	165
송아지 고기	116	시머	51
송아지 고기 부위 정보	117	시베	159
송어	128	시어	51
쇼트로인	108	시포나드	159
수비드	173	신세계 와인	95
수셰프	28	실바너	93

아

항목	페이지
아 푸앙	159
아나고	165
아로마와 풍미	77
아루굴라	139
아리코 베르	138
아마레토	61
아마에비	165
아메리칸 타조	122
아몬틸라도	65
아뮈즈 괼르	55
아뮈즈 부슈	55
아스트린젠트	77
아오야기	165
아와비	165
아카가이	165
아티자날	149
아페리티프	52, 60
아페리티프 잔	37
아펜젤러	148
아피나주	149
아피뇨르	149
안티파스티	47
알 라 노르망드	157
알 라 니수아즈	157
알 라 리오네즈	157
알 라 부르기뇬	157
알 라 카르트	50
알 라 페리구르딘	157
알 라 프로방살	157
알 라 플라망드	157
알 라 플로렌틴	157
알 랄자셴	157
알 랑글레즈	157
알랭 뒤카스	184
알르망드	161
알바리뇨	97
압생트	63
앙 브로셰트	159
앙 코코트	159
앙 크루트	160
앙 파피요트	160
앙투안 보비예	186
앙트레	47
앙트르미티에	28
앙트르코트	159
앤서니 보댕	184
앨리스	183
앨리스 워터스	131, 186
야키도리	163
양고기	115
양고기 부위 정보	115
어시	72, 78
언쿡트, 프레스드 치즈	148
업	61
에담	148
에르브 드 프로방스	141
에릭 리페르	185
에멀전	173
에멘탈	148, 154
에뮤	122
에미릴 라가시	184
에비	165
에스카롤	139
에스카르고	47
에스코피에	155
에스파뇰	161
에어룸	134
에푸아스	148, 153
엑스트라 드라이	103
엑스트라 브뤼	103
엑스트라 섹	103
엘 불리	172
연근	138
예약 취소	39
예약관리자	23

오 드 비	65	워시드 린드 치즈	148
오 브리옹	100	워터크레송	139
오 푸아브르	159	웜우드	63
오랑데즈	161	웨이터	26
오르 되브르	47	웨트	62
오리	122	웨트 에이징	112
오마카세	167	웰던	121
오버	61	위드 어 트위스트	61
오사보 아일랜드 돼지	107	위스키	61
오세트라	126	유기농	134
오소부코	48, 116	유럽식 마티니	62
오쓰마미	162	유리 물 잔	37
오염된 와인	85	유장	149
오이 향	130	음료 잔	37
오이스터 락커펠러	129	이그제큐티브 셰프	28
오이스터 온 더 하프 셸	129	이스테이트 바틀드	100
오크잎	139	이카	165
오크통	78	이쿠라	165
오트 퀴진	182	익스플로라퇴르	148, 153
오퍼스 원	74	인퓨전	173
오프 드라이	77	인퓨즈	52
오향	142		
옥스테일	118	**자**	
온더락	61	자갓 서베이	191
올로로소	65	자고	123
와규	110	자크 토르	186, 189
와인 페어링	79	자크 페팽	185, 189
와일리 뒤프렌	172	장 앙텔름 브리야 사바랭	186
왁스드 린드 치즈	148	장 조르주 본게리크텐	186
요리 백과사전	155, 187	장 조르주	183
요리 입문서	155, 187	전통 일본 요리	162
우나기	165	전통적인 모둠 허브	141
우니	165	전통적인 방법	102
우동	163	제너럴 매니저	25
우드 포트	64	제임스 비어드	188
우엉	139	제임스비어드재단	188
우조	61	제철 과일	140
워시드 린드	153		

젝트 ... 102
젤리 ... 173
조르주 오귀스트 에스코피에 ... 187
주걱철갑상어 ... 128
주마키 ... 162
주방 스태프 ... 27
주방의 예술 ... 186
주방장 ... 28
줄리아 차일드 ... 188
쥐 ... 159
쥘리안 ... 159
증류주 ... 61
진 ... 61
진판델 ... 73, 76, 98

차

차저 ... 35
찰리 트로터 ... 186
찰리 파머 ... 185
찹 ... 105
채소의 제철 ... 135
채식 사료 사용 ... 107
챠오테 ... 139
척 아이 ... 110
체다 ... 148, 154
체다링 ... 146
초이스급 ... 106
치즈 보드 ... 151
치즈 외피 ... 151
치즈 코스 ... 151
치즈 플레이트 ... 151
치커리 ... 139
친차노 ... 63
친친 ... 63
친환경 식탁 ... 190
칠리에골로 ... 92
칠면조 ... 123

카

카나이올 ... 92
카르둔 ... 139
카를로 페트리니 ... 189
카리냥 ... 91
카망베르 ... 148, 153
카바 ... 102
카베르네 ... 80
카베르네 소비뇽 ... 73, 75, 76, 80, 91, 97
카베르네 프랑 ... 91, 98
카브랄레즈 ... 148, 154
카술레 ... 47, 159
카트린 드 메디시스 ... 155
카프레제 샐러드 ... 47
칸탈 ... 148
칼라마리 ... 47
칼루아 ... 61
캄파리 ... 63
캐비아 ... 126
커드 ... 146, 149
커리 파우더 ... 142
컬리 엔다이브 ... 139
케이폰 ... 121
켄달 잭슨 샤르도네 ... 95
코냑 ... 66
코냑 등급 ... 66
코넌드럼 ... 74
코디얼 ... 61
코르비나 ... 92
코르크 오염 ... 85
코르키드 ... 84
코코뱅 ... 121
코코트 ... 159
코킬 ... 159
코트 뒤 론 ... 75, 81
코트 뒤 론, 레드 ... 91
코티지 치즈 ... 147
콘토르니 ... 47

콜라비	139
콜로리노	92
콩소메	159
콩카세	160
콩테	148
콩테 드 그뤼에르	153
콩포트	160
콩피	160
콩피튀르	160
콰트르 에피스	142
쿠르 부용	160
쿠앵트로	61
쿡트, 프레스드 치즈	148
쿨리	160
퀴베	103
크레망	102
크로스컷	105
크로스티니	47
크로캉	160
크로탱 드 샤비뇰	151
크루트	160
크뤼	100, 149
크뤼 클라세	100
크리미	130
크리스프	72, 130
크림 셰리	65
클라시코	100
클래식 디저트	57
클래식 이탈리안 풀 코스	47
클래식 프렌치 풀 코스	47
클린	130
키르슈	66
키모신	148
키안티	75, 80, 92, 94, 98
키안티 클라시코	75
키저슈니첼	116

타

타닉	77
타닌	76
타블 도트	50
타이	165
타조	122
타코	165
탈레지오	148, 153
탑 설로인	110
테루아르	75, 88
테린	123
테이스팅 코스	48
테킬라	61
템프라니요	98
토르타 델 카사르	153
토마	149, 153
토마스 켈러	184
토메	149
토비코	165
톰	149
투르낭 셰프	28
투르느도	109
투리가 나시오날	94
투리가 프란체스카	94
트레비아노	92
트리프 알 라 모드 드 켕	119
트리플 크림치즈	153
트릴로지	95
특수 부위 정보	118
특수 채소	138
티 스푼	36
티본	109
틴타 바로카	94
팁	29

파

파르미지아노 레지아노 148, 154
파리지엔느 161
파스티스 62
파인즈 허브 141
파테 47, 160
파테 드 푸아그라 123
파트 브리제 160
파트 아 슈 160
파트 푀유테 160
파티시에 28
파피요트 160
판체타 114
팔로미노 94
팬 브로일 52
퍼슬린 139
펌 77
페드로 히메네스 94
페란 아드리아 172, 183
페야르 160
페이스트 149
페코리노 로마노 148
페킹 122
페타 147, 153
평범한 요리 186
포도 브랜디 66
포도 품종 96
포르마지 48
포르토 64, 94
포치 52
포크 로인 113
포크 텐더로인 113
포타주 160
포터하우스 109
포토푀 118
포트 61, 64, 79
폰티나 148
폴 보퀴즈 184

폴렌타 47
퐁르베크 148, 153
푀유타주 160
푸생 121
푸아그라 123
푸아그라 드 카나르 123
푸아소니에 28
푸아송 47
푸이 퓌메 75, 76, 81, 91
푸이 퓌세 91
풀 바디 와인 76
풀 코스 페어링 82
풀리니 몽라셰 76
퓌메 160
퓨전 요리 170
프라이멀 컷 105
프라임 립 109
프라임급 106
프랑부아즈 66
프랑스 스타일 서빙 37
프렌치 칼바도스 66
프렌칭 115
프로마주 블랑 147
프로세코 102
프로슈토 114
프로슈토 디 파르마 47, 114
프로스페러티 레드 95
프로스페르 몽타녜 187
프루티 72, 78
프리 레인지 106
프리 픽스 50
프리미 47
프리미엄 사케 169
프리미에르 그랑 크뤼 클라세 100
프리미에르 크뤼 100
프리미티보 98
프티 베르도 91
플랭크 52

플린티 _____ 130
피노 _____ 65
피노 그리 _____ 73, 81, 97
피노 그리지오 _____ 73, 75, 76, 81, 97
피노 누아르 _____ 73, 75, 81, 91, 98
피들헤드 _____ 139
필레 _____ 125
필레 드 뵈프 _____ 109
필레 미뇽 _____ 109

하

하마치 _____ 165
하몬 세라노 _____ 114
하이볼 _____ 61
해클백철갑상어 _____ 128
허벌 _____ 72, 78
허브 _____ 141
헤리티지 _____ 107
헤비 _____ 72
헤스턴 블루먼솔 _____ 172
호라이즌탈 테이스팅 _____ 82
호르몬 무첨가 _____ 107
호마로 칸투 _____ 172
호소마키 _____ 162
홀 피시 _____ 125
홀슈타이너슈니첼 _____ 116
화이트 _____ 72
화이트 와인 잔 _____ 37
화이트철갑상어 _____ 128
화이트피시 _____ 128
환경 친화 라벨 _____ 106
환경친화적 _____ 134
후쿠슈 _____ 168
후토마키 _____ 162
히라메 _____ 165
히카마 _____ 139

감사의 글

초안을 읽어주고 저에게 꼭 필요했던 격려를 해주신 E.K. 벅클리(E.K. Buckley), 사라 루실 피시(Sarah Lucille Fisch), 벤자민 라인하르트(Benjamin Rinehart)에게 감사의 말씀을 드립니다.

사람들이 출판사에 감사를 표하는 것을 보면 언제나 의아했었는데, 이 책은 제가 섹스가 아닌 음식에 대한 글을 쓰고 싶다고 했을 때 진지하게 받아들여 준 덕 스튜어트(Doug Stewart)가 아니었다면 세상에 나오지 않았을 것입니다.

이 책을 쓰면서 가장 흥미로웠던 점 중의 하나는 책을 쓴다는 핑계로 음식과 와인 업계의 아이돌 스타를 만날 수 있었다는 것입니다. 그런 영향력 있고 열정적인 셰프와, 소믈리에, 레스토랑 내부 관계자들은 저의 질문에 기꺼이 응답해 주었고, 파인 다이닝 세계에 대한 실제적인 식견으로 이 책을 빛내 주었습니다. 토폴로밤포(Topolobampo)의 셰프 릭 베일리스(Rick Bayless), 모토(Moto)의 셰프 호마로 칸투(Homaro Cantu), 셰 파니스(Chez Panisse)의 셰프 앨리스 워터스(Alice Waters), 잔 폴스 앤 컴퍼니(John Folce and Company)의 셰프 잔 폴스(John Folce), wd-50의 셰프 와일리 뒤프린(Wylie Dufresne), 스패고(Spago)의 제네럴 매니저 트레이시 스필레인(Tracy Spillane), 램프레이아(Lampreia)의 셰프 스캇 카르스버그(Scott Carsberg), 트루(TRU)의 셰프 릭 트라만토(Rick Tramanto), 이퀴녹스(Equinox)의 셰프 토드 그레이(Todd Gray), 아티자날(Artisanal)의 메트르 프로마지에르(maitre fromagier) 맥스 맥칼만(Max McCalman), 사보이(Savoy)의 셰프 피터 호프만(Peter Hoffman), 프렌치 런드리(French Laundry)의 마스터 소믈리에 폴 로버츠(Paul Roberts), 조세프 펠프스 비냐즈(Joseph Phelps Vineyards)의 마스터 소믈리에 조 스펠만(Joe Spellman), 갈라투아르(Galatoires)의 메트르 디 마놀 드 샤버드(Arnold Chabaud), 브라세리 조(Brasserie Jo)의 메트르 디 알폰소 드 루시아(Alfonso De Lucia), 아티자날(Artisanal)의 프랭크 비스무스(Frank Bismuth), 캉파닐(Campanile)의 데이비드 로쏘프(David Rossoff), 그리고 FCI의 요리 경영학장 수전 리프리에리(Susan Lifrieri)에게 감사 드립니다.

지은이에 대하여

이 책의 지은이인 콜린 러쉬(Collen Rush)는 "뭐 좀 드셨어요?"와 "배 안 고프세요?"가 "어머니는 안녕하시죠?"라는 인사말만큼이나 흔히 쓰이는 미국 루이지애나 주에서 태어나고 자랐다. 가시 넝쿨이 무성한 도랑에서 나무딸기를 따고, 홍수가 난 논에서 가재를 잡고, 버터에 밀가루를 볶아 루를 만드는 방법을 배우면서 성장하였다. 풀 먹인 테이블 보와 반짝이는 식기와는 거리가 먼 세상에서 자랐지만, 어린 나이에 인생에 있어 최고로 멋진 순간은 항상 좋은 음식과 함께 한다는 것을 깨우쳤다. 코스모폴리탄 잡지의 기고 작가이자, 〈벌거벗고 수영하기 & 중력에 저항하기(*Swim Naked, Defy Gravity and 99 Other Essential Things to Accomplish Before Turning 30*)〉의 저자이다. 또 얼루어, 글래머, 셀프, 셰이프, 레드북, 레이디스 홈 저널, 맥심, 스터프, 코스모걸 등의 잡지에도 글을 쓰고 있다. 현재 시카고에 거주 중이다.

옮긴이에 대하여

김은조

우리나라 최초의 레스토랑 평가서 〈블루리본 서베이〉의 편집장으로 일하면서 미식을 추구하는 것이 일인 동시에 생활이 되어 있다. 서울대학교에서 심리학을 전공하고 홍익대학교 대학원에서 광고디자인을 전공하였으며, 미국 여행잡지 〈트래블+레저〉 한국판의 편집장을 6년 역임하였다. 또 다른 번역서로는 〈맛있는 음식글 쓰기(Will Write for Food)〉, 〈이탈리아를 이해하는 열 가지 요리(10皿でわかるイタリア料理)〉, 〈내가 요리에 처음 눈뜬 순간(How I Learned to Cook)〉, 〈세기의 쉐프, 세기의 레스토랑(Don't Try This at Home)〉, 〈디지털 이미지론(The Reconfigured Eye)〉이 있다. 저서로는 〈서울에서 할 수 있는 867가지〉, 〈디저트 인 서울〉이 있으며 푸드TV에서 〈김은조편집장의 맛있는 골목산책〉 프로그램을 진행하였다.

이인선

맛있고 멋있는 음식이 좋아 음식을 만들고, 먹고, 읽고, 쓰고, 생각하고, 공부하는 삶을 살고 있다. 서강대학교 경영학과를 졸업하였으며 미국 뉴욕대 식품학 석사과정(New York University Food Studies M.A.)에서 음식을 통해 인류 역사와 사회, 문화와 사람을 이해하는 공부를 했다. 세계 곳곳을 탐방하며 음식을 통해 사람과 소통하고 세상을 알아나가는 것이 꿈이다.

파인 다이닝의 첫걸음

2018년 10월 18일　개정판 2쇄 인쇄
2018년 10월 25일　개정판 2쇄 발행

2017년 4월 10일　개정판 1쇄 인쇄
2017년 4월 18일　개정판 1쇄 발행

2009년 8월 25일　초판 1쇄 인쇄
2009년 9월 1일　　초판 1쇄 발행

지은이 : 콜린 러시
옮긴이 : 김은조, 이인선
발행인 : 여민종 | 발행처 : BR미디어

등록번호 : 제2011-000074호 | 등록일: 2011년 3월 8일

BR미디어 주식회사　03142 서울 종로구 중학동 14 트윈트리빌딩 A동 16층

문의전화 : 02 512 2146 | 팩스 : 02 565 9652 | e-mail : webmaster@blueR.co.kr
website : http://www.blueR.co.kr

정가 15,000원

ISBN　978-89-93508-39-0　03590

* 이 책 저작권자와 출판사의 서면 동의 없이는 이 책의 내용을 전체적으로나 부분적으로나 또한 어떤 수단·방법으로나 아무도 복제·전재하거나 전자 장치에 저장할 수 없습니다.
* 잘못된 책은 바꾸어 드립니다.

# 블루리본愛食家바이블 시리즈

전국의 해장 음식을
망라한 완벽 가이드

우리나라 이곳저곳 다니지 않은 곳이 없는
블로거 비밀이야가 고른
전국 해장 음식점 341곳을 책에 담았다.

저자 배동렬 | BR미디어 발행
432쪽 | 전면 컬러 | 가격 13,800원

홍대 앞에서
꼭 맛봐야 하는 맛집 427곳

홍대 앞에서 꼭 맛봐야하는 맛집 427곳과
개성 넘치는 볼거리로 가득한 문화공간과 축제,
홍대 앞 음식에 대한 푸드스토리까지 모두 담았다

BR미디어 발행 | 저자 블루리본서베이
576쪽 | 전면 컬러 | 가격 14,800원

한국 최고의 커피를 맛보다

서울에서 만나는 뉴웨이브 – 스페셜티 커피

서울의 스페셜티 커피 전문점 30곳과
서울 이외의 지역에 있는
18곳을 엄선해 소개한다.

BR미디어 발행 | 지은이 심재범
360쪽 | 전면 칼라 | 가격 13,800원

서울의 모든 달다구리를 만나다

〈디저트 인 서울〉에서는 수준 높은 디저트를 전문으로 하는 곳은 물론, 전문점 못지않게 뛰어난 디저트를 내고 있는 레스토랑도 부록으로 소개하고 있어 이 책 한 권이면 서울의 모든 디저트를 섭렵할 수 있다 해도 과언이 아니다.

BR미디어 발행 | 지은이 김은조
276쪽 | 전면 칼라 | 가격 11,800원

블루리본서베이

서울의 맛집 2018

2005년 우리나라 최초의 레스토랑 평가서로 시작하여 권위를 인정 받고 있는 〈블루리본서베이〉 서울 최고의 맛집만을 담았습니다.

2만 명 넘는 독자가 평가에 참여한 우리나라를 대표하는 맛집 평가서

서울의 맛이 내 손 안에!

BR미디어 발행 | 384쪽 | 전면 컬러 | 가격 16,000원

전국의 맛집 2018

2005년 우리나라 최초의 레스토랑 평가서로 시작하여 권위를 인정 받고 있는 〈블루리본서베이〉 전국 최고의 맛집만을 담았습니다.

2만 명 넘는 독자가 평가에 참여한 우리나라를 대표하는 맛집 평가서, 미식가들의 필독서

전국의 맛이 내 손 안에!

BR미디어 발행 | 632쪽 | 전면 컬러 | 가격 19,000원